大明300年

小院 著

中国出版集团有限公司
華文出版社

图书在版编目（CIP）数据

大明300年 / 小院著. -- 北京 : 华文出版社,
2025. 9. -- ISBN 978-7-5075-6218-7

Ⅰ. K248

中国国家版本馆CIP数据核字第2025UH3480号

大明300年

著　　者： 小　院
策　　划： 胡　子
责任编辑： 郭俊萍
出版发行： 华文出版社
（北京市丰台区右外西路2号院　100069）
电　　话： 总编室 010-59900723　　发行部 010-59900727
责任编辑 010-59900738
经　　销： 新华书店
印　　刷： 三河市航远印刷有限公司
开　　本： 710mm × 1000mm　1/16
印　　张： 20
字　　数： 258千字
版　　次： 2025年9月第1版
印　　次： 2025年9月第1次印刷
标准书号： ISBN 978-7-5075-6218-7
定　　价： 68.00元

·目 录·

·引子·

1351年，是元朝至正年号的第十一个年头。

这一年，元顺帝孛儿只斤·妥懽帖睦尔任命名臣贾鲁出任工部尚书兼总治河防使，指挥十五万民夫和二万士兵，开始了黄河治理史上著名的“贾鲁治河”。

也是在这一年，一首童谣悄悄在江淮、河南一带流行——“莫道石人一只眼，挑动黄河天下反”。

这年四月，在黄陵岗附近的河道上，河工们正在干活，有人一镐子下去挖到一个硬物。众人七手八脚扒开泥土一看，惊得目瞪口呆——这不是个独眼石人，又是什么？

消息不胫而走，大家都说童谣应验了，明王即将出世。

怎么解释？

按迷信的说法，人有三只眼，头顶上那只叫“天眼”，就是二郎神那种。

若是开了天眼，就可以穿透凡尘俗世的黑暗和迷雾，看到至高无上的光明。

石人为什么不是三只眼，也不是两只眼，而是一只眼？因为两只世俗的眼已经瞎了。这代表着世俗已经满是黑暗，再也看不到任何光明。

石人头上的天眼，就预示着未来的希望，按照它的指示，它就会带领人们走向光明。这和东汉末年黄巾军说的“苍天已死”一个意思，先让人绝望，再给予未来的希望。

希望是什么，就在后半句——挑动黄河天下反。

现在我们当然知道，这些不过是封建迷信。但在那个年代，迷信往往比什么都管用。目不识丁的挑夫们面面相觑，都说这朝廷横征暴敛，黎民发怨，大家早已群情激愤，如今石人现世，莫非预示着……

好巧不巧，也就是在这个时间，长久以来在地下秘密烧香结众、发展信徒的明教北支首领，世居赵州（今河北赵县）的栾城韩家传人韩山童，带着他的得力骨干刘福通、杜遵道等人来到了距离黄河工地不远的颍州（今安徽界首）。

明教是什么？概括来说，它是自古代波斯传入中土的一个宗教，可分南北两大支，南支称弥勒教，北支称白莲教。名称虽有不同，南北支的主要工作内容是相同的——推翻元朝统治。

“挑动黄河天下反”，便是这个意思。数日后，韩山童、刘福通在颍上县聚众三千余人起事，打出反元复宋的大旗——“虎贲三千，直抵幽燕之地；龙飞九五，重开大宋之天”。

大元帝国不可挽回的灭亡，就此拉开序幕。

元朝灭亡的原因

话说红巾军起义之时，大元立国不过八十余年，一个历史上幅员最辽阔的大一统王朝为何就搞得如此不堪，自然是有其原因的。而这些原因，也会深刻影响到取代元朝的明朝的一些基本国策。所以我们有必要先了解一下，偌大元朝灭亡的内在逻辑。

简单来说，大元的灭亡有三个主要原因。

首先是元朝建立时便自带的民族矛盾。

众所周知，大元是蒙古人建立的大一统王朝。根据地域和民族，它形成了一个未成文却相当于公开的四等人制，即：蒙古人、色目人（西域诸国人）、汉人（北方汉人和契丹、女真等族）、南人（南方的汉人和少数民族）。

在这四等人中，蒙古人和色目人是上等人，居于统治地位。而汉人和南人，是朝廷防范的对象。这种防范是全方位的，包括科举、任官、赋税、刑罚、军队等各方面。

举个例子，元朝时期意大利人马可·波罗曾在中国游历十七年，写成了一本著名的《马可·波罗行记》，其中记载了这么一句话：应为君等言者，本书所言之马可·波罗阁下，曾奉大汗命，治理此城三年。

马可·波罗所说的城市是扬州，在扬州三年他具体当的是什么官，书里没说。到了现代，中国研究马可·波罗的权威杨志玖先生考证认为，马可·波罗担任的很可能就是扬州路的达鲁花赤（蒙古语：镇守者、盖印者）。

达鲁花赤是什么？元朝是行省、道、路、府、州、县的行政制度，各有长官。在此之外，通常各级还会设置一名达鲁花赤。比如说有个县城没有达鲁花赤，那么知县最大。但如果有一天，一个家伙拿着达鲁花赤的委任状走进了县衙大门，那知县大人马上就得起身，跪在一边听候吩咐。

达鲁花赤，元代汉文文献有时译为“宣差”，负责监督各级的地方官，代表的是皇帝的军政、民政和司法权力，至高无上。

可为什么是马可·波罗这个意大利人？因为他在当时也是色目人。达鲁花赤这个官职，朝廷明确规定必须由蒙古人或个别出身高贵的色目人担任。与巨大的国家相比，蒙古部族的人口无疑是非常少的。蒙古人不够怎么办？也允许由“有根脚”（门第高贵）的色目人充任。要是“有根脚”的色目人也不够呢？那有经验有能力的色目人也行，反正不能由汉人或南人出任。

这样的等级划分，不仅加剧了各个民族之间的矛盾，还使得国家、民族之间的问题非常突出。在这一时期里，汉臣得不到重用，百姓的怨气没法宣泄。所以，士子们的作品主题多是表现政治上的失意和黑暗，比如说：关汉卿的《窦娥冤》就是其中之一。

其次是治理涣散、能力低下。

不可否认，蒙古人军功极盛，元朝的建立是血腥的，它的统治效能是低下的。

在历史上，大一统王朝如何把权力延伸到县一级行政单位，始终是个难题，也就是俗称的“皇权不下县”。不过在大元这里，并不存在这样的问题。因为元朝朝廷的实际控制力是很有限的，几乎是“皇权不下行省”。那么行省以下呢？实际控制权基本被地方豪族把持。

这可能是因为，蒙古统治者在两代之内，一步就从奴隶制社会跨入封建社会。他们一直在不停地打仗，并没有治理一个幅员辽阔国家的经验，也不曾真正明白过管理国家的理念。等征服完成，蒙古人并不清楚接下来该做什么，依靠草原民族的惯性，他们更习惯于委任式的管理方式。说穿了，这就是种无能消极应对。

这是种极其粗放的管理模式，权力大家瓜分，监管形同虚设，必然充斥着各种不公。因此，这是个贵族、豪绅、地主狂欢的时代，反正只要帮朝廷把税收上去，其他的随便。

那你说，做元朝的官不往死里贪，还有天理吗？

最后是第三条，也是最要命的一条——元朝的经济路线。

元朝至元八年（1271），忽必烈立国以后，在事关帝国经济发展的走向问题上，出现过两派之争。其中一派，是忽必烈任用的大量汉族大臣，他们主张采取传统封建王朝的治理方式，即在开国之初轻赋税、薄徭役，予民以休养生息。等一段时间过后，人口大量增加，国家财富自然也就随之上升。也就是说，他们主张走传统农业社会发展的道路，让大元朝走上一个良性循环的道路，这些人被称为“汉法派”。

而另一派人，也就是大元的上等人蒙古人、色目人，他们不这么想。要知道，这些人是走南闯北，远征过欧洲，见过世面的人，用今天的话说，也可以称之为颇具国际视野。他们主张增加税收种类，细化税收内容，提倡商业，以商业税为突破口，扩大国家的财政收入，这些人被称为“理财派”。

数百年之后我们回过头去看，两派的说法都有一定道理，只有主次之别，难说有对错之分。而它们之间最大的差别，或许在于来钱的快慢。

农业社会有既有的历史经验可以参考，稳定，但来钱慢；细化税种、增加商业税收，需要对国家经济体系作细化，有风险，但来钱快。

对古代王朝而言，这是一道单选题，两个选项只能取其一。重农税则轻商税，重商税则轻农税，才能保证经济健康发展，但是蒙古人搞不清楚，这个民族刚从马背上下来，他们对怎么治理国家，如何发展经济，完全是懵懵懂懂的。甚至于，他们对于这样一个国家，能收多少税，完全没有概念。

有个很好的例子，窝阔台时期，中原巨商刘廷玉曾请以银一百四十万两承包天下税赋，窝阔台居然动心了！幸有大臣耶律楚材坚决反对，这才作罢。可没多久，色目人奥都喇合蛮把价码加到了二百二十万两。这下耶律楚材也不管用了，窝阔台当即拍板，就这么办了，马上拿钱！

区区二百二十万两，我们想想，蒙古统治者对这个国家有多少财富，根本没有概念；再想一想，税赋这种事能承包给商人，这得多没头脑。蒙古统治者想的只是如何搞钱，至于长治久安，让国家走上良性发展的道路，他们是不太在意的。

回到“汉法派”与“理财派”之争，到了元朝皇帝眼里就变了味：既然都能来钱，那我为什么不全要呢？

于是从忽必烈时期的中书省平章政事阿合马开始，元朝就以中原农税、西北牧税、东南手工业商税并重。随着时间的推移，元朝各税种的科目越来越多，税负也越来越重。

长此以往，会带来什么后果呢？我们把这三条结合起来看就能得出结论。

正如上文所说，元朝并不是一无是处，在它粗放自由的统治之下，商业上尤其是海外贸易上有其可圈可点之处。承接南宋的造船技术与航海技术，海上丝绸之路在元代得到进一步发展，达到了它的巅峰。

元代《岛夷志略》《大德南海志》中涉及的海外贸易地点多达二百二十个。其中包括今菲律宾诸岛、印度支那半岛、马来半岛、印度半岛、波斯湾沿岸、阿拉伯半岛，以及东北非洲的港口，比南宋赵汝适《诸蕃志》所记载的国名和地名多了近三十八个。

马可·波罗曾这样写道：“假如有一只载胡椒的船到亚历山大港或到奉基督教诸国之别地者，比例起来，必有一百只船到这刺桐港。”刺桐港就是泉州港，吞吐量巨大，是当时世界数一数二的商港。

但是再发达的贸易，也禁不住大元上下各级官吏的折腾。眼见贸易有利可图，越来越多的贵族、官员就加入其中想要分一杯羹。以大元朝的治理水平，这个市场是混乱无序的，自然是谁手眼通天，谁就能掌握市场话语权。如此经过一段时间后，这个市场慢慢集中到了一小部分人手中，这部分人的资本慢慢形成了垄断，而资本膨胀到一定程度的时候，又很难避免把触角延伸到政治领域，这些贵族们开始为自己争取权力，尽量地不交税或是少交税。

尽管元朝商业发展得不错，交税的人却越来越少，国库收入也开始呈现下降的趋势。对于这一社会现象，大元朝廷却要求提高税收，这一举措更是导致了许多中小阶层的商人直接面临破产。

元朝商品经济发达，从事工商业的人众多，为了供应海外贸易，经济作物比例不断提高，商品量的比例却很低。长时间发展后，导致元朝在中期后爆发了大的饥荒。

这时候，朝廷尴尬地发现，政府没钱了。

没钱咋办？办法简单粗暴：扩大税源，提高税率。农业税上，各种苛捐杂税；商业税上，税目有三十多种。以增加的税率为例，盐税比起初增加了二十倍，茶税增加了二百四十倍，商业税增加了十倍。

尽管这样，由于叠加了天灾和人祸的原因，还是入不敷出。换句话说，国家财政已经走到了崩溃的边缘。

有钱的时候什么都好说，没钱的时候，矛盾便会变得不可调和。民族问题导致广大汉人、南人对蒙古的统治非议不断；统治效能低下导致无数蛀虫出现，地方官吏只手遮天，无数农民田产被兼并，穷死者大有人在；经济路线导致无数税目出现，各级官员上下其手，商人破产，农民不得已成为流民，食不果腹，朝不保夕。

所以，生活在元末的一个破产的汉人流民，除了揭竿而起，还有其他活路吗？

后来建立明朝的朱元璋，恰好就是这样一个人。

从朱重八到朱元璋

其实，朱元璋的出场时间是比较晚的。至正十一年（1351）到至正十三年（1353）间，当刘福通、徐寿辉、张士诚等各路起义军已把天下搅得天翻地覆之时，他还是个云游四方的和尚，当时他也不叫作什么朱元璋，而是叫作朱重八。

重八，两个八的意思，这是宋元时期农民家庭为孩子起名的通用做法。朱重八出生在濠州（今安徽凤阳）城外一个叫作孤庄村的小地方，世代务农为生。农村孩子不需要什么大名，经常是用行辈和父母年龄合算一个数目作为称呼。比如朱重八之所以叫重八，是因为他爹和他大伯共八个孩子，他在家族中排行第八。

朱重八全家，都是元末时局的受害者。至正四年（1344），濠州地区遭受旱灾、蝗灾与瘟疫多重破坏。底层贫农家庭抵御灾害的能力是非常弱的，朱家与孤庄村许多家庭一样，不出意外地家破人亡，只剩下了重八与重六兄弟俩。

为了活下去，两个孩子抱头痛哭一番后忍痛分别，分头自谋生路。年方十六岁的朱重八投到当地皇觉寺，成为一名小行童，也就是服侍大和尚的小和尚。

没有多久，灾荒波及寺庙，皇觉寺也难以维持，小和尚朱重八不得不拿起木鱼和瓦钵，云游天下。说好听点这叫化缘，说直接点就是要饭，没有目标也没有计划，只要能在这乱世生存下来，就算是成功。

往哪儿走呢？十六岁的朱重八两眼一抹黑地离开了从小生活的地方，用他后来自己的话说，这一路上是“朝突炊烟而急进，暮投古寺以趋跄，仰穷崖崔嵬而倚碧，听猿啼夜月而凄凉”（《御制皇陵碑》）。他走得很远，一路翻山越岭，穿城越村，走遍了淮西和豫东，见识了很多风土人情，了解到许多山川地理。这样身如蓬逐风，心似滚沸汤的生活，极大地丰富了小和尚的阅历，让他有了谋定而后动的历练，身上亦多了几分豪杰之气，与之前那个没踏出过老家的乡巴佬，有了很大的不同。

这一去就是四年多。他活了下来，而且活得还不赖。至正八年（1348），家乡灾情稍有好转，朱重八又回到了皇觉寺。当和尚们再次看见他时，重八已长成一个身形挺拔的青年，不说丰神俊朗，也是高大魁梧，双目炯炯有神，没变的只是那锃亮的光头。

和尚们奇怪：朱重八，出去这些年，回来你还想当和尚吗？

朱重八也不说话，转身继续去劈柴、挑水，干着他以前服侍人的粗活。

朱重八内心也并非毫无波澜，当时，红巾军到处攻城略地，徐寿辉、张士诚已先后称帝建国，天下大乱，大元正处于风雨飘摇之中。朱重八的童年好友汤和，此时已跟随红巾军起事攻陷了濠州，在元帅郭子兴手下成为一名千户。

得知重八回来了，汤和来信：反元大业如火如荼，弟在濠州，盼兄入伙。

朱重八拿着信反复看了又看，最后将信付之一炬。

事后来看，尽管朱元璋日后成为皇帝，他骨子里来自农民习性的稳重守成都没有变过。

说得再好听，不就是造反吗？造反可是要掉脑袋的啊！不去不去，宁可稳一点，窝在寺里当个和尚。

造反并非朱重八本意，时势却在后面狠狠推了他一把。该你出场了，你不上谁上！

汤和来信的事很快泄露，一队元军搜捕而来，一把火把皇觉寺烧了个精光。还好，朱重八不在寺里，等他回来看着那一地灰烬，不禁后怕不已。

造反是死，不造反也是死，已经没有别的出路了，把脑袋别在裤腰带上，干吧！

历史就是如此，许多事只是巧合，却好似冥冥中自有安排。诸多巧合之下，朱重八终于投奔濠州而来，在元帅郭子兴手下当上了个亲兵。在濠州，头脑灵活，又能识几百个大字的朱重八很快得到元帅郭子兴的提拔，从亲兵升为九夫长。为拉拢朱重八，郭子兴又将义女马氏许配，让他当上了元帅的干女婿。

到这份儿上，再叫重八就不合适了，这才重新起了个官名叫“元璋”，字“国瑞”，后世熟知的朱元璋，即由此而来。

这是至正十二年（1352）的事。这年，朱元璋二十五岁。

朱元璋发迹

我们已经明白，朱元璋起事是被逼的，他并没有多高的觉悟，也没有自己的班底，更不是什么老资格的义军首领。时值元末，金戈铁马闻征鼓，风云际会聚齐天下英雄。有名有姓的义军首领，两个巴掌都数不过来，可为什么是朱元璋，这个北方红巾军分支濠州集团的一个小军头，最后一统了天下呢？

成长的道路绝非一帆风顺，纵观朱元璋的发迹，可以很明显地分成三个阶段。

第一阶段，就是从至正十二年（1352）投入郭子兴帐下到至正十五年（1355）。

这段时间，朱元璋表现出了他的能力。

濠州红巾军实际上有五个元帅，彼此不分大小，郭子兴只是其中之一。他们整天想的不是壮大队伍，而是怎么争权夺利。谁都不肯主动出击，生怕消耗掉自己的实力。

但是元军可不会坐以待毙，妥懽帖睦尔清醒过来，任命脱脱为统帅，向起义军发起了凌厉的反击。

形势越来越紧张，朱元璋却找到郭子兴：元帅，我想离开濠州。

此时的朱元璋已是郭子兴帐下总管，郭元帅听得一惊：我待你不薄，何出此言呢？

朱元璋解释：濠州众元帅相争，局促又不能发展，早晚必遭祸事；不如您让我去开辟一方新天地，以作我们将来容身之所，再图大事。

这话说得有理有据，郭子兴听罢转惊为喜：那你要多少人？

朱元璋回答：不用多带人，我的部下都留给元帅，只带几十个贴身伴当就可以了。

郭子兴更高兴了：朱元璋若是失败了，我损失不大；若是成功了，我便有了后路。这个请求，我批了！

朱元璋就此带着二十四名亲信离开濠州，南奔定远（今属安徽）而去。

这二十四人，也就是日后所称的明太祖麾下“淮西二十四将”。

注意，是有了朱元璋才有这二十四将，这个因果关系是不可逆的。不是说二十四将是天生将星，而是朱元璋给他们提供的平台是顶级的，有了这个平台，淮西帮才能纵横天下。

朱元璋给他们提供的平台，到底有多顶级呢？

以这二十四人为骨干，朱元璋一路招兵买马，拉起了一支几百人的队伍。接着，他们用计收服了张家堡驴牌寨的一批民军，兵力扩充到了三千出头。随后，他大胆进攻驻扎在横涧山的两万余元军，获得完胜。

此战以后，朱元璋控制了定远，史称“南略定远”。有了兵源地，他挑选精壮，兵力从二十四人暴增到两万多，算得上一支不小的队伍了。原先的二十四人，也自然成了军官，他们跟随着朱元璋，此后一步步升为将领乃至统帅，成为大明的开国元勋。

这段时间，朱元璋已展露出出色的军事天赋。不过他与郭子兴的关系，也逐渐变得微妙起来。

至少在表面上来看，朱元璋对郭子兴是忠心耿耿的。甚至于，他南略定远，在定远募得的三万多兵马，郭子兴一到，他二话不说，立即将这些部队全数交给了郭子兴。

可尽管如此，朱元璋和郭子兴的关系还是慢慢地产生了变化。因为郭子兴的三个儿子和小舅子都在军中效力，他们才是嫡系的郭家军。这个外来的干女婿能力太强，未必是好事，很容易抢了那些人的风头。朱元璋低调做人，郭子兴还是对他有防范之心，有意打压他这个干女婿，提拔自己的妻弟张天佑和亲儿子郭天叙、郭天佑。

在此过程中，朱元璋颇受排挤，他却没有威望和实力脱离郭子兴单干。照这样发展下去，郭子兴的上限决定了朱元璋的上限，他再厉害，也不过是北方红巾军这支分支下一个军头而已。

第二阶段，始自郭子兴去世。

至正十五年（1355）三月，郭子兴突然去世，终年五十三岁，不算老，也不算年轻。对朱元璋来说，刚刚好。

郭子兴去世以后，北方红巾军龙凤政权小明王任命郭子兴次子郭天叙为濠州都元帅，郭子兴妻弟张天佑为右副元帅，朱元璋为左副元帅，确立了以郭天叙为首的新政权。按照尚右为尊的习惯，朱元璋成为集团第三号人物。

虽然位居第三，朱元璋却掌握了最多的军队，大约两万人。

乱世起义，军队就是本钱，对胸怀大志的朱元璋来说，当个老三绝不是他所希望的。可是该怎么做，才能取得这支军队的领导权呢？

讲到这里，我们需要明确另一点。在能打仗之外，朱元璋在政治上也有着超乎常人的敏感与手腕。

比如说，南略定远以后，朱元璋所部已膨胀到三万多人。但是郭子兴从濠州到来后，朱元璋便把三万多人全部转交给了郭子兴。这并非他对郭子兴忠心不二，而是他在当时情况下的最优解。

因此，朱元璋是个有手腕的人。而在郭子兴死后，争夺濠州集团领导权的过程中，这个手腕就表现为残忍。

至正十五年（1355）六月，濠州红巾军发动渡江战役，渡过长江攻入元朝江浙行省太平路（今安徽当涂）。

这是一个很大的胜利，意味着濠州红巾军正式摆脱了地域限制，从一支地方性武装，变成了拥有了更广阔战略转圜空间的全国性队伍。

一连串的阴谋由此而起。

九月，刚占领太平不久的濠州集团，由郭天叙、张天佑领兵攻打元军重镇集庆（今江苏南京），遭遇惨败，郭、张二人阵亡。

这件事，直接导致了朱元璋大权独揽，成为濠州集团军政第一人！

可是，攻打集庆这个重要任务，军事主官朱元璋怎么没有出马？郭天叙、张天佑是全军头号和二号人物啊，他们又怎会如此巧合，同时死在了集庆呢？

其中的关键人物，叫陈野先。

陈野先，元朝降将，在太平投降朱元璋，与他“结为昆季，歃血为盟”。朱元璋与陈野先约定，将来一起攻打集庆，由陈野先出面招降旧部。陈野先一口答应，不过这只是他的权宜之计，在攻打集庆之前，陈野先已暴露出反叛意图——“及闻再出师攻集庆，私谓其部曲曰：汝等攻集庆毋力战。俟我得脱，还当与元合。”（《明本纪校注》）

这一切，朱元璋知不知道呢？非但知道，在知道的情况下，朱元璋并没有揭穿陈野先，反而继续与他约定“共攻建康府”。

本来，攻打集庆这个重要战役，集团三位领导人应该全部到场。但是朱元璋没去，不但没去，还把陈野先及其所部划拨给了郭天叙。陈野先不出意料地临阵叛变，与元将福寿里应外合，直接导致郭天叙、张天佑二人阵亡。

整件事的过程大致如此，要说这不是借刀杀人，恐怕朱元璋自己也不信。所以这件事的真相，就是朱元璋借元将之手，杀死了义父郭子兴的儿子和妻弟，取得了集团的领导大权。

朱元璋是不是太残忍了？

郭、张二人拥有集团天然的继承权，还有不俗的实力，他们之间有血缘关系而朱元璋没有。只要他们存在，不要说什么领导权，朱元璋能活到什么时候，还不好说。

这是第二个阶段，渡江——成为全国性武装，并取得濠州红巾军的领导权。取得集团领导权，也就意味着朱元璋正式成为群雄之一。

九字真言

接下去是第三个阶段——翦平群雄，这是难度最大的一步，也是最关键的一步。

郭天叙、张天佑死后半年，朱元璋率部攻下集庆，改名应天。但环顾四周，他的生存形势仍旧是很恶劣的——东面有元将定定把守的镇江；东南有大周张士诚政权；东北由义兵领袖张明鉴占据；南面是元将八思尔不花；西面是南方红巾军天完政权势力范围；西南是元将石抹宜孙、石抹厚孙。

这些人与他都是敌对关系！下一步该怎么走？朱元璋整天发愁。有天他去徽州视察，部下邓愈就给他推荐了一个叫朱升的文士，说此人曾为学正，讲授有法，何不召问时务。朱升得到召见，颤颤巍巍地跑过来，听了朱元璋的发问，朱升对曰："高筑墙，广积粮，缓称王。"

虽然只是九个字，却道出了一个很重要的战略问题。

"高筑墙"，是个抽象的概念，并不是说把城墙修得高高的。它的意思是加强防御、巩固实地，造就一种进可攻、退可守的战略态势。

元末有许多很厉害的农民军首领，比如最先起义的北方红巾军刘福通、南方红巾军徐寿辉。他们声势浩大，一度席卷中原、遍地开花。

可是失败也来得很快。由于占地太广太快，他们对已占领地区的统治不够稳固。等到元朝回过神儿来，调集起兵力反击，这个缺陷就暴露出来。由于没有稳固的后方，一旦失利退无所归，最终战败身死的起义军首领比比皆是。而应天北限长江，南控江左，经济富庶，取其资财，可支持长期战争。朱元璋后来评价："若舍而归，必难再举，江东非吾有也。"事实证明，据应天之形势，出以临四方，是他后来所向皆克的关键！

"广积粮"，指的是发展民生。

元末政治腐败，民不聊生。加之连年战争，土地荒芜，户口锐减，亟须休养生息。因此，安定社会发展生产，就成了当务之急。

在应天站稳脚跟后，朱元璋立即着手恢复农业生产，大力发展民生，安定社会秩序。在根基未稳之前，他没有像其他对手那样贸然扩张。

他利用江南地区优越的生产条件，先命康茂才为都水营田使，兴建水利工程，恢复粮食生产；又分派将士在各处屯田生产，召集流民垦荒种地，并且根据生产量的多少来决定赏罚；后来，他又从民间抽选壮丁编制为民兵，农时耕作，闲时习战。

一年后，金陵的粮仓满了，军食也够了，老百姓的负担也减轻了。粮食富足、人心稳定，一个稳固的大后方建立起来，让朱元璋从此立于不败之地。

“缓称王”是个比较具体的概念。

其实元末那些义军首领们，都是非常高调的。比如，南方红巾军的徐寿辉起事两个多月后，就建国称帝（国号“天完”，年号“治平”）高邮的张士诚起义两周，就建立“大周”政权。这么做，固然能为他们带来一些好处。但很自然地，这些公然与朝廷分庭抗礼的家伙，肯定会成为元朝最优先的打击对象。

他们要承受最强大元军的冲击，一波又一波，不死不休。这并不是全部，他们还要提防同为农民军的其他势力，在背后捅刀子。这种压力，是巨大的。到后来，张士诚实在受不了了，干脆自去帝号，接受元朝册封（受官为太尉）。宁愿成为一个名义上的元朝大臣，换取对他军事上压力的减轻。

因此，“缓称王”的含义就是不当出头椽子，不要引起太多注意。只管闷头发展，静待时机，厚积薄发。

在当时的形势下，这其实是十分明智的选择。但是九字真言中，最难的也是“缓称王”。

如果你是朱元璋，眼睁睁看着徐寿辉、陈友谅、张士诚等实力相当的对手纷纷称帝称王，你能忍住这个诱惑吗？

朱元璋忍住了，他仍然坚持奉日渐式微的龙凤政权韩宋为正朔，仅仅满足于当一个低调的“吴国公”。这份定力，这种危机意识，是相当难得的！

“缓称王”的策略，使朱元璋这支力量较弱的起义军没有过早地成为众人的主要进攻目标，得以逐渐壮大起来。

但是“缓”毕竟不能“缓”一辈子。“缓称王”可不只是指王的名分，它也是指“避敌锋芒”的战略。充分发挥战术优势，削弱敌军势力，逐渐壮大自己。

大义元年（1360），南方红巾军新崛起的陈友谅杀害皇帝徐寿辉后自立为帝，建立陈汉政权。他看朱元璋经营得有模有样，于是占领两湖地区，并联合张士诚，派出大军从水路逼近。这可吓坏了朱元璋的部队，放弃应天的呼声日益加重。

朱元璋就问“博通经史”的刘基如何对敌。刘基说：“张士诚胸怀大志，必然守土观变。陈友谅野心勃勃，地居上游，必冒险进攻。若我们率先打击陈友谅部，张士诚可能坐视不救。可若先攻张士诚，陈友谅必然倾巢进犯我军，我军腹背受敌，形势就危急了！”

朱元璋大喜，迅速制定了诱敌深入的战术。他和属下康茂才上演了一出“反间计”。康茂才写信给陈友谅，假称要作为内应，里应外合灭了朱元璋。陈友谅果然相信，率领主力连夜赶到金陵城外的江东桥。朱元璋在龙湾设伏，待到陈友谅军进入包围圈，伏兵四起，大破陈友谅，仅俘虏就抓了两万多人！

兵败如山倒，陈友谅大有一蹶不振之势。朱元璋乘胜追击，一连攻克九江、安庆等重镇。江西守将胡延瑞见势不妙，致信投降，江西不战而克。朱元璋的势力开始壮大，形成与陈友谅分庭抗礼之势。

如此看来，似乎是朱升的九字真言为朱元璋的发展指明了道路。可问题是，朱元璋为什么要听朱升的呢？

朱升是谁？他是元末进士，当过池州路儒学学正，四年后任满隐居。这个人既没有显赫的履历，也并非名扬海内的大儒。当时朱升已经六十岁，只是个在徽州当地有些名望的落魄文士而已，朱元璋为什么要听他的？

讲到这里，不得不提到朱元璋的另一种优秀品质，这才是他得以领先群雄的关键！

这个品质就是善待文人。

如何对待文人

说到善待文人，其实在朱元璋参加义军之初就已表现了出来。

前文提到了南略定远，对郭子兴和濠州集团而言，南略定远为他们跨出了向外发展的重要一步，还得到了几万兵员，是个很成功的军事行动。

不过对朱元璋来说，南略定远更大的意义，或许在于他开始确立了他对人才的选用标准。说得具体一点，是对读书人的重用。

元末有许多支大大小小的农民军，他们系统不同，行事风格差异很大。可在一点上，这些农民军首领出奇地一致，即不重视读书人。

说穿了，群雄皆是起于草莽，大部分是大老粗，似乎天然就跟读书人不对付。打仗需要的是精兵猛将，我要你穷酸瘦弱的腐儒何用?

除了留下几个干干文书和记账工作，他们抓到读书人要么是砍头，要么是赶走了事。

朱元璋不一样，南略定远之后，他便确立了对读书人的态度：招贤纳士，为我所用。

这天，朱元璋在大帐中大发感叹："到处天天打仗，何时是个头啊！"

此话被正在帐内的文书李善长听到了，他抬头正色道："秦末战乱之时，汉高祖从普通百姓中崛起。他生性豁达大度，知人善任，不胡乱杀人，五年成就了帝王的基业。"

李善长是谁呢？是定远一名年高有德的读书人，以多谋善断闻名。南略定远后，朱元璋招募了李善长、冯国用等当地读书人，任用为军内文书、书记等职务，负责一些处理文件的工作。

朱元璋打量着眼前这个须发已白、貌不惊人的李善长，说：“我们之前想的只是如何生存下来，能有口饱饭吃，不被别人吃掉，大家已经很满足了。至于往下该怎么走，谁心里也没个谱。”

“先生您的意思是？”

李善长顿一顿，坚定地回答：“现在元朝纲常已经混乱，国家四分五裂。倘若元帅能效法汉高祖，何愁天下不定！”

朱元璋诧异地看着李善长，心想：我接触了这么些个人，从来没人跟我说什么效法刘邦平定天下这样的话；能不能成功先另说，光这个格局就高出那帮武夫一大截。

“平定天下？现在说这个为时尚早，但我知道，效法刘邦并不困难。”

朱元璋站起身来向李善长行礼：“我正需要眼界宽广的人帮我出主意，能得到先生您，是我的幸运啊！”

李善长是读书人没错，却并没什么功名。根据记载，李善长的文化水平只是“粗通文墨”，一把年纪了连个秀才也没中。只能说，他的科举之路是失败的。可就是这样的李善长，见识谈吐在军中已是超人一等。而更重要的，是朱元璋能不拘一格，破格提拔李善长为掌书记，为自己出谋划策，并主管军队物资供应。凡军机进退、赏罚章程，多出其手。

李善长亦不负所托，一路辅佐朱元璋登基称帝。朱元璋也给了他极高的评价：当年萧何有馈饷之功，千载之下，人人传颂，与善长相比，萧何未必过也。

正所谓千金买骨，随着他一路征战，朱元璋善于举用读书人的名声传遍四方，越来越多文士归附到他麾下，成为大明开国的重要力量。

缙绅阶层

话说回来，朱元璋重用文人，真的只是看重他们的才干吗？并不尽然。

朱元璋手下有位著名文臣刘基刘伯温，在民间传说里，更是有“三分天下诸葛亮，一统天下刘伯温”之称，与诸葛亮相提并论。

事实上，历史上的刘基远没有这么神，他在朱元璋手下的地位也没那么高。除了刘基，朱元璋还有一大堆谋士，可刘基对朱元璋还是很重要，重要的不是他的谋略，而是他所代表的这个阶层。

这个阶层，就是元末的缙绅阶层。

刘基，浙江青田豪族，元统元年（1333）进士，人称浙东四学士之一，颇有文韬武略。刘基当过元朝的官，元末天下大乱，他辞官回乡，不是去做反抗工作，而是结寨自保，继续效忠元朝，与农民军势不两立！

这就是当时的现实，以刘基为首的浙东豪族，是代表社会中坚力量的缙绅阶层。他们在元朝的统治框架里有自己稳定的位置，因此试图维持元朝的统治。朱元璋等红巾军代表的是旧秩序的破坏者，将对刘基的利益产生威胁，所以一向被刘基视为敌。

而匪夷所思的是，缙绅这个阶层的战斗力往往强得不像话，要远远强于普通元军，经常是死战到底也绝不后退——“兵兴以来，凡死节效命，举进士、知经学者为多”。

什么原因？因为那些普通元军，一遇战事不利，逃跑就是了，反正又不是在我自个家作战！缙绅不同，他们是为保卫家族而战，一旦战败，不要说土地、家产，全族都可能被灭，能不卖力吗？

刘基，就是浙东缙绅阶层的代表人物。

至正十九年（1359），朱元璋攻下浙东。多了一大块地盘，他却依旧有点烦闷。胡大海看出他的心思，说："我攻打处州时，听当地人说，处州青田有位贤者很有才能，可惜一直不受元朝重用，如今正隐居在家。如能请得他出山，元帅心事可解。"

朱元璋来了兴趣，便问此人姓甚名谁，有何才干。

胡大海一五一十回答，这人名叫刘基，家族是青田大族，世有名望。他本人中过进士，人称浙东四学士之一，颇有文韬武略。

朱元璋正听得高兴，胡大海欲言又止："只是……"

"只是什么？"

"只是这个刘基自诩大元忠臣，对我军极为敌视，他还曾写过几首大逆不道的诗，直斥我们是盗贼，说您是……贼酋。"

听胡大海这么一说，朱元璋反而笑了："难道你以为，我会杀了他吗？我取天下，正要读书人！去请刘基，马上去，一定要请来。"

朱元璋派出处州总制孙炎为特使，带上礼品奔赴处州，直奔青田而来。

果不其然，孙炎来到青田，一连请了三次，刘基来了个闭门不见。非但不见，他还派人给孙炎带去一把祖传的宝剑，意思是宁愿把传家宝献出，也不去当朱元璋的官。

这就太过分了，架子比诸葛亮还大啊！一般人可能就怒了，可孙炎不是一般人。这个孙炎其貌不扬，身高六尺，面黑如铁，还是个瘸子。虽然相貌丑陋，孙炎却也是江南名士。朱元璋选中孙炎来办这事，看中的就是他的智慧。

孙炎决定把事办成，他把宝剑封好，作了一首《宝剑歌》，其中写道："青田刘郎汉诸孙，传家惟有此物存。还君持之献明主，若岁大旱为霖雨。”

刘基一看，无以作答，“乃逡巡就见”。其实刘基心里也清楚朱元璋的潜台词：“瞧，我身边这样一个貌不惊人的瘸子都有这么高的水平。告诉你，做人不要太傲气，如今我派孙炎来当说客，你都不为所动，这也太倨傲清高了吧？”

刘基本来有他的顾虑，他是元朝的进士，又当过大元官员。按儒家的说法，理应为元王朝尽忠甚至殉职。现在这些都未能做到，反而要我背叛。这叫什么？不忠不要说了，就是失节！那是遭受天下人耻笑和谩骂的呀！再说，如今天下大乱，捡几根烂枪，占个山头，就称王称帝，几个能长久的？

可是见到孙炎以后，他也不禁为孙炎的才气所折服，刘基的想法发生了动摇。

现在屡次派人来奉劝自己出山的那个朱某人，听说还不赖，志向远大，礼贤下士，在婺州（今浙江金华婺城区）兴办郡学，礼聘了一批儒士，更在应天云集了一批天下英才。

看来他还真是个人物，难道我治国平天下的愿望在他那里有可能实现？

正当刘基思想发生变化时，朱元璋再次派出的特使樊观也来到了青田，传达了朱元璋对刘先生的敬重敦请之意，同时还捎上了陶安、李善长的劝说诗信。

至此，刘基终于被说动，在作了一番家事安排后，他就跟朱元璋的使节一同上路了。

与刘基一同上路前往应天的还有他的几位朋友：龙泉章溢、丽水叶琛等。他们的人生轨迹与刘基类似，都是名望极高的浙东文士。连同先前归附的金华宋濂一起，朱元璋集齐了“浙东四先生”，专门在应天修建了一所礼贤馆供这些贤士居住。

来到应天后，刘基等人发现朱元璋的许诺并不是随口一说，他言行确实一致，心里的石头也落了地，从此开始死心塌地为朱元璋效力。

显然，朱元璋手下像孙炎这样的能人志士有一大批，刘基对他并非不可或缺。那么他为什么花这么大力气，一定要收服刘基呢？

正如上文所说，刘基他们归附，为朱元璋带来的不仅仅是人才。朱元璋深知，能取得缙绅的支持，对于一统江山至关重要，招揽刘基的举措正是个代表。事实上，历史也证明，以刘基为代表的缙绅们，为朱元璋一统天下发挥了巨大作用。

从情感上说，朱元璋和手下将士大部分是贫苦出身，他们天生和缙绅阶层是有隔膜的。朱元璋却能凌驾于这些情感因素之上，招揽人才为自己服务，这份胸襟和气魄非常人所能及，也是他高于元末群雄的能力。

在战争年代，朱元璋的儒士们不断向他灌输德政思想：立国之本在于重民，取得民心，得以立国。

朱元璋曾问名士章溢："今天下纷乱，何时可定乎？"章溢对曰："天道无常惟德是辅，惟不嗜杀人者能一之耳。"朱元璋又问儒士唐仲实："汉高祖、光武、唐太宗、宋太祖、元世祖平一天下，其道何也？"唐仲实曰："此数君者，皆以不嗜杀人，故能定天下于一。"

在儒士们的熏陶下，朱元璋有了明确认识，他曾说："今豪杰非一，我守江左，任贤抚民以观天下之变，若徒与角力，则猝难定也。"攻取应天后，他召集官吏父老宣布："元政不纲，我兴师为民除乱，贤人君子，礼聘征用，民安其业，军队秋毫无犯。"结果百姓闻之，欢欣雀跃。

自此之后，朱元璋军之所至，仁人志士纷纷来归，朱元璋任用他们告谕乡邑，劝课农桑，发展生产，乱中求治，以相对稳定的政治局面，支援战争。

从冯国用、李善长，到陶安、宋濂，再到刘基、章溢、叶琛，文人、缙绅们对社会有强大的号召力，他们为朱元璋带来了巨大的收获。

翦平群雄

依靠“高筑墙，广积粮，缓称王”的战略方针，朱元璋得以一步一步稳固地发展地盘。与此同时，最早拉起反元旗帜的北方红巾军刘福通的刘宋政权与南方红巾军天完政权都已衰落，地位被新兴的力量取代。

到至正二十二年（1362），朱元璋集团已占据了今日的安徽南部和江西部分地区，成为与控制江西、湖南和湖北一带的陈友谅集团、占有浙东与江苏沿海的张士诚集团争雄的主要农民军力量之一。

在这三股势力里，最强大的并非朱元璋，而是陈友谅。

陈友谅，湖北沔城（今仙桃）人，本是南方红巾军天完政权一名将领。在征战过程中，他的力量逐渐壮大。至正二十年（1360），他取天完皇帝徐寿辉而代之，建立陈汉政权。安徽、江西、福建、湖广等大片地区当时已尽在其手。势力“几天下半”，一度膨胀到了顶点。

陈友谅与朱元璋是老对手了，至正二十年（1360），朱元璋用计在龙湾惊险地击退陈军的大举进攻之后，陈友谅消停了一段时间。他一边舔舐伤口，恢复实力；一边紧盯着朱元璋的一举一动，图谋卷土重来。

至正二十三年（1363），机会出现了。二月，张士诚派出大将吕珍进攻安丰（今安徽寿县）。

当时安丰是韩宋政权的临时都城，韩宋政权皇帝是小明王韩林儿，实际领导人是刘福通。这位最早起兵反元的老前辈也曾辉煌一时，直到遇到元朝名将察罕帖木儿。察罕帖木儿可说是刘福通克星，他的主要战绩就是几乎消灭了刘福通麾下的北方红巾军，并且占领了韩宋都城汴梁，将刘福通彻底赶出河南、山东。

当时韩林儿、刘福通龟缩在安丰，境况已非常落魄了。他们的力量不及全盛时的十分之一,万难挡住吕珍的进攻。

想来想去，只有最后一招：向朱元璋求援。

朱元璋的头衔是韩宋政权的吴国公，他的濠州集团，长期以来奉小明王为正朔。于情，他必须去救。于理呢？未必。陈友谅可正对朱元璋虎视眈眈！刘基极力劝阻，说：一旦我们救援安丰，陈友谅在我们背后出兵，应天还守得住吗？

思来想去，朱元璋还是决定冒这个险。他认为安丰是应天屏障，救安丰就是救应天，况且还有小明王在，不得不救。

一场双雄决战，亦是中国古代历史上规模最大的水战，就此爆发。

朱元璋亲自统兵救援安丰。陈友谅早就密切观察朱元璋的一举一动。朱元璋前脚发兵，他立马从武昌空国而出，兵力达到六十万。水军是陈友谅的强项，陈汉军船队遮天蔽日，数丈高的巨舰就有数百艘。陈友谅的计划是沿长江而下，趁着应天空虚的时机，毕其功于一役，直捣朱元璋的老巢！

计划很完美，陈汉军铺天盖地而来，朱元璋主力未归，应天危矣！

然而，人算不如天算，陈友谅什么都算到了，就没算到一个人——朱文正。

朱文正，朱元璋亲侄儿，时任其手下大都督，奉命镇守洪都（今江西南昌），正位于陈友谅东下的必经之路。得到陈友谅东征而来的消息，朱文正并不慌乱，他召集众将，以最高长官的身份宣布了他的决心：“城亡与亡，我等誓死保卫洪都城。”

朱文正的兵力是多少呢？只有两万人。

许多人对古代攻城战会有误解，以为人数多者必胜。事实不是这样，冷兵器时代城池攻防战，主要看的是城池的防御体系、守军的决心以及城内的资源能支撑多久。好在朱元璋意识到了洪都的重要性，给城内留下了足够支撑两年的粮食。而且洪都临水，水源并不成为问题。于是剩下的，就看主帅的调度和守军是否能众志成城。

这个任务，朱文正完成得完美无缺。

黑云压城城欲摧。陈汉军对洪都发起了一轮又一轮猛攻，朱文正带领亲兵登上城楼，与守军站在一起，用大刀，用火铳，用血肉之躯，抵挡敌军的猛攻。在洪都城头的强硬抵抗之下，陈汉军毫无进展。

激战中，守军付出了巨大代价，仅阵亡的将领，就有枢密院判李继先、左翼元帅牛海龙、左副元帅赵国旺、统军元帅许珪、右翼元帅同知朱潜等。

当然，陈汉军的损失要更大。而更重要的是，时间在一天天流逝，陈友谅的大军被拖在洪都动弹不得，严重影响了他的东征大计。

陈友谅肺都气炸了，他围着洪都九个城门轮番猛攻。战况几度不利，可朱文正的指挥调度非常神奇，无论哪里吃紧，他都会带着预备队上去堵上缺口，将陈汉军逐出城墙。

陈友谅什么方法都试过了，就是攻不进去。在朱文正率领下，守军坚信援军会到来，他们坚信自己可以守得住这座城市。

最后的结果证明，他们是对的。朱文正坚守洪都八十五天之后，这年七月，朱元璋终于做好了决战准备，大集诸军，从水路杀奔陈友谅而来。

眼看攻下洪都已无可能，陈友谅不得已，只能撤围，回头与朱元璋决战。

这个决战的地点，是鄱阳湖。

尽管在洪都城下遇挫，陈友谅的军队还是非常强大的。朱元璋只有二十万人，而且他的水军都是一些小船，与陈友谅的楼船无法相比。如果要硬拼，朱元璋能保持不败就难得了，更不用谈击败陈友谅。

事实确实如此，在鄱阳湖大战开始的几天，尽管朱元璋的吴军打得很英勇，也没能占到什么便宜，甚至连朱元璋的坐船都被炮石击碎，朱元璋差点遭遇不测。

战斗很艰难，刘基就给朱元璋出主意，说：“陈友谅为发挥他大船的长处，将楼船以铁索相连。近日风向将有变化，我们正好可以使用火攻，不愁敌军不破。”

朱元璋深知刘基擅长方术之类，听闻此言，他即下令征调快船，装满火药、火油等易燃物。重金招募敢死队，一旦风向改变，立即发动火攻！

刘基对风向的预测非常精准，当天申时，只见逆风行云，天空瞬间变色，风向在顷刻之间转向东北，正是宋军的顺风方向。

朱元璋一声令下，敢死队驾驶着七条小船，乘风点火，直冲陈友谅大船。风急火烈，一下子就把陈友谅的大船全部燃烧起来。“火炽十里之间，烟焰涨天”，把湖水照得通红。朱元璋乘势挥军发起猛攻，陈友谅两个弟弟陈友仁、陈友贵及平章陈普略等人全部死于这次火攻。

陈友谅就此被打败了吗？还差得远——“友谅之卒，死者过半，而我兵所亡失亦略相当”。通过惨烈的战斗，朱元璋扭转了劣势，但也只是与陈友谅扯平而已。

接下去，两军陷入了相持阶段，激烈交战不时发生，可谁也无法一鼓作气打崩对手。

但是胜负，却渐渐在战场之外决出了。陈友谅空国而来，已有将近四个月，数十万人每天要消耗的海量粮草，从何而来？

洪都之战的战略意义，在这一刻终于表现了出来。赖有朱文正坚守八十五天，消耗了陈汉军大量粮草。如今湖中相持将近一个月，陈汉军已快绝粮！

打仗就是打后勤，再能打的军队，没饭吃就没有任何战斗力可言。

眼看形势不利，陈友谅终于作出决定：撤军，从南湖嘴突围，进入长江——陈汉军实力仍在，地盘仍在，来日方长，下回我再卷土重来！

可惜老天并没有给他这个机会，就在陈汉军即将突围成功、冲出南湖嘴之际，一支流矢飞来，贯入了陈友谅的左眼。

不可一世的陈汉皇帝就这样倒下了，再也没有站起来。

陈友谅的意外身亡，顿时使得陈汉军陷入混乱。朱元璋趁机指挥大军掩杀而来，陈汉军队再也无力抵挡，陷入被收割的惨状。

至此，鄱阳湖之战胜负再无悬念，陈友谅的太子善儿、平章姚天祥等大批文武官员被俘，枢密使李才带着楼船和五万多兵马投降，余众皆溃散。

“友谅之勇略，虽或未及项羽，而剽性狡悍，出没飘忽，大困而不馁，屡踬而复振”——陈友谅是朱元璋称霸道路上最大的劲敌。鄱阳湖之战，也是朱元璋军事生涯遭遇的最重大挑战。他胜得非常惊险，损失也非常惨重。

好在，他最后还是赢了。

此战以后，中国南方最大的割据势力陈汉政权被消灭，天下再也无人是朱元璋对手。

“高筑墙、广积粮、缓称王”战略已达到最大化效果，朱元璋的野心已无须再遮掩，称王变得顺理成章。

至正二十四年（1364）元旦，朱元璋自称吴王。至正二十七年（1367）九月，朱元璋消灭盘踞江南长达十四年的张士诚；这一年，朱元璋三十九岁，出身于草根，成长于草莽，发迹于乱世，经历过无数血与火的淬炼，这个当初的小和尚，在精力上、心智上、谋略上，都达到了巅峰。

此时的朱元璋有多强大呢？

至正二十七年（1367）十月，朱元璋发布命令：以徐达为征讨大将军，常遇春为副将军，率师二十五万，由淮入河北取中原；命胡美为征南将军，何文辉为副将军，率师由江西取闽；命杨璟、周德兴、张彬帅武昌、荆州、潭、岳等卫军取广西。

三路大军同时发动南征北伐，在历史上也绝无仅有。更可怕的，是做完这些事以后，朱元璋居然还有时间和精力，从容地准备他的登基大典！

公元1368年（洪武元年）正月，朱元璋在应天即皇帝位，年号洪武，国号大明。

结果如何？

洪武元年（1368）二月初一，汤和攻克漳州；二月初二，胡美攻取汀州（今福建长汀）与宁化，明军占领福建全境。

四月，廖永忠与陆仲亨在广州会师，广东大定。

六月，明军攻下静江（今广西桂林）、南宁；七月攻取象州（今广西来宾），两广悉数平定。

同年八月，徐达率领大军直捣大都（今北京），元顺帝逃往上都（今内蒙古正蓝旗东）。统治中国九十七年的元王朝，至此终于被推翻。

这一切，都在朱元璋意料之中。洪武元年（1368）的南北双管齐下，不是嚣张，而是朱元璋以非凡的气魄与稳重的军事头脑所下达的务实命令。故数百年后，有伟人如此评价："自古能军无出李世民之右者，其次则朱元璋耳。"

然而对朱元璋来说，这一切不过是个开始。身为一个君主，必须考虑的不光是如何取天下，更重要的是如何守天下和治天下。军事强人朱元璋，能在政治上也做得同样出色吗？

很遗憾，以后人的目光来看，朱元璋治理天下的能力并不那么出色。或者说，他的治国能力和他的军事水平不是一个等级的。

大明王朝的“顶层设计”

朱元璋坐在奉天殿的龙椅之上，俯瞰着他的帝国。

总体来说，全国性的战争结束了。流离失所的流民逐渐回到家乡，开始了恢复生产。故元势力在他“华夷之辨”的口号下逐渐瓦解，南北重新开始融合，大明的统治正变得越来越稳固。

但是对朱元璋而言，这并不够。他要按照自己的方式，对大明进行改造。

朱元璋最直接的治国经验，当然来自元朝。总结元朝的利弊得失，朱元璋认为：元朝皇帝“失权”，为大臣所操弄；地方行政长官大权独揽，毫不受监督；衙门胥吏趁机舞文作弊，造成了元朝的败亡。

朱元璋从元朝那里得到了很多教训。为此，他设计了一套异常复杂的君主专制，以期达到两个核心目的。第一，将一切权力往上收，集中到皇帝一个人手里；第二，对收不起来的臣下之权尽力拆解，进行非常复杂的制约与牵制。为此，朱元璋旷日持久地对大明进行“顶层设计”，以达到目的。

他向下夺权的第一个重大胜利，是在洪武九年（1376）将行中书省废除，改为承宣布政使司。

行中书省简称行省，是集军事、政治、经济于一体的一级行政区，我们今天所说“省”的区划，就自它而来。行中书省，顾名思义，是中书省的派出机构，在体制上有总揽地方军国重事的权力。承宣布政使司（简称布司）和行省相比，权力就降了不是一点。在地方一级，与它并列的还有另两个司：提刑按察司（简称提司）和都指挥使司（简称都司)。它们分掌一省行政、司法、军事,并称“三司”。

三司分掌军、民、刑三权,互不统属,各自对中央负责。这一刀,一举斩断了中书省和丞相在地方的根基。

朱元璋第二个重大的顶层设计,是于洪武十三年(1380)以左丞相胡惟庸谋反为借口,罢中书省,废除丞相制。其职权一分为六,由吏、户、礼、兵、刑、工六部执掌。六部分任朝政,六部尚书遂为最高行政长官,直接听命于皇帝。

如此一来,作为中央政府的中书省解体了,秦、汉以来实行了一千多年的丞相制度亦从此废除,君主集权得到空前加强。

朱元璋对此解释道:“天子总六官(即六部),六官总百执事,上下相维,各有攸属,事简而政不繁。”

洪武二十八年(1395),朱元璋又重申:“以后嗣君并不许立丞相。臣下敢有奏请设立者,文武群臣即时劾奏,处以重刑。”

但后人对此并不以为然,明末思想家黄宗羲就评价道:“臣拜,君必答拜。秦、汉以后,废而不讲,然丞相进,天子御座为起,在舆为下。”丞相晋见时,若皇帝坐着,也要起身。若丞相处于车舆,皇帝还要下来,以昭示双方在某些方面是平等的。

丞相拥有一部分制约皇帝的权力,废除丞相以后,再也没有敢与皇帝对着干的人了。皇帝从此认为,设置百官全是为了侍奉我。凡是逢迎我的都是贤臣,不能逢迎我的皆不称职。这样就把所有的大臣变成了奴仆。

黄宗羲由此得出一个结论:“有明之无善治,自高皇帝罢丞相始。”

朱元璋的第三步是对军权的改革。

明初,大都督负责“节制中外诸军事”,大都督府是最高军事领导机关。洪武十三年(1380),朱元璋将大都督府一分为五,分设前后左右中五军都督府。

本来自唐宋以来,文武分途,以文制武。朱元璋对武职进行了进一步的细分，五军都督府掌军政，而军令却掌握在文职兵部手里，这是文武的再分和互相牵制。实际上也是一个将军事领导权由武职官员向文职官员转变的过程，自此以后，五军都督府的职权继续被削弱和转移（“兵部阴移之，其权渐分矣”），逐渐沦为一个养老机构。

除了以上几步，朱元璋还通过一系列制度将官员的权力打碎，进行碎片化处理。总之，朱元璋不承认臣下有权力，他认为臣子掌印，所守者只是诸司执掌。为此，他努力将所有看起来集中、连贯的职权打散，使之碎片化。比如同一件事，往往会由不同系统的诸多官员掺和参与，形成一套流水作业，以达到互相制衡的目的。

强力反腐

朱元璋继续俯视着他的帝国。

他并不满意。

君主专权正按他所设想的被一步步完善，可制度的严肃性怎么保证？

朱元璋是个不同于前朝君主的另类。切身体验过元末官员贪污腐败问题的他，对各种官场潜规则深恶痛绝。朱元璋曾说：“元以宽失天下，朕救之以猛。”为了保证制度的有效性和严肃性，他对各类溢出制度之外的行为均予以严厉的制裁。

比如史上有名的“空印案”。按规定，每年地方各级都要派出官员向户部核实呈报的财政收支和税款账目，这些账册上，必须有各级政府的官印。如此带来一个问题，比如说一个偏远省份的地方官，经过半年长途跋涉来到南京，核对后发现账目不符，便需要重新填报后再盖上当地政府的印章。可是官印是不能随身携带的，只能回到属地再重新盖章……这要再一来一回，至少又得大半年。

这种操作实在太折腾，官员们当然不会这么傻，他们早有对策……随身都携带着已经盖好大印的空白表册，一旦账册被驳回，在京城就能重新填写，无须千里迢迢再跑一趟。

这就叫“空印”。长期以来，大家都是如此心照不宣地进行操作，既不用折腾地方官，也方便户部工作。

但是朱元璋得知此事后，大发雷霆。这叫什么？皇权成空，规矩如印！必须彻查！

应该说，空印更多暴露出的是制度的不合理，而非官员们有意蒙蔽。但朱元璋不管这么多，他以作弊为由，几乎杀尽各地的掌印官员，以此警示皇权的不可侵犯。

“空印案”前后丧生的官员多达一千人，但在洪武朝，最令官员闻风色变的并非什么空印，而是反腐。

这并不难理解，在朱元璋还是朱重八的时候，曾目睹民间地主乡绅盘剥，贪官污吏横行，遂有江山残破，生民倒悬。

这怎么可以呢，在大元发生的这些破事，绝对不能在我的大明重演！

朱元璋整顿吏治之残酷，在历朝可称第一。洪武朝规定，只要官员贪腐超过六十两，即要遭剥皮揎草之酷刑。此外，还有凌迟、枭首、挑筋、挑膝盖、剁指、断手、刖足、刷洗、称竿、抽肠、阉割为奴、迫令自杀等刑罚，分别对应贪污金额不小、又达不到剥皮揎草资格的官员。

可尽管如此，贪污腐败的行为还是屡禁不止。洪武八年（1375），朱元璋下令凡是贪污官员，一律贬去凤阳开荒。但仅仅过了一年时间，在凤阳耕田的官员就上万人。最讽刺的是因为如此大规模的贬谪，很多地区居然出现了缺官现象。这让朱元璋头疼不已，不得不发明了戴死罪和徒流罪两种缓刑方式。即犯了死罪的官员暂时不杀，继续戴着脚镣坐堂审案；本该流放的暂时不流放，戴着脚镣回到原衙门做官。

缘何贪腐行为屡禁不止？朱元璋反思了自己的政策，认为还是不够严格。因此在之后的治国当中，对于惩处贪污腐败行为，更加的严苛。“空印案”后十年，朱元璋再兴大狱。洪武十八年（1385），御史余敏、丁廷举告发户部右侍郎郭桓有严重的贪污行为。朱元璋下令彻查，查实的数字让他目瞪口呆：郭桓一党总共贪污了两千四百多万石精粮！这数字是个什么概念？洪武十八年（1385），大明的财政收入也就达到两千四百多万石。郭桓一伙人，勾结各省的官吏，长期以来通过最原始的涂改账册的方法，贪污了相当于大明整整一年的收入！

负责查办此案的锦衣卫指挥使毛骧请示：“皇上，您想如何处理？是顺藤摸瓜，还是惩办首恶？”

朱元璋只是冷冷一笑：“不用查了。”

毛骧不解：“不用查了？”

“不用查了，传我旨意，将六部侍郎以下全部处死。”

任是毛骧这样专办大案要案的锦衣卫指挥使，听了也不禁吓出一身冷汗。朱元璋的手段之暴烈，亘古未有。史料记载：自六部左右侍郎下皆死，赃七百万，株连直省诸官吏，死者数万人。

对贪腐的官员，朱元璋从不知宽恕为何物，在他眼里“若贪虐之徒，虽小罪亦不赦也”。但如果对照朱元璋的反腐标准，实在有矫枉过正之嫌。翻开他亲自制定的《大诰》，里面记录着一些他亲自惩办的贪污案，看到里面的赃物，我们会不相信自己的眼睛。在这些案件里，一件布衣、一条纱巾、一双袜子、两双靴子都是赃物。

不少清官无可避免地惨死在无差别反腐运动下，如济宁知府方克勤（建文朝大臣方孝孺之父）是有名的清官，在任上口碑极佳，被赞为“百姓父母”。但就是这样的官员，也被卷入案件，落了个身首异处。

那么，朱元璋的反腐到底成功没有呢？短期看，效果明显，时人谓："郡县之官虽居穷山绝塞之地，去京师万余里外，皆悚心震胆，如神明临其庭，不敢少肆。"长期看，几乎没有作用，明朝仍然以历史上最腐败的王朝之一被载入史册。

朱元璋到晚年，已意识到自己力不从心，为此他不禁哀叹：我欲除贪赃官吏，奈何朝杀而暮犯！

大明的经济结构

强力反腐换来短时间内官员的相对廉洁，最直接的效果是生产的恢复、农业的发展。

不可否认，洪武一朝在恢复生产、发展农业上做得不错。朱元璋不止一次地强调，"农为国本，百需皆其所出""农桑衣食之本"。因此，洪武朝在经济上的国策就是"以农为本"，恢复农业被当成头等大事来抓。

经过元末的长期战乱，明初面对的农业困难是人口太少、荒地太多。不过这难不倒朱元璋，祖祖辈辈的务农经验让他从小就熟悉农业，游方要饭的经历又让他增长了社会见识，他很明白如何发展农业。

为了将战后流散的难民固定在土地上发展农业，洪武元年（1368），朱元璋颁布了免役三年的农业政策，《明太祖实录》卷三十载："各处荒闲田地，许令诸人开垦，永为已业，与免杂泛差役三年。"洪武二年（1369），又对北方新附地区实施减免三年赋税，《明太祖实录》卷四十三载："河北、河南、山东、山西、陕西等处新附土地，令有司召民耕种，免其赋役三年。"

洪武五年（1372），朱元璋下令对江南部分地区发放农具、种子，实行能者多劳，多种多送的活动。这样的扶持力度，古今少有。《明史·食货志》记载："凡迁民垦荒，官给牛、种，免赋役三年，所垦永为业。"

数字不会说谎，根据户部统计，仅洪武七年（1374），全国增加的垦田数量就达九十二万一千一百二十四顷（《明太祖实录》卷九十六）——而随着黄册制度的建立，至洪武十四年（1381）明朝首次系统统计全国田亩，天下管民田总数也不过三百六十六万七千七百一十五顷四十九亩——可见垦荒成果之丰硕。当然也要看到，在很大程度上，这是大乱之后必有大治的表现，是历史周期性的普遍反弹现象，并不能说是朱元璋独一份的功劳。

而问题也是在农业。朱元璋过于重视农业，正所谓过犹不及，过于重视农业，带来的并不都是好的结果。

农业开始复苏，带动人口增加，随之带来手工业、商业等行业的复苏。民间贸易活动盛行，州县市集每月可以举办数次，大型城市可以做到每日一市的程度。

其实对于大明而言，发展商业并不是件困难的事。前面我们说过，元朝虽然不堪，但它在商业上的表现有其可圈可点之处。元朝的商业经济是比较活跃的，作为继承者的明朝有条件在它的基础上，将其发展得更加完善。

可惜在这点上，朱元璋做得并不好。为了维护农业在经济中的绝对主导地位，朱元璋对其他行业的打压不遗余力，朝廷奉行的是"重本抑末"的经济政策。"本"是农业，"末"指商业，"重本抑末"就是"重农抑商"。"若有不务耕种，专事末作者，是为游民，则逮捕之"。从事商业、放弃农耕的人被视作游手好闲之徒，一经发现立即逮捕。

明朝的经济结构是矛盾的，一条线是小农经济，另一条线是商业经济，这两条线相互矛盾又并行于市。时代需要商业经济，但朱元璋信奉的是小农经济那一套，他认为只需维持自给自足的自然经济，就能保证王朝千秋万载。

可是历史的进程从不以人的意志为转移，我们若把大明放到同时期的世界上比一比就会发现，世界正在发生变化，资本主义萌芽即将来临。大明有机会实现转型吗？我们得看看朱元璋的底层设计是怎样的。

朱元璋的地方管理

朱元璋不仅设计了纷繁复杂的“顶层制度”，对于地方，他一样不辞辛劳地设计了许多具体制度。

比如说，里甲制。

明朝建立以后，摆在朱元璋面前的，是一个刚刚从废墟上诞生起来的新帝国。

此时的明朝百废待兴，尤其是民间乡里，经受了几十年的战乱，盗贼横行，田地荒芜，民不聊生，社会生产力遭到极大破坏。

对于乞丐出身的朱元璋来说，最不想见到的就是这种场景——他深知，民间乡里越是混乱，越容易闹出乱子。

立国后没多久，朱元璋就决定亲自设计一套基层制度来管理地方，其中之一就是里甲制。

洪武十四年(1381)，大明版里甲制经试行后，开始在全国范围内推行。

这项制度规定，每一百一十户收编为一里，由人口和缴纳粮食最多的十户人家担任里长，剩下的百户为十甲，甲凡十人。

此外，有一个特殊的地方是，这一百一十户人家必须是正常人家，如果有鳏寡孤独、身体残疾的人家则不算在内，这些没有生产力的人家称为“畸零户”，由就近的“里”进行照顾。

最后，十名里长以十年为一个周期轮流应役，先后顺序根据缴纳粮食的多寡预先编排，每年由一名里长率领十名甲首应承朝廷的差役，并负责管辖一里之内所发生的事情。

“一里”之内能有啥事呢？主要就是看好自己这一百一十户人家，完成赋役征收、水利维持、维护基本治安等任务。

有人说，我要去一里之外办个事行不行？可以，若有外出，必须让本甲人户相互知晓，大家共同监督。

要是有人超时不归，或者趁机跑路怎么办？轻则，里长要受杖责；重则，里长拿官治罪，甲首受杖责。

在朱元璋的构想里，被编为一里的一百一十人家应该慢慢地融为一体，成为本家，而相邻的“里”也应该融洽相处，但绝不能混在一起。

这是朱元璋设立里甲制的初心——他希望通过这种制度，强化百姓的乡族观念，限制百姓人口的流动，方便朝廷管理。

简单来说，朱元璋希望一个民间老百姓生老病死都在他精心编织的这张网里进行，不要流窜到其他地方。

为了确保这张大网有效运转，朱元璋还设计了许多其他制度与里甲制进行配套。

比如户籍制。

户籍制起源很早，历朝都有推行，不过明代的户籍制是相当有特色的。

洪武三年（1370），大明进行了第一次人口普查，根据普查结果，朝廷按照职业对全国人的户籍进行了重新划分，最主要是三类：军户、民户、匠户。此外还有站户（交通站人员）、陵户（看守陵墓）等等，由于数量太少，不具有普遍意义。

三大类下面又包含许多具体的职业，比如匠户有医生、厨师、裁缝；民户有上户、中户、下户、下下户（鳏寡孤独，不承担差役）之类不同的户。根据地域和成分不同，分别负担不同的差役。

举个例子，你家被划分为匠户中的裁缝，那么就有义务定点定期完成朝廷摊派的各项任务（主要是裁缝活）。在明初，这样划分问题不太大，因为你确实是裁缝，最多做一辈子裁缝。可问题是你儿子未必想当裁缝，他说不想玩针线了，干点别的行不行？

抱歉，朱元璋规定，职业世袭，永不更改。

你是裁缝，你儿子也必须是裁缝，你儿子的儿子还得是裁缝。至于子孙们想不想当裁缝、手艺怎么样，那是你自己的事，朝廷出任务你家必须有人来。

以此类推，民户、军户也是如此。尤其是军籍，更是不容更改，要求每个军户必须保证任何时候始终提供一名士兵在军队服役。假如你是军籍，很想改户籍怎么办呢？有三种途径，要么家里男丁死完了，无人继承你的户籍；要么当官，做到兵部尚书的位置；要不然就等着皇帝大发慈悲，允许你更改户籍。

除此以外，还有路引制、海禁制等限制人口流动的死规定。朱元璋以这些叠床架屋式的底层制度，希望将全体子民像螃蟹一样，紧紧地钳束在一起。这都是为了防止农业人口流散、出现“逸夫”，是重本抑末、重农抑商的一种体现。它们不是朱元璋的首创，但在他手里被重新设计和推行后，达到了前所未有的高度：从穷乡僻壤到朝廷，形成了一张巨大的管理网，一切都在皇帝的管理控制之中。

朱元璋是一个十分推崇小农模式的人，在当上皇帝后，他依然希望自己的百姓能遵从这一观念。

朱元璋认为，他起自微末，“备尝艰苦，阅人既多，历事亦熟”，但是他的后代“生长神宫之主，未谙世故”，必须为他们留下一个好的制度，以保大明江山永固。

为此，他花费三十年心力，不断创制完善这制度，作为家法与祖制，要求后世绝对遵守，不许做“一字之改易”。

可实际上，明太祖驾崩后不久，他亲自设计的制度就开始不断失效。永乐时期，部分承接丞相职能的内阁制度已经出现，比如路引制、海禁制到永乐年间基本上已废弛。里甲制运行一段时间后，越来越难以正常发挥其职能，也逐渐名存实亡。户籍制更是被证明不适应时代发展，到明代中期，大量人口逃籍，流民一发不可收拾，户籍制只是沦为官员盘剥勒索的工具。

一个个坑显示出，朱元璋的治国水平其实不过尔尔，他亲自设计的制度往往过于小农，违反历史发展趋势而产生恶果。以至于后来子孙们宁可违背祖训，将其废除。

其中出现问题最快的，要数他的分封制。

分封诸子

元朝皇权不振，外戚、大臣操弄皇帝如同家常便饭，直接导致皇帝大权旁落，朝廷威信不存。总结这些经验，朱元璋认为，重拾分封制，加强同姓宗法血缘的力量，是维护朝廷稳定性和控制力的关键。

为此，他选择了分封诸子。其设计是在全国建立藩王制度，利用这些藩王拱卫中央朝廷。同时，藩王可以镇守边疆，作为朝廷的羽翼。

洪武三年（1370），朱元璋颁布诏书：“然治天下之道，必建藩屏，上卫国家，下安生民。”

朱元璋共有二十六个儿子，去掉太子朱标、逾月夭折的朱楠和受封赵王却三岁夭折的朱杞，从洪武三年（1370）到洪武二十四年

（1391），他一共封了二十三个亲王，再加上朱文正之子朱守谦这个郡王，总计二十四个藩王。

仔细审视朱元璋的分封，能发现他确实是煞费了一番苦心。这些藩王的分布很有讲究，形成了四条带状分布。

由于大明的主要威胁依然来自北方，所以北方分布着辽王、宁王、燕王、谷王、代王、晋王、庆王、肃王等强力诸王。来自南方的威胁较弱，边防任务主要交给岷王、靖江王。

而在这两条边境分布带之后，各有第二条防线。北境第二防线，由分别驻守西安、开封、兖州、青州的秦王、周王、鲁王、齐王组成，他们的任务依然是防御来自北方的蒙古，以及担负拱卫京师的任务。

在南方，同样有由蜀王、湘王、楚王沿长江组成的南方第二防线。他们的任务是维持西南地区的稳定，以及京师遭受威胁时，顺江而下迅速勤王。

最后，京师应天方圆八百里内，没有分封任何藩王，即“京畿地区不得封王”。这也是为了防备太近的藩王突然作乱，朝廷无法及时反应。

如此一来，帝国南北边境各有两条防线，数位藩王镇守。倘若哪个藩王想要作乱，则将受到中央和外线诸王的两面夹击。

而更关键的，是藩王只有直属的王府护军，没有地方军权，遇军事虽可以掌地方兵，但需征得朝廷批准。他们也没有地方治理权，不能收税，所以也无法养兵。

这便是朱元璋的改良版分封思路——“惟列爵而不临民，分藩而不赐土”。

应当承认，在分封制的设计上，朱元璋用心良苦。按照这个思路，无论哪个藩王想要起兵造反，无异于送死。可是他忽略了一个非常重要的因素——人性。

在人性的考验下，朱元璋的分封制很快就出了问题——天大的问题。

建文削藩

洪武三十一年（1398）闰五月初十，勤政三十余年的朱元璋驾崩于应天皇宫，享年七十一岁，谥号开天行道肇纪立极大圣至神仁文义武俊德成功高皇帝，庙号太祖，葬于应天明孝陵。

朱元璋建立的大明有很多缺憾，他治理大明的方式有很浓厚的农民思想的影子。但不可否认，他仍然是个英雄。

他以领先同时代对手的军事能力和政治手腕，从零开始建设大明王朝。他的成功是平民百姓的成功，他的失败是封建帝王的失败。至少他告诉我们，“开局一个碗，结局一个国”不是穿越小说，草根真的是可以逆袭的。

事实上，朱元璋的功绩绝非建立了一个朝代那么简单，而在于重新统一了南北，让原本可能进一步撕裂的南北方重归同一个大一统王朝旗帜之下。

在这个角度，朱元璋有开国之君的眼光。

正如《明史纪事本末》所说：

太祖以淮西布衣，仗剑讨乱，十五年之间，遂成帝业，开明堂，礼上帝，功云烈矣。然而身在行间，手不辍书，礼致儒臣，深思治道。慨自宋叶凌迟，生民无主。西京礼乐，失自周迁；晋代风流，亡于江左；继之元人失驭，浊乱乖离。自古祸乱浸淫，圣学放废，未有若是之酷者也。非帝神灵倔起，智勇挺兴，亦乌能克勘祸乱，率由旧章，拨乱反正，若斯之速者乎！

天下不可一日无君。临终前，洪武皇帝颁下遗诏，称“皇太孙允炆仁明孝友，天下归心，宜登大位”。

洪武三十一年（1398）闰五月十六日，皇太孙朱允炆即位，改来年为建文元年，是为建文帝。

为什么是皇太孙即位呢？

其实朱元璋的指定接班人，长期以来都是长子朱标。朱标在洪武元年（1368）即被立为皇太子，朱元璋对他的培养，可谓是殚精竭虑。朱标表现得也很争气，史载其“温文儒雅，慈仁殷勤”，隐然有一代明君的风范。

哪知洪武二十四年（1391），朱元璋派朱标前往关中与洛阳视察，朱标途中受风寒，回京后便一病不起，于洪武二十五年（1392）四月病逝，年仅三十七岁。

大明王朝失去了它的继承人，朱元璋失去了最疼爱的儿子。痛悼之下，经过深思熟虑，洪武二十五年（1392），朱元璋立朱标嫡长子朱允炆为皇太孙。

朱允炆以仁孝著称，当时年少（时年 15 岁）。朱元璋在时时谆谆教诲的同时，始终有个问题萦绕在心头。于是有一次，祖孙俩有了这样的谈话。

朱元璋：我把防御外敌的事都安排给了你叔叔们，让你当一个太平皇帝。

朱允炆想了一下，提出一个问题：要是叔叔不安分，谁去抵御他们呢？

朱元璋沉吟片刻，反问道：按你的意思呢？

朱允炆正义凛然地回答：我会先以德服人，用大道理说服他；如果不行，我就削他的封地；如果还不行，那就废掉他的爵位；这些都不起作用的话，那就必须派兵讨伐。

听了孙子的回答，朱元璋满意地点点头：没错，这么办就对了。

可是说归说，等到一登大统后，朱允炆便迅速进行了他的削藩计划。

洪武三十一年（1398）七月，周王朱橚被押回南京，废为庶人，全家迁往云南蒙化。

建文元年（1399）四月，削齐王朱榑，废为庶人，软禁在应天；削湘王朱柏，湘王惧，无以自明，阖宫焚死；削代王朱桂，软禁于封地大同。

建文元年（1399）六月，削岷王朱楩，废为庶人，徙漳州。

一月之内连削三王，不到一年削六王，建文帝的削藩力度可谓空前。可是他为什么要这么做呢？

朱元璋很重视血缘关系，在他看来，诸子都是兄弟，他们的儿子孙子也都是兄弟。将来倘若有权臣凌主，皇帝只要振臂一呼，宗室们便能领兵清君侧，把皇权置于宗族力量的保护之下。

但是在朱允炆看来，不是那么回事。须知亲戚关系是递减的，随之忠诚度也是递减的。这些藩王，于朱元璋是父子，于朱标是兄弟，于朱允炆是叔侄。假如建文皇帝传位下去，再过两代出五服，那就是皇帝与割据势力的关系。

朱允炆熟读历史，西汉七王之乱、西晋八王之乱这些诸侯王作乱的典故，自然烂熟于心。这都是人性使然，你说，他能不削藩吗？

建文帝要削藩，站在他的立场本身没多大问题。问题在于这件事做得太急，全无计划性，又缺乏妥善的善后处理，导致了剩余诸王人心浮动。

这就给了燕王朱棣机会。

奉天靖难

朱棣，朱元璋第四子，洪武三年（1370）被封为燕王，洪武十三年（1380）就藩北平。

大明最大的外患始终来自北方。为此朱元璋先后将九个儿子封到北境，组成北部边塞第一道防线。

这些藩王被称为“塞王”，他们拥有诸王中最多的三护卫指挥使司的直属兵力。如有王命，还有统辖驻地各卫所兵马出征的权力。朱元璋为了锻炼这些儿子，还时常给他们配备元勋宿将作为副手，或出塞围猎，或巡游靖边。史载：“此九王者，皆塞王也。莫不敷险隘，控要塞，佐以元戎宿将，权崇制命，势匹抚军，肃清沙漠，垒帐相望。”

这些塞王大都拥有丰富的军事经验，到了建文年间，其中一些已成长为杰出的军事统帅。尤其以宁王朱权、燕王朱棣为代表，有“宁王善谋，燕王善战”之称。

这些强悍的叔叔也是朱允炆最担心的人。当时九大塞王中，秦王朱樉、晋王朱棡已薨；代王朱桂被废，庆王朱㮵、肃王朱楧地处偏远，不构成威胁；谷王朱橞、辽王朱植站在建文帝这边；剩下威胁最大的，就是宁王与燕王。

朱允炆的下一个目标，正是他的四叔——燕王朱棣。

从洪武三十一年（1398）十二月起，朱允炆便开始了对燕王的谋划。他将心腹任命为北平布政使和都指挥使，又命都督宋忠屯兵驻开平（今内蒙古多伦），并不断调走北平原属燕王管辖的军队。目的是内外夹攻，到时将燕王一举拿下。

建文帝的失算也在于此：事情做得如此明显，朱棣岂能不知？

如果说削藩只是削去王爵，依然能保有富足体面的生活，朱棣或许也就认命了。可目睹那些兄弟们的遭遇，尤其是得到素来与他交好的湘王朱柏蹈火而死、死后还被赐谥号为“戾”的消息，朱棣震惊了！

“戾”在古代谥法中，是个一等一的恶谥。这叫什么？刻薄寡恩就不要说了，这是杀人还要诛心啊！湘王如此，我堂堂燕王，又怎能受如此之辱！

正是朱允炆削藩的毫无逻辑，以及事后极为拙劣的处理方式，给了朱棣以强烈的刺激。

造反是死，不造反也是死，为什么不试一试？九死一生又如何，万一成功呢？

或者说，以朱棣的性格和能力，除了造反，他已无路可走。

建文元年（1399）七月，在彷徨了半年多之后，朱棣终于出手。初四，燕王用计，将奉旨前来逮捕他的张昺、谢贵诱杀，张信叛变。布政使与都指挥使或死或降，北平守军指挥系统失灵。趁此机会，朱棣依靠仅有的八百勇士，在当夜攻下北平九门，控制了北平城。

第二天一早，朱棣召集军队，宣布了这次起兵的理由。依明太祖《皇明祖训》中所说：“朝无正臣，内有奸逆，必举兵诛讨，以清君侧。”朱元璋规定，在权臣篡权时，藩王有起兵清君侧的权力，称之为“靖难”。

当今皇帝身边，正有齐泰、黄子澄等奸臣当道，完全符合“靖难”的条件。朝廷有难，我燕王义不容辞，必须起兵“奉天靖难”，这次军事行动的口号就是“清君侧，靖国难”——史称“靖难之役”。

细究一下，这个逻辑里其实有个很大的漏洞。按太祖成法，藩王靖难必须先得到皇帝召唤。皇帝叫你来，你才能来，否则就是造反。

但是朱棣已经不管这么多了，既然起兵就没有了回头路。他只能在这条路上狂奔下去，直到夺取帝位，或是兵败身死。

成王败寇，是帝王时代不变的准则。不管天下人现在怎么看我，只要能成功，自能平息悠悠众口。

随后几天，朱棣四处出击，一刻也没停顿。七月初六，通州归附；七月初八，蓟州攻破，遵化、密云归附；七月十一，居庸关攻破。朱棣将控制区扩展到遵化一线。

直到这时，朝廷才反应过来。屯兵开平的都督宋忠，火速提兵进占怀来，试图从西面压制燕军，让朱棣不敢远离北平。

此时朱棣的兵力增长到了八千余人，但宋忠有三万人。兵力之比接近 1 ∶ 4，优势看起来还在宋忠这方。

七月十六，朱棣全军出击，在怀来击破宋忠。燕军斩首数千级，缴获战马八千多匹，余部大多投降。

宋忠是有三万人没错，问题是这三万人里，倒有一小半是朱棣原来的旧部，是被朱允炆以各种理由编入宋忠麾下的。

更大的问题是，宋忠手下的开平军中许多人的父子、兄弟都在对面的燕军阵中，为朱棣效力。

这是朱允炆的又一失策，朱棣正是利用这点，大打感情牌。大几千人临阵倒戈，直接就灭了宋忠。

朝廷安排在北平周围最强大的一支军队，就这样被轻松消灭了。怀来之役是朱棣起事后第一场大会战，燕军以少胜多，从而基本扫平了北平的围兵。

此战之后，朱棣势力得到极大发展。燕军轻松扫平散落的其他卫所，基本控制了整个北平地区。

一战吃掉三万人，对朱棣而言是很大的胜利，对朱允炆却不算什么。

朱棣仅有北平一隅之地，朱允炆可是手握整个大明的资源。三万人不够，再加十倍如何？朱允炆下旨，拜耿炳文为征虏大将军，统帅大军十三万（号称三十万），兵分数路伐燕。

耿炳文是太祖一朝硕果仅存的几位宿将之一，洪武三年（1370）封长兴侯。朱允炆指望这位开国元勋替他平定叛乱，耿炳文的回报却是在真定被燕军击溃，损失数万人后，退守真定不出。

应当承认，燕王的“善战”绝非浪得虚名。洪武年间，朱棣就已数次被朱元璋授命参与北方军事，节制兵马，出征漠北。诸王之中，向来以晋王、燕王最被太祖倚重。到洪武三十一年（1398）晋王薨逝后，朱元璋更是命燕王总率诸王防备边患。

由于长期身处北方与蒙古人作战，朱棣深得骑兵作战精髓。总结起来，他的拿手战术就是利用骑兵超强的机动性，来去如风，长途奔袭，这点让习惯于依靠步兵为主力的南军将领屡屡吃亏。

战场之上，朱棣与他的心腹大将朱能、张玉等人往往分别带领几百名骑兵来回穿插，就能将敌军上万人的军阵割裂，进而将其击溃。其要诀是利用敌人的溃兵去冲击他们自己的阵形，即“以弱挡强，以强击弱，驱溃攻主，挡者，无不溃败”。

但是燕军的弱点也很显而易见，他们跟蒙古骑兵一样长于野战，而不善于攻城。耿炳文在野战中遭遇失败后，立即调整战略，坚守真定不出，燕军强攻三天毫无进展。

耿炳文这一手，对朱棣是很要命的。

根据战争性质的不同，战争目的也不尽相同。有时候，以空间换时间，对敌人有生力量造成杀伤，积小胜为大胜，能达到最终胜利；有时候，空间不是主要的，时间才是，战争的目的不是杀敌，而是尽早夺取目标，就能获取最终胜利。

显然，朱棣需要的是时间，而非一城一地之得失。朱允炆占有全国之地，尽可以跟他慢慢耗。而他朱棣耗不起，只有尽快杀到京师，干掉朱允炆，才是最终的胜利。否则，朱允炆永远是皇帝，朱棣只能算个造反的诸侯。

耿炳文以善守著称，把个真定守得密不透风。这下朱棣没辙，只能撤围而去。

这样来看，耿炳文先负后胜，守住了底线。朱棣只能退回北平，伺机而动，战场的主动权依然在耿炳文手中。

但是建文帝和朝中大臣不这么想。

给耿炳文十几万大军，是让他去平定燕王的，不是让他去守城的啊！十几万对几万，还龟缩不出？这算怎么回事？王师气势何在，天子威严何在？

不行不行，朕要的不是防守，而是进攻。在智囊黄子澄建议下，朱允炆终于决定罢免耿炳文，任命曹国公李景隆为大将军，率五十万大军北伐，务必一举荡平燕王！

这个决定很快就让他追悔莫及！

明面上，李景隆的履历光鲜亮丽。他是朱元璋的外甥、大明开国名将李文忠之子，自小爱好军事，熟读兵书。他不仅袭爵曹国公，还担任着从一品的都督同知，掌管左军都督府。

实际上，李景隆从没有过统帅军队参加实战的经验。他是个生在京师长在京师的功臣二代，他的爵位都是世袭来的。不光水分很大，还不能服众，得知朝廷任命李景隆当统帅，“诸宿将多怏怏不为用”。

任命这样一位赵括式的人物统领五十万大军，是空前的冒险。

果然，得知李景隆替换耿炳文前来讨伐自己，朱棣发自内心地笑了。他召集部下，说了这么一段话：

兵法有五败，景隆皆蹈之：为将政令不修，纪律不整，上下异心，死生离志，一也；今北地早寒，南卒裘褐不足，披冒霜雪，手足皲瘃，甚者堕指，又士无赢粮，马无宿藁，二也；不量险易，深入趋利，三也；贪而不治，智信不足，气盈而愎，仁勇俱无，威令不行，三军易挠，四也；部曲喧哗，金鼓无节，好谀喜佞，专任小人，五也。九江（李景隆字九江）五败悉备，保无能为。

这段话的意思是，李景隆此次出师有五大弱点：第一，为将者没有威严，不能令部众信服，纪律不严，上下离心，不能同心协力；第二，北方早已进入寒冬，南方士兵棉衣不足，手足受冻撕裂，甚至有人冻掉了手指，而且人马均粮草不足；第三，为将者不考虑实际困难，带兵孤军深入；第四，为将者以权势驭下而不严于律己，智谋不足，刚愎自用，既不仁慈也不勇敢，命令得不到有效执行，士气不足；第五，部众意见不一，不能形成一致的看法，为将者喜欢逢迎拍马、阿谀奉承之人，而能征善战的将领无法施展才能。兵法有五败，李景隆全占了，焉得不败！

话虽如此，朝廷派出的五十万大军毕竟不是稻草人，朱棣仍然需要谨慎应对，绝对不能掉以轻心。

大军压境，他必须尽快作出决策。

当时朱棣有两个选择，一个是收回所有兵力固守北平，另一个带领主力离开北平，寻找机会和突破口。

如果全力固守北平，双方兵力对比悬殊，燕军在人数上没有优势。即使能击败对方的数次进攻，但是如果不能将对方彻底击退，他们很快会集结兵力再战，这样无异于被困在城内，结果必然是坐以待毙。

朱棣如果主动出击，此时也没多大胜算。

燕军擅长骑兵野战，但是南军人数实在太多。李景隆完全经得起消耗，而朱棣只要失败一次，就将万劫不复。如果要争取主动，朱棣只有设法增加兵力，才能充分发挥自身优势。

而朱棣的致命短板是兵力不足，只有解决这个难题，才能搏得一线生机。

如何快速得到更多兵力呢？还真有一个办法，那就是宁王。

宁王朱权

宁王朱权，朱元璋第十七子，受封于大宁（今内蒙古宁城），是九大塞王之一，也是最强有力的塞王之一。大宁军区统塞上九十城，拥有甲兵八万、战车六千的兵力。且有所属朵颜三卫（即兀良哈三卫）骑兵，皆骁勇善战。

曾经强大的宁王朱权，现在的处境却很有些不妙。朱棣起兵后，建文帝已下旨削去了朱权的护卫，如今的宁王已失去兵权，成了个闲散王爷。若能邀得宁王加盟，进而以他的名义得到大宁兵力助阵，对抗李景隆，大事可成也！朱棣一拍大腿，这就要去找宁王借兵。

这个想法，却遭到了他手下一些将领的反对。

理由很简单，前往大宁要经过松亭关（今河北宽城西南）。可松亭关如今正由刘真、陈亨率大宁主力把守。一旦拖得太久，又怕李景隆来攻北平，到时两头落空，那就危险了。

朱棣却自有他的想法："今取刘家口，径趋大宁，不数日可达。大宁军士聚松亭关，其家属在城，老弱者居守，师至不日可拔，城破之日，抚绥将士家属，则松亭关之众，不降则溃。"

意思是我们可以走小路绕过松亭关，取道刘家口，用不了几天便可进抵大宁。大宁的将士屯驻于松亭关，家属却留在大宁，大宁城内只有老弱兵力驻守，我们很快便可攻下，然后安抚将士家属，则松亭关的将士自然不愿与我们为敌，不是投降便只好溃败。

事情的发展果然如朱棣所设想，当燕军主力长途奔袭，突然出现在大宁城下时，守军猝不及防，大宁很快就被攻破。宁王朱权落入燕王控制之中。

史书记载，朱棣为了得到大宁的兵力，假模假样单骑入宁王府，连续几天陪着朱权喝酒聊天，大打感情牌。不过这些并不重要，重要的是大宁被破，宁王已失去了人身自由。朱棣想怎么做都可以，朱权一个人质，还不是任他摆布？

随后几天，燕军的手下四出，打着宁王的牌子，以重金到处收买人心，没多久就得到了包括数千朵颜骑兵在内的大宁周边的一大批支持者。

而驻守在松亭关的那部分大宁兵力，听说燕军到达大宁后，急忙回师救援。朱棣密令陈亨家奴给陈亨带信：尔等家眷都在大宁，大宁已在我手，不若及早归降，何如？

陈亨本来也是朱棣的老部下，收到信件，当夜他就串通了营州中护卫指挥徐理、右护卫指挥陈文，半夜起事袭破主将刘真，刘真仓促之下单骑逃走，陈亨率众归附朱棣。

朱棣在大宁的冒险很成功，李景隆在干吗呢？

其实他也没闲着，得到朱棣率主力北征大宁的消息，李景隆立即就扑向了北平。留守北平的，是朱棣的头号智囊道衍和燕王世子朱高炽，他们的兵力有一万余人。

有必要再重复一下，冷兵器时代的攻城战，只要城池防御坚固，守方意志坚决，城内粮草充足，短时间内是很难被攻下的。

这不是人数多少的计算题，而是生产力和科技水平所决定的。强攻之所以能成功，要么是出其不意，要么是守军犯错，一般情况下，事先得到准备的大城很难被迅速攻破。我们可以再回想一下洪都之战，以及历史上那些著名的守城战，无一不是以少胜多。

同理，朱高炽和道衍，在北平所做的就是朱文正的工作，即保持守军的斗志，以及确保手下不要犯错。

他们的工作相当成功，大军围攻下，北平城虽也出现过危殆的时刻，却终究化险为夷。朱高炽和道衍坚守了一个多月，终于撑到了朱棣带兵回援。

兵力大增的朱棣已不惧怕李景隆的大军，十一月初四，南北两军在北平东郊郑村坝摆开战场。北兵奋勇，南兵争先，两军各为其主，展开殊死搏杀。然而在野战战场上，以骑兵为主力的北军还是渐渐占据了上风。这不得不提到朱棣新招募的朵颜三卫，这些骁勇的蒙古骑兵，被朱棣放在最关键的位置当作先锋使用。他们留着奇怪的发型，怪叫着发起令人胆寒的冲锋，一连踏破南军数座营垒，令当者辟易。

这一仗，从中午一直杀到傍晚。收兵后李景隆自知不敌，主动后撤到白沟河，北平之围遂解。

白沟河之战

接下来三个多月，双方始终隔着白沟河保持着对峙的姿态。一方面，是朝廷始终希望通过斡旋来换取燕王罢兵；另一方面，是北国进入隆冬，天气恶劣，在这个季节交战，对双方都不是件容易的事。

当所有交涉归于失败，当北国之春到来，也就是决战的时刻。

地点，正是白沟河。

四月初八，白沟河岸边绿油油的野草，在朝阳的辉映下焕发出勃勃的生机。如果河面上没有浮现出两岸对峙的军队倒影，这将会是一个美好的春日早晨。

但是两岸列阵的士兵们毫无欣赏美景的心情，数十里的岸边，除了军旗在风中吹拂发出猎猎作响的声音和战马喷出的响鼻声，数十万人临于阵前，安静得可怕。

他们心里明白，今天会死人，会死很多人。

血液会流入这清澈见底的白沟河，将它染成红色；血液会渗入土壤，滋润野草的根；血液会肆意挥洒在这片大地上，只有精通战争奥义的军事天才会勾勒出一幅绝美的画卷。

“冲锋！”南军先锋平安高举起手中的长枪，枪头直指天空。平安上半身微微前倾，双腿一夹马腹。

咚咚咚……战鼓敲响，平安麾下万余兵马如潮水般超过主将，向对面的北军冲去。

平安，小字保儿，朱元璋养子，南军阵中数一数二的勇将。他曾跟随朱棣出塞，深得骑兵作战精髓与朱棣用兵要义。

这一刻，平安率众在北军军阵中杀了个几进几出，打得火光四溅，愣是没人挡得住他。

眼看先锋得势，南军之中军旗摇动，数十万人发出地动山摇的喊声，大地为之震颤。一眼望不到边的南军主力随之掩杀而来，他们的甲胄在跑动中发出刺耳的摩擦声响，他们的兵器在初升的阳光下发出凛凛寒光。

在平安、盛庸、瞿能、俞通渊等勇将率领下，南军这次一改之前的颓势，压制住了北军。尤其是平安，纵横驰骋，大砍大杀，先是将北军都督陈亨砍于马下，又将徐忠手指砍断，简直是如入无人之境！

南军乘机反复冲击北军营垒，终于将其阵形打乱。北军被切割成数块，处处陷入了苦战。甚至于主帅朱棣，身边一度只剩下一小队护卫且战且退，陷入了危殆境地。幸而他的次子朱高煦及时带着千余骑兵赶来支援，他才摆脱追兵。

照这样打下去，北军的失败就在眼前。朱棣眼中布满血丝，发出了一阵苦笑。

完了，一切都要结束了。

什么靖难，什么天子宝座，通通都跟我没有关系了。

可是就在这千钧一发的时刻，发生了一件难以解释的事，瞬间扭转了战场局面。

关于这件事，诸多史料都如此记载："会旋风起，折景隆旗。"

看字面意思，就是突然刮起了一阵怪风，折断了李景隆的帅旗。

帅旗就是大纛，为军中之胆，紧随主帅行动。如果己方的帅旗不见了，通常只有两个可能：主帅被杀了，或者逃跑了。

谁能想到，帅旗竟然会被风刮断？

帅旗折断，指挥系统失灵，南军陷入短暂的混乱。朱棣不愧是久经战阵，他立马抓住这千载难逢的机会，下令北军发起冲锋，并派朱高煦率一部分兵力绕到敌后纵火，伪装出前后包抄的假象。

南军不明情况，也无人指挥，场面顿时失控。众将有心勒马有序撤退，也变成了奢望。一片混乱中，撤退变成了无序的溃退，瞿能父子、俞通渊、庄得等将领都死于乱军之中，只有平安侥幸冲出重围。

白沟河大战就以此种戏剧性的方式落幕了，南兵先胜后败，一下子损失十万之众。而更重要的，是经过此战，李景隆彻底被朱棣打怕了。这位曹国公再也不敢跟燕王照面，一退再退，直接就退入山东。

两个人的较量

自朱棣发动靖难之役以来，战无不胜，所向皆捷，他真有这么厉害吗？

朱棣确实很强，他是那个时期顶级的骑兵统帅，麾下的北军野战称雄，一般兵士在野外很难正面击败他。

燕王用兵，其疾如风，打得让人措手不及！

可是这一切，朱元璋在分封的时候，难道就没预计到吗？

其实若按明太祖的分封设计，燕王再强也没有用，连北平他都很难出得去。问题是，被朱允炆这么一顿操作，互相制衡的藩王体系已支离破碎，无法再配合朝廷围剿燕王。

甚至，连牵制都不行。

九大塞王中，宁王、辽王原本在燕王身后，在朱棣西面，又有谷王、代王、晋王。本来燕王一旦起兵，这些藩王就该率领边将出兵讨伐，对朱棣形成三面夹攻之势。甚至都不用朝廷派出军队，其他塞王就能将朱棣堵在北平城里。

但在现实中，这并没有发生。

宁王已被剥夺兵权，辽王、谷王被召回京师，代王被废，晋王已薨。本该起作用的第一道防线，已对朱棣毫无威胁。

那么第二道呢？按明太祖的设计，北平到京师的第二道防线是由秦王、齐王、鲁王、周王带领的四个封地的部队。

齐王、周王被废；秦王、鲁王早薨，袭爵者年幼。第二道防线已名存实亡。

朱元璋处心积虑设计的两道防线都已不存，这场本该是侄儿率领众叔叔围剿叛逆四叔之战，成了燕王与建文帝两个人的较量。

当然，我们今天回看历史，处于旁观者清的境地。不过在当时，朱棣并没有马上看清这个事实。李景隆退却后，北军两次杀入山东。第一次在济南被铁铉和盛庸击退；第二次在东昌，盛庸大败朱棣，打得"燕精锐丧失几尽"。转过年来，朱棣又在夹河（今安徽砀山）击败盛庸，扳回一城。

白沟河之战以后两年多，北军与南军就这样在山西—山东一线来回厮杀。一会北胜，一会南胜，而其他已就藩的诸王，要么被召回了京师，要么抱着暧昧的态度隔山观虎斗。

直到建文三年（1401）接近年底的时候，稀里糊涂打了三年的朱棣终于率先明白过来——敢情我那些兄弟没人支持侄儿啊？

那我还在这跟盛庸、平安他们耗什么？朝廷大军云集山东，应天单薄，我只需疾趋京师来个斩首行动，不就完事了？

理论上，朱棣这个想法是对的。但实际操作中也有困难，他至少需要做到以下几点：

1. 放弃占领城市，尽量减少无谓的交战。

2. 在南边防线中找到缝隙，甩开追兵。

3. 以最快的速度，在朱允炆作出有效反应之前攻下应天。

以朱棣的能力和北军骑兵的机动性，第一、第二点可以完成。至于第三点，现在谁也说不准。

朱棣已经和南军拉锯战了三年，如今能控制的地方依旧不过北平、永定、保定三府。对雄心勃勃的燕王来讲，实在无法接受。

我可是要制霸天下的啊，打来打去都在河北兜圈子，最多当个省长，哪天才能达成心愿？

如今有这样一个直捣黄龙的机会摆在眼前，不试试，怎么知道呢？

建文三年（1401）十二月初二，朱棣在北平召集部下誓师，发表了激情澎湃的讲话，其中关键一句是：要当临江一决，不复反顾矣！

临江一决，向死而生，行就行，不行就不回来了！

带着不成功便成仁的勇气，建文四年（1402），北军再次大举南下。这次与之前截然不同，他们既不攻城也不恋战，一路如流水一般从南军防线缝隙中穿过。仅用一个多月，就从山东进入了宿州。

接下来朱棣遇到了挫折，先在淝河被何福、平安击败，紧接着又在齐眉山一头撞上徐达之子徐辉祖，难以撼动其分毫。

好在朱棣并非有勇无谋，他使出截粮道之计，逼迫南军退守灵璧（今属安徽）。利用南军缺粮的困难时机，朱棣发动奇袭，在灵璧大破南军，生擒平安、陈晖、马溥、徐真、孙成等三十七名将领，只有何福一人走脱。

灵璧一战击破何福、平安的主力军团，此战之后，朱棣再也无人能挡，数月间，克盱眙，定扬州，饮马长江。

正如之前所说，没有第三道防线了，何福、平安他们率领的主力，就是朝廷最后的防线。

朱允炆完全没料到朱棣会来这一手，这算什么？这种打法连反贼都算不上，这是妥妥的流寇战术啊！ 直到主力覆灭，建文帝才如梦初醒，他忙下罪己诏痛骂自己，一边召兵马入京勤王。

已经不会有人来了，事已至此，没有藩王站出来大声疾呼“燕王叛逆”，更没有藩王领兵前来勤王。就连那些各地的镇守武将，也都按兵不动，没人愿意在这时候跳出来跟燕王作对。

人心浮动，应天陷落已不可避免。

六月十三日，应天城内的谷王朱橞和曹国公李景隆，打开金川门降附朱棣，号称固若金汤的应天城不战而降。

这一天，朱允炆呆坐在皇极殿，往日高谈阔论的大臣们早已不见踪影，身边只有几名太监作陪。

而在城外的朱棣已自金川门打马入城，先谒太祖皇陵，然后直奔紫禁城。迎接他的是冒着黑烟的残垣断壁，以及一具焦黑的尸体。

建文帝朱允炆，君临天下将近五年时间，于建文四年（1402）六月十三日放火自焚，终年二十五岁。

至此，这场靖难之役终于结束。

关于建文帝的生死，历史上还有其他说法。许多人认为他没死，而是从地道跑出了皇宫，到外面削发为僧。后来在永乐一朝，朱棣也曾多方派人查找，以落实真相。

其实建文帝到底死没死，已经不重要了。因为他在官方已被宣布死亡，他即便活着，也不可能再翻起浪花。

已经没有建文帝了，也没有朱允炆了，只有接下来的永乐时代。

建文四年（1402）六月，朱棣革除建文年号，改当年为洪武三十五年。己巳日（17日），朱棣在应天奉天殿即皇帝位，开创了属于他的时代。

永乐时代

对于朱棣的永乐时代，我们的历史上有个定义，叫作“永乐盛世”。

在古代王朝，能被叫作“盛世”并不简单，它至少需要满足几个条件。

一是要求政治上相对清明，制度相对完善，政府运作良好。

二是要求有一定的武功，国内不能烽烟四起，对外也不能被异族打得抬不起头来。

三是要有一定的国际形象，对外有开拓精神，或者是进行国际交流的行动。

朱棣做得如何呢？

在政治上，朱棣的一个重要举措，是对朱元璋废除丞相制导致的政治短板进行了修补。即位不久后，他就“特简翰林院编修、检讨等官入文渊阁当直”。这些学士的品级较低，高不过正五品。但他们享有较大的权力和地位，能与皇帝进行个人接触，参与机密重务。他们在文渊阁随时待诏，准备为朱棣商讨国事，起草文件。

文渊阁位于午门之内以东、文华殿之南，地处内廷，阁臣又常侍皇帝于殿阁之下。久而久之，人们就称这个机构为“内阁”。入阁诸臣谓之入阁办事，后渐升至学士或大学士。

洪武一朝也有翰林学士，但那时候的学士只是负责起草诰命，并不参与决策。永乐朝的学士能接近皇帝，能参与政务的决定过程，在政治上是一个进步。这也导致内阁的作用越来越大，内阁学士的品级和职权越来越高，后来形成成熟的内阁制度。

内阁制弥补了朱元璋取消中书省之后，带来的政府结构上的缺失，以及皇帝过于集权的问题。内阁制在永乐朝开始形成，在之后不断完善，成为有明一朝文官政府的主要执行机构。他们的领袖内阁首辅，也被视为宰相一般的官员。

这个制度，是在永乐一朝开始创立的，一直影响到明末。

朱棣在政治上的另一大举措，是迁都北京。

实际上，朱棣从来没有考虑过以应天为都城。就是登上皇位后，他也长期住在北平行在，很少居住在应天。自永乐元年（1403）起，他便先后下诏迁徙富户以实北平、疏通大运河；永乐四年（1406），下诏兴建北平皇宫；永乐五年（1407），为原配徐皇后在北平兴建陵墓。

这些措施表明，迁都势在必行。

为什么一定要迁都呢？从官方立场讲有几大理由：为了南北的融合、为了应对北方的威胁、为了抹平地域发展差异，等等。

从个人角度看，以北平为都城对朱棣也是不难作出的选择。他二十岁就藩北平，四十二岁登上皇位。他的青年和中年时期都在北平度过，早就习惯了那里的风土人情、饮食口味。四年靖难，北平军民始终支持着他，更让他无比感动。相比应天府那群文官，还是北平更让他有家的感觉。

永乐十八年（1420），北平皇宫和北平城建成，朱棣改北平顺天府为京师，正式下诏迁都。洪熙元年（1425），拟还都应天，仍改京师为北京。正统元年（1436），定北京为国都，复称京师。

京师之称历清至辛亥革命后不改，但习惯上自明永乐以后相沿都称北京。北京这个地方从此被赋予独特的地位，这一切从朱棣开始。

除了政治，另一个方面是对外开拓，在这点上朱棣做得相当出色，在大明十六帝中，可说是排名第一。

这个功绩，主要体现在东北和西洋两个方向。

东北方向，朱棣采用了一种新的方式来进行开拓。明朝以朱元璋设立的辽东都指挥使司（管辖范围约为今天东至鸭绿江、西至山海关、南至旅顺、北至开原）为后盾，对东至大海、西至斡难河、南接图们江、北抵外兴安岭的广大奴儿干地区的女真各部进行不断招抚。

效果很显著，随着归附的部落越来越多，永乐二年（1404），明朝开始在奴儿干地区设置卫所，委任当地部落的酋长进行管理。至永乐九年（1411），朱棣派太监亦哈失和都指挥同知康旺率领官兵千余人，乘坐二十五条大船，从黑龙江顺流而下，来到亨滚河口对岸，正式建立起一个新的机构：奴儿干都司（治今俄罗斯境内黑龙江下游东岸特林地方）。

奴儿干都司是个很特别的都司，它并没有驻军，官员主要负责巡视与汇报，直接隶属于中央政府。至万历时，其统辖卫所四百余个，朝廷也不指派长官，由各族首领掌各卫所，给予印信，仍其习俗，统其所属。

这种管理方式叫“羁縻统治”，在我国历史上早有先例。要知道这些地区在当时属于人迹罕至，既不适合耕种，也不适合居住，派兵实控那里得不偿失。羁縻统治是较为合理的一种方式，它以付出一些好处（朝贡）的代价，既能防止分散分布的女真部落被蒙古控制，还能加强边境民族与中央的联系，总体上看是合算的。

朱棣以羁縻的方式，没有让失去塞王的边境陷入混乱，还向东北拓展了朝廷的影响力。在很长一段时期内，这种策略都是成功的。

而在另一个方向，朱棣的成就就更加辉煌了，辉煌到今天的历史课本都不得不提，那就是我们所熟知的郑和七下西洋。

永乐三年（1405）六月十五日，一支庞大的舰队从苏州刘家港（今江苏苏州太仓浏河镇）沿江出海。舰队共有六十多艘大船，这个“大”不是一般意义上的大，而是创纪录的大。据记载，最大的船长四十四丈、宽十八丈。船有四层，可以容纳上千人，载重八百多吨。

除了这些大船，舰队还有上百艘小船。按用途不同，分为“马船”“粮船”“坐船”和“战船”。马船长三十七丈，宽十五丈；粮船长二十八丈，宽十二丈；坐船长二十四丈，宽九丈四尺；战船长十八丈，宽六丈八尺。

之所以说它是舰队而不是船队，因为许多船上配有武装，以及两万余人的军队。

它的统帅就是郑和。

郑和，本名马三保，原本是燕王府中一名宦官。靖难初期，朱棣人手短缺，将府中宦官也编入军队。一路征战中，许多宦官立下战功，马三保就是其中一位。在与李景隆的郑村坝之战中，马三保贴身护卫朱棣，作战勇猛，战后朱棣特意赐他姓名：郑和。

等到朱棣坐稳皇位，想要为自己的舰队选派一名指挥官时，想到了郑和。为什么是郑和呢？首先，他是朱棣心腹、燕王府旧人，是最值得信任的旧部。其次，郑和经历过靖难的血腥厮杀，有充足的军事经验，能担负起指挥的重任。最后，郑和本人是名穆斯林，幼时就对外洋有所了解，这点对海外之行非常有帮助。

郑和统帅的这支舰队不是普通舰队，是永乐皇帝特意打造，为了远下西洋，承担国际交流与维护和平任务的蓝海舰队。

当然了，名义上是国际交流，实则是朱棣的私心占了很大一部分。靖难成功，坐稳皇位后，朱棣想起了海外诸藩，决定派出一支庞大的船队出使西洋，向各国宣布自己才是现任大明皇帝，催促诸国前来朝贡。

但在客观上，郑和的舰队确实起到了与各国深度交流的目的。明朝官员不光是向当地政府宣扬明朝的国威，还在当地居住和生活、从事贸易。比如第一次航海时，郑和就在印度南部城邦国家古里居住了五个多月，除了进行补给，主要就是从事贸易。这些举动，无疑推动了中外经济文化的交流和互动，并且把中国文化的种子播撒到了印度洋沿岸。

另外一个任务“维护和平”，也是实打实的。

在那个年代，海上并不太平，有许多大大小小的海盗集团靠抢劫为生，他们对过往船队的安全造成很大威胁。在旧港（今苏门答腊）一带，就盘踞着一个强大的海盗集团，首领名叫陈祖义。陈祖义集团鼎盛时超过万人，战船百艘，雄霸于日本、印度洋，与中国台湾、南海等海面，劫掠过往船只达万艘，攻打五十多座沿海镇城，为一时之海上大患。

可惜这次他碰到了郑和。

永乐四年（1406），陈祖义使诈降之计，企图趁乱劫掠明朝舰队。这种雕虫小技怎瞒得过郑和？在三佛齐港口，郑和将计就计，用火攻大破陈祖义船队，五千多名海盗被消灭。郑和捕捉“旧港深贼”陈祖义三人，带回明朝，朝廷“悉命斩之”。横行一时的陈祖义集团就此覆灭。同年，明廷在该地设旧港宣慰使，南洋商路的和平得到了保证。

消灭海盗陈祖义，只是郑和航海生涯中一个小小的成就。而在国家层面，明朝舰队也起到过决定性作用。

第三次下西洋，明朝舰队遭到锡兰山国（今斯里兰卡）国王亚烈苦奈儿发兵攻打，郑和使声东击西之计，率军避开敌军主力，直捣毫无防备的锡兰都城，将亚烈苦奈儿生擒活捉。

第四次下西洋，郑和在苏门答剌（今苏门答腊）又遭到阴谋篡位的当地权臣苏干剌的袭击。于是这位苏干剌又成了明朝的俘虏，被送到京师献俘。

数次航海中，这些场面数不胜数。不管是强硬解决还是软硬兼施，总之当需要武力的时候，郑和便转身恢复了武装大太监的本色，想必这也是朱棣选这个武德充沛的宦官领导舰队的原因之一。

从永乐三年（1405）到宣德五年（1430），郑和共率舰队出海七次，途经古里（在今印度西南端）、爪哇、满剌加（今马六甲）、占城（今越南）、锡兰山（今斯里兰卡）、木骨都索（今索马里摩加迪沙）等三十余国家和地区，最远抵达了非洲东海岸红海海口。

这个成就，要比哥伦布横渡大西洋早了七十八年，比达·伽马渡印度洋早了八十四年，在15世纪，这是世界航海史的巅峰。郑和下西洋也是中国古代航海史的顶峰。

郑和七下西洋，为中国和世界树立了一座航海历史的丰碑，六百多年后的今天，仍然仰之弥高，光彩永恒。时至今日，东南亚的印度尼西亚、马来西亚、泰国等国，以"三保"或"三宝"为名的地方和名胜随地可见，关于郑和的传说仍到处可闻。

谁来守边

第三个方面是武功，也就是军事。在这一点上，朱棣延续了靖难之役的强势。

以藩王身份起兵夺得皇位，导致朱棣不可能再沿用朱元璋的藩王守边制度。他将几个塞王迁到内地，也废掉了一些有劣迹的藩王，同时削除了许多藩王的军权。总体而言，他的手段比较温柔，不像建文帝那样简单粗暴，藩王们还是能够接受的。

那么谁来守边呢？

朱棣的办法是主动出击，将蒙古各部赶得远远的，在边境制造出一大片无人区，以这种强势的方式来维持边境的安宁。

为此，他除了要求边关将领大范围地巡边，还发动多达五次的御驾亲征，以打击壮大的蒙古部落，史称“永乐北伐”。

永乐八年（1410），由于蒙古大汗本雅失里杀害明朝使臣郭骥，并击败前去讨伐的明军，朱棣决定亲自为阵亡的将士复仇。

八月，朱棣集结起五十万大军亲征鞑靼。这下本雅失里慌了，决定逃亡暂避锋芒。他们分成两个方向逃跑，大汗本雅失里向西逃奔瓦剌部，丞相阿鲁台向东逃回鞑靼部。朱棣得到情报后，先率领前锋追上了跑得较慢的本雅失里，在斡难河畔将其击溃。随后他马不停蹄掉头回追阿鲁台，一直追到长秀川端了他的老巢，缴获大量辎重，史载“牛羊杂畜满山谷，及河之两旁，连绵百余里”。

第一次北伐极大地削弱了本雅失里和阿鲁台的实力，导致鞑靼部阿鲁台衰落、瓦剌部马哈木的崛起。为了不让蒙古各部出现一家独大的情况，永乐十一年（1413 年），朱棣再次率五十万大军北伐马哈木。

与本雅失里和阿鲁台不同的是，瓦剌的马哈木是有点实力的。他手下有一支三万人左右的瓦剌重骑兵，每人备从马三四匹，装备精良，无坚不摧。

马哈木对手下的重装骑兵非常自信，因此他并不惧怕朱棣。瓦剌军事先在忽兰忽失温（今蒙古乌兰巴托东）设伏，将明军主力一步一步引入伏击圈。马哈木确信，在他精锐骑兵的冲击下，人困马乏的明军将一败涂地。

然而马哈木还是低估了朱棣。永乐皇帝朱棣是当时世界上最优秀的骑兵统帅之一，对战场上的新鲜事物有着爱好。在靖难战场上，他曾吃过南军火器的大亏，即位以后，他花了大力气建设起专门编制的火器部队，命名为神机营。

这是世界上第一支拥有独立建制的纯火器部队，配备有步兵（全配火器）、炮兵（装备各种火炮）、战车（车营，装备木头战车），全营兵力五千人左右。另附属一支五千人的骑兵部队，名为“五千下”，担负对步兵的保护。

神机营的战法，也属于世界领先——“遇敌牌居前，五刀居左，五刀居右，神机枪前十一人放枪，中十一人传枪，后十一人装药”，也就是著名的“三段击”战术，极大程度上解决了古代火枪装填速度偏慢的弱点。

马哈木的瓦剌重骑兵算是遇到了硬茬，但也不得不承认，这些重骑兵确实凶悍。尽管遭遇有火器助阵的明军多兵种联合打击，他们依然给明军造成了不小的杀伤。这场激战从中午一直打到天黑，瓦剌军终于力有不支撤退。

战后统计，其实两军损失大略相当，死伤都在万人左右。区别在于，对明朝来说，这些损失不至于伤筋动骨；对瓦剌却不一样，马哈木就那么点苦心积攒的家底，瓦剌国力不比大明，需要很长的时间才能恢复。

两次北伐，一次打击了鞑靼，一次重创了瓦剌。这是自洪武北伐以后，明朝对蒙古各部取得的最大胜利，也让残余的北元势力卷土重来的梦想彻底破灭。

不过永乐皇帝接下来的三次北伐，却难言成功。

永乐二十年（1422）三月、永乐二十一年（1423）七月、永乐二十二年（1424）正月，朱棣又接连发动了三次针对鞑靼阿鲁台的北伐。可是经过之前的打击，蒙古部学乖了，他们再也不敢集结主力跟明军正面决战。阿鲁台率领部下大踏步后撤，在茫茫漠北跟朱棣玩起了猫捉老鼠的游戏。

这三次，明军都没能捕捉到鞑靼主力，只得无功而返。接连的北伐耗费了明朝大量的国力，也消耗掉了朱棣所剩不多的精力。

永乐二十二年（1424）七月，朱棣结束了第五次，也是最后一次亲征。七月十四日，明军回师抵达翠微冈（今具体地点不详），朱棣决定在这里休息一下，小憩时，他突然问服侍在旁的宦官海寿："大概什么时候能到北京？"

海寿回答："八月中旬可以到。"

朱棣仿佛预见到了什么，他沉默了一会，又对身边的杨荣说："太子政务已熟，回到北京我就把军国大事都交付给他，自己可以安度晚年了。"

左右无人敢言。

七月十七日，明军抵达榆木川（今内蒙古多伦西北）。一天后，朱棣猝然崩逝，享年六十五岁。

为永乐一朝作个总结，朱棣在位二十二年期间发生诸多重大事件，包括经营奴儿干都司、迁都北京、疏浚大运河、派遣郑和五下西洋、修撰《永乐大典》、平定安南、五征漠北。

诸此种种，随便一件都能成为一个皇帝彪炳千秋的功绩。难以想象的是，这些功绩都是朱棣在二十二年的时间里完成的。

当然，朱棣并不是完美的。他身上也有许多黑点，如得位不正、屠戮建文遗臣、重用宦官、创立特务政治等。但这并不影响他在古代君主中的地位。

《明史》如此评价永乐皇帝："六师屡出，漠北尘清。至其季年，威德遐被，四方宾服，受朝命而入贡者殆三十国。幅陨之广，远迈汉唐。"

后人多称其为"永乐大帝"。

正如前文所说，朱棣的时代，也被称为"永乐盛世"。

有人会有不同意见，说永乐朝军事行动频繁，又大兴土木，黎民百姓生活得并不好，称之为盛世，着实是过誉。但我们要明白，古代的所谓“盛世”标准，考虑的只是皇帝的文治武功；考虑的是社会基本稳定，文臣武将都在可控范围。至于百姓生活，则是“兴，百姓苦；亡，百姓苦”。

永乐二十二年（1424）十二月十九日，朱棣被葬入长陵，庙号太宗，谥号体天弘道高明广运圣武神功纯仁至孝文皇帝。

从朱元璋到朱棣，一个轰轰烈烈的时代宣告结束了。接下来，大明即将走进它的拐点。

仁宣之治

永乐二十二年（1424）九月七日，朱棣太子朱高炽即皇帝位，颁布大赦令，定次年为洪熙元年。

洪熙皇帝在历史上评价很高，主要在一个“仁”字。朱棣靖难成功后，为了巩固其统治，刑法颇为严苛，尤其是对不愿归附自己的建文遗臣进行了残酷迫害。朱高炽即位后，立即着手为建文帝大臣方孝孺、齐泰、黄子澄等平反昭雪，称他们为忠臣，恢复名誉；将被打为建文奸党的大臣族属赦免放还，将发放至教坊的人宽恕从良，还给田产。

这些决定直接否定了永乐朝的政策，对一个新上任的皇帝而言，不畏人言，不怕背上不孝的骂名，是需要很大勇气的。孔夫子提出了儒家“仁义礼智信”的中心思想，“仁”就是核心，就是最高道德规范。朱高炽掌握的是“仁”字，因此他的庙号为仁宗。

但是仁宗皇帝并没有执政太久，在登上皇位仅仅八个月零二十二天以后——洪熙元年（1425）五月二十九日，猝死于钦安殿。

至于死因，没有准确说法。民间流传着纵欲过度说、心厥说、误服丹药说等，不一而足。

朱高炽驾崩，即位的是其嫡长子朱瞻基。朱瞻基在位十年，年号宣德，庙号宣宗。后人常把他与其父亲的统治合称“仁宣之治”。

所谓“仁宣之治”，是形容这个时期息兵养民，赈荒惩贪，使得百姓休养生息，社会经济发展，蔚然有治平之象，是明朝历史上不多见的一段美好时光。

然而美好的表象之下，许多危机正在潜滋暗长，加速进行。

仁宣两朝废止了下西洋的活动，撤回了占城（今越南）的驻军，执行了全面收缩的政策。朱高炽、朱瞻基父子做到了经济承平，但在对外战略方面没能做到。

甚至可以说，仁宣二帝的对外战略是相当消极的，尤其是朱瞻基在位时期，对游荡在河套的瓦剌人马细心抚谕，对南迁放牧的兀良哈给予默许，对于被袭击东走的海西女真给予漠视，对于驱逐瓦剌的明军军士给予呵斥。

这就是朱瞻基的战略：消极防御。他曾多次训谕边将：防守一定要扎实，边军不许主动出击，要等敌人来进攻我们才能将他们击退，敌人撤退，千万不能追击。为了防止将领贪功，他还作了两句诗送给大家，“慎守只须师李牧，贪功何用学陈汤”。

如此战略，直接导致了蒙古部落的坐大。仁宣期间，山西、北平、大宁行都司故地被蒙古人占领，奴儿干都司和交趾布政使司被放弃，明朝战线全面收缩，北京直接暴露在边境线上。

这样做带来了三个后果。

一是使得整个北部防御体系纵深欠缺，漠北蒙古部落逐渐南下到长城沿线，进攻北京和中原的距离被大大缩短了。

二是压缩了辽东西部，使这个地区变成了一条狭长的走廊，北部边防因此更加空虚。

三是北部防线失去了前进基地，明军出塞变得非常困难，从此以后逐渐陷入被动挨打局面，蒙古部落势力开始不断进逼。

虽说后来朝廷又增设了一些卫所进行防御，但已于事无补。诚如时人所言：“大宁既弃，天寿山与异域为邻，而宣府、辽东断左右臂……复设东胜中、前、后三所千户于怀仁等处守备。然诸部落已列我门庭矣。”

自仁宣以后，明朝“天子守国门”的情况，开始被动形成。

对外过分的保守，改变了朱棣留下的战略，继续分化蒙古各部成了不可能的任务。这使得西蒙古的瓦剌部经过脱欢和也先两代强人的领导，得以重新强大，并从形式上统一了蒙古各部，直接给明朝带来了巨大的麻烦。

票拟和批红

仁宣两朝出了很多的名臣，内阁大学士杨士奇、杨溥、杨荣执掌朝政，多有建树，史称“三杨”。

“三杨”同心辅政，传为历史佳话，但在这群内阁学士背后起作用的，是继续得到完善的内阁制度。

内阁制始创于永乐时期，之前，内阁有参赞机要的权力，但不得干预九卿诸司事务。也就是说，内阁除了一些例行文字和诏令的起草，在机密文书方面是没有权力过手的。到了宣德时期，情况发生了变化，朱瞻基从制度上赋予了内阁一个重要的权力：票拟权。

所谓票拟权，即代皇帝草拟本章之权，以及对诸司奏启的批复。这是一个很重要的权力，它的过程是这样的：每天由司礼监或文书房将通政司封进的在外诸司的题本、奏本和在京官吏的奏本，以及在京诸司于会极门投进的题本，分批送到内阁；内阁对所有奏启予以裁决、批复，再呈进皇帝；然后由皇帝御笔，而实际上多由司礼监代笔批红，六科分类抄出，签署，交付给各部执行。

至此，内阁票拟制度逐渐形成，内阁不再像之前那样在皇帝面前受命听旨，而是由内阁在文渊阁专门办公。文渊阁开始成为内阁的官署，阁臣办事的方式也不再像朱棣时期“日侍左右，备问代言”，而是在文渊阁会议庶务，裁定机宜，对朝廷事务进行处理。

此后，票拟逐渐程序化、制度化。

需要强调的是，内阁票拟制并不代表皇权被分散了。因为一切票拟的结果，最终要由皇上御笔朱批才能执行，叫作“批红”。票拟权本身建立在皇帝意思的基础之上，是否听取内阁意见，决定权完全在皇帝。如果皇帝认为这件事非按自己的意思办不可，就会认为内阁票拟不当，发下重票。如果票拟结果不合皇帝心意，还有一招叫“留中不发”——我不拒绝你，也不回复你，扣下你的奏章，你能拿我怎样?

而在实际操作中，还会发生另一种情况，即皇上太忙或者太懒，连批红都不想批。如果是这样，他就会把批红的权力临时委托给另一批人——太监。

这也导致了另一个机构——司礼监的崛起。

司礼监，宦官二十四衙门之一，也是其中权力最大的一个。

在洪武时代，鉴于历史上宦官们带来过惨痛的教训，朱元璋曾下令：内臣不许读书识字。并在皇宫门口立下一块三尺高的铁牌，上刻“内臣不得干预政事，犯者斩”。

但在历史上，明朝依然成为宦官干政最为严重的朝代之一，其秘密就在于批红权。

宣德元年（1426），朱瞻基就打破了明太祖内臣不许读书识字的祖训，招收年轻宦官入宫读书——“宣德初年，凡奉旨收入宫人，选年十岁上下者二三百人，拨内书堂读书”。

朱瞻基选定内阁重臣杨溥为内书堂首任校长，宦官经过短则数年、长则十年的学习，合格者会被挑选进入文书房，熟悉收发、奏呈、管理、发行等一整套系统的办公流程。

内书堂、文书房，皆隶属于司礼监。这就是朱瞻基定下的游戏规则：内书堂—文书房—司礼监。有了这些内书堂“毕业”、文书房历练过的司礼监知识分子，他就把批红权分给了这些太监。每日的奏章自己挑重要的亲笔签批数本，其余都让司礼监秉笔太监按照内阁票拟的意见批红执行。

朱瞻基聪明地把提案权和决策权分割开来，把传统的相权由内阁和司礼监分享，“监、阁共理朝政”，形成一种二元的相制。内阁和司礼监的权力都是皇权的一部分，他们彼此既需要合作又需要制衡。

内阁和司礼监就是朱瞻基手里的两个提线木偶，哪个不听话了，就把哪个的绳子拉紧一点，大局依然由他本人把控。

但是朱瞻基忽略了一点，票拟和批红显然不是一个平等的政治合作关系。司礼监一旦控制了决策权，可以不按内阁的提案批行，可以根据自己的利益和意见来决策政务，甚至可以变乱成法、扰乱朝政、迫害大臣、流毒天下。

朱瞻基估计做梦也想不到他的子孙会罢工，赋予司礼监批红权的负面影响，很快就会表现出来。

御驾亲征

宣德十年（1435）正月初一，朱瞻基病重不能视朝，命群臣在文华殿拜谒皇太子朱祁镇。两天后，朱瞻基崩于乾清宫，遗诏传位皇太子。正月初十，朱祁镇即皇帝位于华盖殿，宣布改元正统。

朱祁镇时年仅八岁，尚未出阁读书，显然不具备处理政务的能力。按宣宗遗诏："凡国家重务，皆上白皇太后（诚孝张皇后）、皇后（孝恭孙皇后），然后施行。"

因此在正统前期，皇帝朱祁镇只是个刚开始读书的孩子。大明政治仍旧沿着惯性在运转，"三杨"继续同心辅政，张太皇太后实际做主。

但这并不代表，正统年间的人能享受到与宣德时期一样的承平。

明宣宗驾崩后，他之前未处理的一系列问题开始集体爆发，并直接表现为战争：正统四年（1439）起，西南麓川（在今云南腾冲）开始连续反叛；正统八年（1443），兀良哈侵入延安；正统十年（1445），湖广、贵州各地苗人起义，参与人数多达二十万；正统十三年（1448），邓茂七又率东南农民起义，控制八闽，三省震动。

正统七年（1442），张太皇太后病逝，"三杨"业已或老或死，朱祁镇开始独自处理政务。他面对的是一个边事日趋糜烂、内外到处烽烟的帝国。此时大明最大的麻烦在西南，朝廷前后四次征讨麓川，耗费了大量军力财力。这也给了北方蒙古部落的崛起以机会。蒙古太师——瓦剌部的也先，利用鞑靼衰落的机会，东征西讨统一了各部，并从形式上控制了蒙古大汗脱脱不花。到正统十三年（1448）时，也先所实际掌握的蒙古汗国已经控制了东起女真、西达哈密及其以西的裕勒都斯河流域、北抵叶尼塞河上游、南临长城的广袤地区，史称"漠北东西万里，无敢与之抗者"。

在也先基本统一蒙古部落的这段时间，明廷已感受到了蒙古部落的再度威胁。正统三年（1438）、六年（1411）、九年（1444），明军曾三次主动出击，在亦集乃（今内蒙古额济纳旗）之战、丰州（今内蒙古阴山以南大黑河中游）之战、以克列苏（今地名不详）之战获得了小规模胜利。

这远远不够，可朝廷已有心无力。四征麓川让大明国力大损，最有经验的军事统帅王骥还在忙着到处救火，平定国内的起义，实在是顾不上蒙古。

这一切，都被也先看在眼里。蒙古部落一旦强大起来，那是注定要搞事情的。也先也不例外，正统十四年（1449），他已做好了战争准备，遂以请求和亲被拒绝为借口，兵分四路大举南侵。

在此之前，朝廷已得到蒙古部落很可能大规模入侵的情报。事先已派出成国公朱勇和驸马都尉井源选京营精锐四万五千人，分两路守备大同和宣府。

七月十一日，蒙古四路进犯。也先入侵大同，脱脱不花突袭辽东，阿剌知院围困宣府（今河北宣化），阿罗出侵扰甘州（今甘肃张掖）。大同右参将吴浩领兵在猫儿庄迎战也先亲率的中路主力，兵败阵亡。五日，大同总督宋瑛、总兵官朱冕、右参将都督石亨各领兵一万出阳和（今山西阳高）作战，又大败。宋瑛、朱冕皆战死，石亨败还大同。

军情传到北京，朝野震动，朱祁镇召集御前会议商讨对策。

大臣们认为“边鄙之事，自古有之”——边关大帅阵亡，损失确实很惨重，却还没到让大明伤筋动骨的地步；我们只要调兵遣将，一定能击退也先。

可是朱祁镇不听，他坚持要御驾亲征（“朕不得不亲率大兵以剿之”）。

群臣一听吓坏了，吏部尚书王直劝谏：亲征不利于陛下人身安全，也不能及时接收四方急务，得不偿失；您只需要坐镇京城，派遣得力将领，三军用命，必可图胜。

其实站在朱祁镇的角度，他想要亲征并非一件不可理解的事。在他之前，大明皇帝亲征蒙古几成惯例，以往的战绩在鼓舞着他。再加上他二十多岁，正是血气方刚、不知道“怕”字怎么写的年纪。

巧合的是，此时此刻，皇上身边最受宠信的大太监王振，也是皇上亲征的支持者。这位王振，宣德中期自阉入宫，被分配到东宫服侍太子，深受朱祁镇信赖。太子登上皇位后，就将王振提拔为司礼监掌印太监。到张太皇太后死后，王振的地位已超越了一众内阁学士，达到大权独揽的地步。

朱瞻基发明的“监、阁共理朝政”制度的另一面结果，已经在他儿子身上产生。王振握有批红权，又由于朱祁镇对他的信任，很多事情他无须请示天子，自己就能作出决策。利用这一点，王振大肆提拔自己人，在朝中作威作福。大明官场上，巴结王振成了第一要务，否则就会被整。

这两个人都坚持要亲征，足以让其他人的反对全部无效。七月十六日，经过仅仅两天准备后，总共二十万左右的京师三大营官兵，就排着长长的队列，从京师出发了。

那么也先有多少兵力呢？根据明军情报，也先自统的主力不过三四万，至多不超过五万。这也是朱祁镇敢于亲征的原因之一。但实际上，这只是也先故意示弱的战术。当时他能控制的蒙古户数已经达到四十四万户，按照蒙古战时四抽一的规矩，光能动员的蒙古兵力就达到了十一万。再加上岭北地区的色目人、汉人和女真等仆从兵力，总数不会低于十五万。

也先是个高明的指挥官，为了这次大规模作战，已筹备半年以上。其中他自己统帅的中路主力就有十余万，其中三四万是精锐的瓦剌骑兵，并携带了大量的牛羊，可以支撑长期作战。

朱祁镇对此一无所知，在他看来，京师三大营就有二十多万兵，再加上沿线边镇的策应，兵力优势达到了五倍以上，还怕打不赢也先？

土木之变

七月十六日，朱祁镇御驾亲征，当晚到达唐家岭（今北京昌平区西南）；十七日，到达龙虎台（今北京昌平西龙虎台村）；二十八日，到达阳和城南。

阳和城正是十几天前大同总督宋瑛、总兵官朱冕败亡的战场。时值盛夏，战场还没来得及打扫，正是一幅可怕的地狱场景。见到阵亡官兵的惨状，明军心理受到很大打击。朱祁镇的本意是在阳和一带捕捉蒙古部落主力，寻求与也先决战。可是找来找去，却找不到一个蒙古人。也先仿佛突然消失了，带着他的大军来无影去无踪，消失在了茫茫大漠之中。

这正是也先的高明之处：利用广阔的战场空间来做文章；利用骑兵的机动性，寻找敌人的薄弱点进行打击。

明军只得继续行军，八月初一抵达大同，周围仍旧不见蒙古兵踪影。这时连王振也慌了，眼看着再往前进，决胜希望更加渺茫，而且大同也根本无力负担如此庞大的士兵补给。朱祁镇和王振的计划已经破灭，连不懂军事的人都能看出，只有尽早撤军才是正确选择。

八月初三，朱祁镇决定班师。明军往东行进，打算从居庸关入关。八月初十，大军到达宣府，此时传来也先横扫大同周边城堡、追击而来的消息。明军继续前进，八月十三日，距离居庸关已不到两百里，但追兵也已经到了。兵部尚书邝埜看情势不对，两次上书，“请疾驱入关，严兵为殿”。朱祁镇不许，下令原地扎营，派恭顺侯吴克忠、都督吴克勤引兵一万五千拒敌。吴家兄弟阵亡，全军覆没。傍晚，听到败报的朱祁镇又派成国公朱勇、永顺伯薛绶带领官军五万迎战，结果在鹞儿岭（今河北张家口下花园区辛庄子村一带）全军覆没。

一天之内，战局急转直下。朱祁镇的添油战术让明军轻易丧失了六万多精锐，实际已失去了与也先决战的本钱。而本来指望的沿线边镇也无法策应——大同已被打残，宣府受到瓦剌将领阿剌知院所率另一路军队的牵制，无力赴援。

八月十四日，明军行军到土木堡。二十多里外的怀来城已被阿剌知院占据，并控制了水源。眼看天色将黑，明军不知虚实，只得在土木堡扎营。随后赶到的也先主力切断了他们通往居庸关的通道。

土木堡是京北三大堡之一，地势较高，可以据守。也先指挥军队包围了土木堡，却并不急于攻城。因为他知道，堡内没有水源。

军队无水必溃，朱祁镇的命运已经被决定了。被围三天后，瓦剌骑兵自土木堡旁麻峪口攻入。朱祁镇急召学士曹鼐起草敕书，幻想通过议和让也先退兵。而王振却以为瓦剌要退兵，便命令士兵移营，接近水源。

回旋之间，行列已乱，明军毫无秩序地争先奔进，瓦剌骑兵趁机攻击明军。处于极度缺水状态的明军已丧失战斗意志，他们没有作成建制的抵抗，“竟无一人与斗”，“或奔营中”或“解甲去衣待死”，全然没有了斗志。敌人则是“铁骑揉阵而入，奋长刀以砍大军”。

这是一场一边倒的屠杀，明军大败，损失大半。朱祁镇与亲兵乘马突围，反被瓦剌军俘虏。英国公张辅以下五十多名勋贵大臣死于乱军之中，王振亦死于乱中，是为土木之变。

复盘土木之变，双方最大的差距不是其他，而是军队指挥官。也先凶狠老到，的确是个高明的军事家。他在统一蒙古高原的过程中积累的作战经验，是明军方面不能比的。再看朱祁镇和王振这对活宝，把打仗当成过家家来玩，怎么可能是也先对手？

是为一将无能，累死三军。

战守问题

京师三大营覆灭，皇帝被俘，这是大明开国以来从未有过的耻辱。消息传到京师，朝堂顿时炸开了锅。国不可一日无君，可皇上现在落到了敌人手里，这可如何是好？

但是相比皇上，更为棘手的是战守问题。

三大营精锐已丧，京师只有老弱疲卒不足十万。关外沿线堡垒不是被打残就是弃守，全无防御体系可言。朝廷内部情况更惨，出征的一大半精英再也没能回来。

也先要是乘势杀过来，京师还守得住吗？

不行不行，绝对守不住。许多人认为，弃守京师、南逃避祸才是上策。否则，怕是要重蹈北宋靖康之变的大祸啊！

八月十八日，监国的郕王朱祁钰主持召开御前会议，首先讨论的就是是战是和。大伙哭哭啼啼，把意见征集会开成了诉苦会，这个说实在守不住，那个说别冒险的好。

朱祁钰是朱祁镇异母弟。由于母亲出身低微，他的身份长期得不到承认，他在宫外长到七岁才被接入宫中。但是朱祁镇和这个弟弟感情很好，直到郕王成年、到了本该就藩的年龄，朱祁镇也没舍得放他走，而是让他一直留在京城。

出征前，朱祁镇下旨，由郕王监国。本以为只是替哥哥坐几天位子，没承想，这百年难遇的帝国悲剧让他给碰上了，御座上的政治新手朱祁钰一脸无助，眼里满是惊慌。

在这当口，声称精通占卜术的翰林侍讲徐珵又跳了出来：我观星象，天命已在南方，北京一定不保，朝廷应该立即迁到南京，才能纾解此难。

群臣议论纷纷，是啊是啊。皇上出征前，徐珵就曾谏言“荧惑入北斗”，对出征大大不利；如今星象又显示天命在南方，可不是说要我们南迁嘛！

听着一些反对的声音淹没在南迁的声浪中，朱祁钰正手足无措，却听一声暴喝传来：“提议南迁者，当斩！为今之计，唯有召集天下精兵，死守京城！”

大家循声看去，出言者正是兵部左侍郎于谦。

于谦，杭州府钱塘县人，永乐十九年（1421）登进士第，在御史任上，曾跟随朱瞻基平定汉王之乱，并受到赏识，巡抚河南、山西等地。

王振当权时，于谦是少数不肯趋附的大臣之一，也因此受到打压，长期外放未得晋升。直到正统十三年（1448），在兵部尚书邝埜的一再举荐下，于谦才被召回京城，任兵部左侍郎。

朱祁镇御驾亲征，带上了朝廷主要班子成员。兵部左侍郎正三品，不够资格随征，于谦遂留守京城。谁承想，兵部一把手邝埜与众多文武大臣一起殒命土木堡，于谦成了兵部临时的掌门人。

其实，于谦对建议南迁的同僚们并不恼恨，大敌当前，恐惧是人之常情。如果京师必定不保，果断南迁避祸确实是正确的选择。

可是提议南迁的众人只看到蒙古部族气势汹汹，却没看到问题的本质，那就是也先的目的到底是什么。

也先是个凶狠狂暴的战争狂人，这点没人能否认。可他真的胃口这么大，能一口气吞掉大明吗？或者说，也先的政治理想到底是什么？

土木堡大获全胜后，也先并没有利用这个大好机会，快马加鞭朝北京杀来。恰恰相反，这段时间他的主要工作，是孜孜不倦地带着朱祁镇这个人质，数次来到大同、宣府城下索要赎金。

这哪是有什么雄心壮志，分明就是个敲诈勒索的绑匪而已！也先擒获朱祁镇之后的行动，让于谦看穿了这个人。这种人，不难对付！

于谦的发言让吵闹的声音顿时安静下来，内阁学士陈循表态道："于侍郎所言，正该如此啊……"

众臣之中，并不是没有反对南迁者。托孤重臣胡濙也发言道：当年文皇帝（朱棣）把陵寝建在此地，正是为了明示子孙，不再迁都！

好像雨点落在朝堂上打破了沉寂，随着胡濙和陈循的表态，支持于谦的声音越来越响，南迁的声音终于被压了下去。

战守问题就此定议。朝议还没有结束，接下来还有第二个议程：皇上怎么办？

这也是个棘手的问题，皇上现在在也先手里，如果要和也先交战，皇上有个三长两短怎么办？

办法也很简单，大臣们建议，尽快让郕王正式即位，人质这张牌立刻过期，也先也就失去了讨价还价的资本。但是在这个时候，郕王能不能即位，还得问问孙太后答不答应。

朱祁镇被俘，他母亲孙太后就成了皇室领导者。这个女人几乎没有任何政治经验，却赶上真真正正的刀光剑影在眼前舞动。深宫中的孙太后面临着一个痛苦的选择。答应大臣吧，她以后的待遇谁来保证？不答应大臣吧，人家讲得在理，眼前形势不是开玩笑的。

思来想去，孙太后想到了一个办法，她提出先立朱祁镇之子、两岁的朱见深为皇太子，然后同意立朱祁钰为帝。

孙太后的想法很简单，朱见深是孙子，日后他即位，自己的地位就有了保障。朱祁钰只能自己过把瘾，皇帝宝座最后还是要交出来。

孙太后觉得这样很公平，可她完全不了解帝位的吸引力到底有多大。这个政治交换，后来让很多人付出了生命的代价。

回到当时，朱祁钰没有实力也没有理由拒绝这个要求。朱见深被立为太子，九月初六，朱祁钰即位为帝，遥尊朱祁镇为太上皇。同时严令边关守将，不得接受蒙古以太上皇为要挟，骗开城门与骗取赎金的欺诈行为。

朱祁钰即位，筹码就失去了作用，也先终于凶相毕露，集结大军杀奔京师而来。

那么由谁来守呢？谁来守，操持军务都不是胡濙、陈循所长，那就只能是兵部临时一把手于谦了。为了给于谦一个匹配的身份，朱祁钰下诏，于谦正式接掌兵部尚书之职，总制京师军务，怎么守，于谦说了算。

时代，终于把于谦推到了最前沿，他的表演即将开始。

京师保卫战

十月初四日，蒙古军主力到达紫荆关下，遭到守军顽强抵抗。

十月初九日，由叛徒喜宁领路，也先抄小路攻破紫荆关。守将右副都御史孙祥、山东都指挥同知韩青殉国。

十月十一日，蒙古军前锋抵达卢沟桥。

利用这段时间，于谦已通过三把火，加强了京城的防御。

第一把火，他急调两京和河南的备操军、沿海的备倭军、江北和北京诸府运粮的官军，以及宁阳侯陈懋所部浙军入京，使得京师的兵力又达到了二十万。

第二把火，这些军队在抵达京畿地区后，统统走通州经通州粮仓携粮入京，一下子又解决了粮食问题。

第三把火，将南京库存的兵器共一百二十六万件调入北京，补充守城部队军需。

当然，这一切还要拜也先所赐。如果这位“仁兄”当初不是忙着敲诈勒索，而是直接杀向北京的话，于谦是根本没有时间来完成这一系列战争准备的。

也先对此毫不知情，他也并不在意明军的动作。兵临城下之后，他又拖延了两天，才正式发动进攻。

第一场交锋在德胜门，也先的弟弟博罗茂洛海亲自率领千余瓦剌精锐发起进攻。德胜门也是明军重点防御的地点，于谦事先已在这里布置下了火器部队。德胜门城门外有大量的空房，有利于火枪手掩护，却不利于瓦剌骑兵往来冲突。等博罗茂洛海意识到不妙时，明军已全线开火，在四面八方的火力输出下，这个瓦剌高级将领被当场击毙，他的部下也被全歼。

也先气炸了，他下令集结主力，全力进攻西直门。那里地形开阔，非常适合骑兵的发挥。

西直门的守将是孙镗，时年已五十一岁，但面对来势汹汹的蒙古军团，孙镗毫无惧色。他一马当先直冲敌阵，转眼间便手刃瓦剌前锋数人。也先一看，计上心来，他下令手下佯装退却，且战且退，将孙镗引入包围圈。

孙镗立功心切，离城门越来越远，陷入了苦战。蒙古部族毕竟人多，眼看孙镗这支部队就要撑不住了，在这关键时刻，都督毛福寿和高礼率兵前来救援。蒙古部落见久攻不克，明军援兵已到，只得退兵，也先的第一次大规模进攻没有获得成功。

十四日，也先改变了进攻方向，变为从彰义门进攻。这一仗，蒙古军打得很勇猛，悍不畏死的冲锋让彰义门守将、都督武兴中箭而死。在蒙古骑兵的冲击下，明军阵形大乱，一度被围在门口土城之下，眼看蒙古军就要杀到城门。幸好居中调度的于谦及时调来了预备队，佥都御史王竑带着毛福寿率军来援，挡住了蒙古军的攻势，其余明军也纷纷向彰义门集结，死战之下，终于击退了蒙古军。

战至十五日，也先的几次进攻没有取得任何实质性进展。虽说他实力还在，也不得不考虑一个现实的问题——退兵。

也先已得到情报，除了城下的守军，更多明军正在勤王而来的路上。万一北京没打下，退路反而被切断，那他的全军都会死无葬身之地。

在大明的地盘上，大明体量大，尽可以跟他耗，而他耗不起。想到这里，也先终于决定退军。

但是来得容易，要去可就没这么简单了。蒙古兵本就是来抢劫的，他们之前在京郊烧杀掳掠，马匹上装满了财物，马后还牵着抢来的人口，撤退的速度可想而知。

于谦下令全线追击，总兵官石亨沿着也先主力撤退的路线追击不止，三日后，在紫荆关下击溃也先主力，夺回大量被蒙古兵劫掠的人口、羊马、财物。而另一员自宣府勤王而来的老将杨洪，也在霸州大破蒙古一部，然后继续追击，在固安又取得大胜，不仅夺回了之前被掳走的大量人口和牛马，并且生擒了瓦剌将领阿归。

至此，北京保卫战才告落幕。在于谦指挥下，明军大获全胜，洗刷了在土木堡蒙受的奇耻大辱。

南宫的囚徒

京师保卫战的胜利，也促成了形势的新变化。

也先遭受重大损失，给蒙古大汗脱脱不花带来了机会。本来大汗脱脱不花受太师也先钳制，相当于一个傀儡。长期以来，脱脱不花都在努力摆脱也先，试图让他的鞑靼本部重现辉煌。

也先进行总动员进攻明朝时，脱脱不花这一路的任务是从辽东南下。脱脱不花不像也先、阿剌知院那么卖力，他虚张声势攻打了一下广宁城，随后就退兵四处劫掠，掳走不少资源，进一步壮大了自己。

强大起来的脱脱不花不甘再当傀儡，他觉得自己有力量和专横的也先掰一掰手腕了。为了争取明朝的支持，脱脱不花绕过也先，派出使者与朱祁钰联系，想要先于也先与明朝讲和，争取政治上的先手。

明朝也察觉到了这种信号，朝廷重新利用起瓦剌和鞑靼之间的矛盾，故意与脱脱不花加强联系，对他厚加赏赐，离间蒙古部族之间的关系。

这对也先来说是非常危险的信号：万一明朝扶持起鞑靼来，我的瓦剌岂不是完了？

这种情况下，朱祁镇就成了一个筹码——主动释放这个人质，明朝就没有了和脱脱不花讲和的理由。这是一手一石三鸟的妙棋：送回朱祁镇，使得明朝内部同时出现两个天子，必将引起争斗；同时可以打击脱脱不花的势力；也先还可以趁机提出互市要求。

但是朱祁镇能不能回来，不全是也先说了算的，还得问问另一个人答不答应。

这个人就是当今大明天子，景泰帝朱祁钰。

正统十四年（1449）临危受命后，朱祁钰于次年改元景泰，正式启用自己的年号。

京师保卫战的胜利，极大提高了朱祁钰的威望。当初那个战战兢兢的郕王不见了，龙椅上的景泰帝，一天比一天威严。

登上帝位半年多，朱祁钰已经充分体会到了权力带来的快乐。他希望哥哥滚得越远越好，最好再也不会回来。

但是大臣们不这么认为，太上皇在敌人手里，是件很丢人的事，于我国体有损啊！以吏部尚书王直为首，一拨拨大臣开始上疏，劝皇上迎回太上皇。

朱祁钰一概充耳不闻，被逼急了就直接甩脸子，大喊：我本来是不想当这个皇帝的，当初可是你们逼着我当的。

潜台词是，迎回朱祁镇，你们把我这个皇帝往哪里放？潜意识里，朱祁镇回来是有可能威胁到他的帝位，朱祁钰不希望这种事发生，哪怕只有一丝一毫的可能。

这个时候，又是于谦站了出来，他用一句话就解决了问题：“天位已定，宁复有它。顾理当速奉迎耳”——天位已定，何必在乎其他呢？按照规矩，应当速速迎回太上皇。

于谦的话字数不多，却点明了一个关键问题：朱祁钰的皇位来路很正。

大明危急之时，朱祁钰临危受命，否决了错误的南迁言论，任用贤臣，坚持抵抗。光这份功劳，就比他哥哥强了不知多少。

北京保卫战胜利后，朱祁钰已建立起了自己的威望。

他这个帝位绝不是篡位得来的，而是经过廷臣合议、太后批准，名正言顺得来，一道道程序走得明明白白，没有一点政治阴谋的成分。

当局者迷，朱祁钰并没有看明白这点，觉得大臣们是没事找事，甚至是在揭他的短。于谦的话让他吃下一颗定心丸：你已经坐稳位子了，何必在乎太上皇呢？

听了这话，朱祁钰终于放下心来，脸上立马多云转晴，连声对于谦说道：依你，依你！

景泰元年（1450）八月，已经打猎一年的朱祁镇终于悄悄地回到了北京，待遇是两匹马、一乘轿子。

朱祁钰在东安门迎接了他，兄弟俩行过拜见之礼后，朱祁钰拥抱了哥哥，并拉着他双手寒暄了很久，讲到动情处，两个人不禁相拥而泣。

然而亲情归亲情，权力归权力，这番程序走完后，朱祁镇被以歇养的名义送到了南内崇质宫，这座宫殿覆黑色琉璃瓦，俗称黑瓦殿。

在这座黑顶小南城里，他将度过一段漫长的时间。

夺门之变

京师保卫战之后，大明迎来了几年内外和平的时间。

一方面，因为朱祁钰为帝后，采取了一系列积极的措施。他广开言路，招贤纳士，重用于谦等贤臣。国内局面大有好转，时局得到稳定。

另一方面，蒙古部落再次发生了严重内斗。也先与脱脱不花终于兵戎相见，脱脱不花不敌被杀，也先干脆自立为大汗，大肆屠戮鞑靼贵族。这个疯狂行动很快便遭到各部落抵制，也先最后众叛亲离，被手下攻杀。蒙古各部失去了强人，暂时无力威胁大明了。

但是在朝中，围绕着先前孙太后与朱祁钰达成的那个“协议”，明争暗斗开始形成。

按当时孙太后的意思，朱祁钰即位，立朱祁镇之子朱见深为太子，帝位仍旧在朱祁镇这一脉手里。

当时朱祁钰并没有跟孙太后讨价还价的条件，只能照办。可是当品尝到权力的滋味后，他后悔了。

朱祁钰想的已不仅仅是自己，而是要他的儿子、儿子的儿子也都当上皇帝。要达到这个目的，就必须废掉侄儿朱见深，立亲儿子朱见济为太子。

这种有违契约精神的事，当然会遭到朝野的强烈反对。但别忘了，朱祁钰是皇帝，在皇权高度集中的明朝，当一个皇帝下定决心在朝堂上达成一个决议时，只要他不在乎大家的议论和身后的评价，那他就真的能做到。

景泰三年（1452）五月初二，朱祁钰废掉侄子朱见深的太子之位，改封他为沂王，立四岁的独子朱见济为太子。群臣无可奈何，不得不接受这个现实。

可是立储事件并没这么轻易结束，因为就在朱见济被封为太子后第二年，这个小娃娃就夭折了。

情况变得让朱祁钰非常尴尬，他并没有第二个儿子。理论上，朱祁钰还不到三十岁，这个年纪还能有很多儿子。可是在随后几年，他也一直没能再有一男半女。

太子乃国之根本，那谁来当太子呢？自从朱见济夭折后，复立沂王的呼声始终就没断过，并且变得日益高涨。朱祁钰顶着压力置之不理，可是在这微妙的时刻，景泰七年（1456）年底，出郊祭天的朱祁钰突然病倒了，病情还有点重，他不得不下旨罢免原定的元旦贺庆仪式。

这下大臣们炸锅了，皇上病重，太子问题到了必须解决的时候。以兵部尚书于谦、吏部尚书王文、户部尚书肖铉、工部尚书江渊、兵部左侍郎商辂等为首的一批大臣都主张复立沂王，他们推举大才子商辂主笔，草拟了一份《复储疏》，打算呈请孙太后，复立沂王监国主政。

但并不是所有大臣都这么想，每次政局发生动荡的时候，都是野心家们的机会。景泰八年（1457）正月，也有这样一群野心家，这群人的首领，叫作石亨、徐有贞、曹吉祥。

石亨，军界明星，朝廷勇将。在京师保卫战中，石亨光芒四射，所部杀伤蒙古军最多，因功封武清侯。

朱祁钰发病时，石亨正在他身边负责护卫。他清楚地看到皇上的病情，也听到外面群臣正商议复立沂王为太子，开始打起了主意。

复立朱见深，功劳都是于谦那帮文官的，轮不到石亨这样的武将。但并不是说石亨就没有机会，办法还是有的。只要挪动一颗棋子的位置，整个棋局就会发生逆转，到时石亨不但能保住他的地位，还能青云直上，把于谦等人踩在脚下。

这枚棋子就是太上皇朱祁镇。

只要拥立朱祁镇，太上皇复辟成功，石亨就是立下头功的从龙之臣，飞黄腾达指日可待。

可是朱祁镇现在是个南宫的囚徒，要达成这个目标，正常流程是走不通的。

石亨需要的是发动一场政变。

政变很危险，石亨一个人力量不够，必须与其他野心家合作。他立即派人找到了徐有贞和曹吉祥。

徐有贞就是徐埕，那个在朝堂上大谈南迁天命论的徐埕。那次出洋相后，徐埕成了朝野的一个笑话，也让他的前程受到极大影响。关于他的仕途，史料上是这么记载的：（徐）埕急于进取，自创南迁议为内廷讪笑，久不得迁。

眼看自己的名字已经上了黑名单，徐埕一咬牙，出重金买通掌管官员改名流程的尚宝监太监曹吉祥，摇身一变成了徐有贞。

不得不说，除了不靠谱儿的天命论，徐有贞在其他方面是有点水平的。景泰四年（1453），改名后的徐有贞得到推荐，派往张秋（在今山东阳谷）治理黄河。在张秋任上，徐有贞一干就是三年多，他采用了分洪放水法，以疏、塞、浚并举的方法，引黄入河，逐渐平息河患。凭治水的功绩，徐有贞晋升为左副都御史。

但是徐有贞并不满意，在一群死读四书五经的士大夫里，徐有贞是个懂点科学的另类。他曾写过《文武论（前）》《文武论（后）》两篇雄文，处处流露出自己的理想：大丈夫生天地之间，当出将入相，列鼎而食，不可老死无闻，虚度一生！

区区一个副都御史远不能让他施展拳脚。郁闷的时候，徐有贞就在晚上绕着屋子暴走，嘴里还大喊：你们都不理解我啊！（“绕屋驰走，曰：人不知我！”）

当夜正好是上元节，当石亨派来的人找到徐有贞时，他未置可否，而是跑到屋外仰望星空，以期找出天命所在。正好当天紫微星的位置发生了变化，徐有贞大为兴奋：“紫微有变，成事就在今晚，机不可失啊。”

有了徐有贞的详细谋划，他们决定当晚立即动手。石亨又叫上了侄儿石彪，以及京营将领张軏、张輗等人。他们拥有了千余人的家丁，以及五百余京营士兵。几方人马会合后，一起向皇城进发。

而在皇城内，负责接应的正是曹吉祥。他的任务是利用内廷太监的身份镇住守军，放政变军队进入宫门。

三更锣响过后，夺门集团带着两个营的兵力出发了。一路很顺利，几乎没有遇到任何阻拦。抵达皇城门口后，曹吉祥喝令开门，门口的守军不明所以，但也不敢过问。四更时分，大队人马在守军的注目礼下，从长安门进入紫禁城，一路直达南宫。众人将巨木悬于绳上，举木撞开南宫大门，被软禁了七年的太上皇，终于重见天日。

众人一看到朱祁镇，立即跪地磕头，山呼万岁。朱祁镇似乎明白了什么，大着胆子问：“莫非你们请我复位吗？这事必须谨慎啊。”

徐有贞也来不及解释，撩起袖子就把朱祁镇扶上辇车，众人簇拥着他直奔奉天殿而去。看到路上的士兵，朱祁镇只大喝一声“朕是太上皇”便无人敢挡，众人兵不血刃进入奉天殿，殿上的武士们挥金瓜要打徐有贞等人，也被朱祁镇喝止。徐有贞一伙就像奉旨办事一样，直接把朱祁镇抬上了龙椅。众人一起叩拜，高呼“万岁”，石亨敲响钟鼓，召集群臣到来。

天色已经微亮了，等待早朝的大臣们开始聚集到了外面。听到钟鼓齐鸣，他们如同往常一样按照班次顺序进入，等抬头一看，都怀疑自己是不是还在做梦。

端坐在龙椅上的不是皇上，而是太上皇。

就在群臣面面相觑表示纳闷时，徐有贞站出来大喊道：太上皇复位了，你们还不拜见！

朱祁镇终于再次坐上那个他曾熟悉的宝座，这个人当了十四年的皇帝，眼看大家还在犹豫，他立即明白了自己该做什么。

“景泰帝病重，群臣迎朕复位，你们各人仍担任原来的官职。”

事已至此，大臣们不敢轻举妄动，只好跪倒参拜。前后不过几个时辰，朱祁镇的身份戏剧性地从囚徒变回了皇帝。

这短短一个夜晚发生的诡异事件，就此载入史册，史称“夺门之变”，它让大明王朝的运行轨迹再次转了一个弯。

于谦的选择

在石亨、徐有贞等人进行夺门之变的时候，京城并不是没人知道他们的行动。可是，为什么他们会这么顺利，没有遇到一点阻拦呢?

这与另一个人的态度有着直接关系，他就是景泰帝的头号重臣、兵部尚书于谦。

要知道，政变集团并没有兵权，一千五百多人就是他们能动员的全部力量。京师仅团营就有十多万，要靠一千五百多人在京城搞政变，肯定是远远不够的。

那么谁有权力调动京师兵力呢？正常情况下，只有皇帝一个人能直接调动。但是朱祁钰正躺在城外行宫养病，在皇帝缺位、政变即将发生的紧急情况下，景泰帝最信任的大臣、兵部尚书兼领提督团营的于谦就是最高级别官员，他拥有便宜行事的权力。

徐有贞他们在京城闹出那么大动静，于谦一向留心京城的治安

（“于少保最留心兵事”），他当然不可能不知道。以于谦的地位和威望，只要振臂一呼，要想灭掉夺门集团如同摧枯拉朽——“时（于谦）重兵在握，灭徐石如摧枯拉朽尔”。

于谦之子于冕早就打听到了石亨等人正在推动复辟的消息，他立即回家报告父亲。

于谦厉声呵斥：“朝廷大事，你小子知道什么？出去！管好你自己就行了！”

没有于谦的命令，团营将领不敢轻举妄动。这才是夺门集团能畅行无阻的原因。

报告还在不断送来，徐有贞带人进入南宫。他们簇拥着太上皇出来了，钟鼓被敲响了……

于谦没有丝毫异动（“公悉知之，屹不为动”）。他神色不变，徐徐整理好朝服，按照每天上班的程序入班进殿。

当天，于谦、王文就被投入大狱，等待他们的是朱祁镇可怕的判决。

后来许多人不理解，夺门之变，于谦明明有能力阻止，为何束手就擒？

于谦曾说过一句话，“社稷为重，君为轻”。

太阳底下没有新鲜事，所谓的帝王心术，不过是洞察人性罢了。

于谦不是不知道官场门道，从当初那句“天命已定，宁复有它”能看出，他对人性的洞察是深刻的。

于谦总督军务，掌管京师十团营，要权有权，要兵有兵。如果说大明朝真的曾经出现过有实力、有机会来操纵皇帝废立的大臣，那只有一个人，就是于谦。

于谦要阻止石亨、徐有贞他们易如反掌，难的是如何善后。

阻止太上皇复辟，朱祁镇的行动必定被定性为谋逆，这个人当皇帝的合法性就被否定了。

这样可能产生两种后果。

一是仍然立沂王。

二是迎立外藩，比如襄王世子。

假设于谦选一，仍然立沂王，朱见深就成了皇帝。

儿子当了皇上，宣判老子谋逆？这从逻辑上就讲不通嘛！

就算逻辑成立，请问，要如何处理谋逆的朱祁镇？

谋逆百分百是死罪，问题是，孙太后和朱见深会同意处死朱祁镇吗？

再追究下去，夺门集团行动前曾与孙太后联络，她也算谋逆的同党，又该如何处理太后？

那么把朱祁镇废为庶人圈禁起来呢？

暂时是可行的，但等到朱见深成年，肯定会释放父亲并为他平反，那样于谦也成了罪人。

选来选去，要想不成为权臣，于谦只有迎立外藩一个选项。

可是在有沂王的情况下，迎立外藩的合法性又从何而来？于谦那样做，不是又成了操纵皇帝废立的权臣？

总之，如果当天于谦采取行动，那么他就不再是于谦，而成了王莽、曹操、司马昭那样的人。

绕来绕去，这道题目无解，不管怎么选，大家会在京师兵戎相见，政局会发生剧烈动荡。

除非有人愿意牺牲，换来权力相对平稳过渡。

社稷为重，君为轻。

朱祁镇，朱祁钰，这哥俩谁当皇帝都行。至于于谦嘛，那就当自己什么也不是好了。

只要大明能够稳定繁荣下去，我一个于谦又算得了什么？

如果社稷稳定的代价是这样，就让我来承受吧！

“碎骨粉身浑不怕，要留清白在人间”

逮捕于谦容易，要如何处理他，朱祁镇也有点迷糊。

说这个人有罪吧，实在找不到什么证据。于谦的功劳大家都看在眼里，要不是他主持大局，击退也先，自己又怎能回到北京？

说他没罪吧，想到当时于谦坚定拥立朱祁钰，他还是弟弟的心腹重臣，朱祁镇心里又很不舒服。

定什么罪名好呢？徐有贞走过来，阴恻恻说了一句：不杀于谦，今日之事无名！

这句话成了于谦的催命符。

夺门行动既没有口谕，也没有诏书，完全是野心家发动的一场阴谋。很幸运，他们成功了。

这还不够，政变集团还需要程序正义的合法性来包装自己，把夺门美化成一件正义的事情。

这个逻辑是，由于于谦等人私自谋立外藩，皇位传承的正统性受到了威胁，所以徐有贞一伙的行动是主持正义，是合法合规的。

谁谋逆，谁死！若不处死于谦、王文，此事师出无名！

徐有贞亲自提审，要他们认罪。王文气得怒目圆睁，大骂不止。于谦早已明白，徐有贞要的不是什么真相，他笑着说：“不管有没有这事，只要我们死就行了。”

最后他们也没有承认罪名，徐有贞只得在案卷上写下“虽无显迹，意有之”——虽然没有确凿证据，但他们确实有这个意思！

这个罪名也可以用另外一句著名的话来替换，意思一模一样：莫须有！

正月二十三日，一个阴霾翳天、行路嗟叹的日子。于谦被押往崇文门外，就在这座他曾拼死保卫的城池前，得到了他最后的结局——被斩决。

“北风吹，吹我庭前柏树枝。树坚不怕风吹动，节操棱棱还自持，冰霜历尽心不移……北风吹，能几时？”——于谦最后看了这个世界一眼，他不曾后悔自己的选择。

监斩官一声令下，刽子手手起刀落，这颗五十九岁的大好头颅，被一腔碧血冲上了苍穹。

全国的人都知道他是冤枉的，史载：天下冤之！

于谦被杀后，都督同知陈逵被其忠义感动，收敛了他的遗骸，葬在北京城西。数年后，女婿朱骥将于谦灵柩扶归杭州，归葬西湖南岸。

成化年间，于冕上疏申诉，于谦终于沉冤得雪。朱见深亲自下诰文：“当国家之多难，保社稷以无虞。惟公道之独持，为权奸所并嫉。在先帝已知其枉，而朕心实怜其忠。”并特派官员南下杭州，替他祭奠于谦。

明孝宗弘治二年（1489），追赠于谦为特进光禄大夫、柱国、太傅，谥号肃愍，赐在墓边建祠堂，题为“旌功”，由地方年节拜祭。

万历十八年（1590），改谥为忠肃。各省各地历代奉拜，祭祀不止。历经一百三十三年，于谦彻底平反，他的历史功绩，就此定论。

千锤万凿出深山，烈火焚烧若等闲。

粉骨碎身浑不怕，要留清白在人间。

于谦十二岁时写下的这首《石灰吟》，终于成了他的自我写照。

《明史》赞曰：“谦亦忧国忘家，身系安危，志存宗社，厥功伟矣。”“而谦忠心义烈，与日月争光，卒得复官赐恤。公论久而后定，信夫。”

扭曲的亲情

其实在夺门之变发生前两天，朱祁钰的病情已大为好转。按史料记载：十四日，景帝再次命董速诊脉，回奏：“圣体安矣。”于是朱祁钰决定次日（正月十五日）上朝，谁知在十四日晚发生了变故。

朱祁镇复位后，于天顺元年（1457）二月初一将朱祁钰废为郕王，软禁到西内永安宫。二月十九日，朱祁钰薨逝，死因不明，终年三十岁。

曾经，朱祁钰是朱祁镇最疼爱的弟弟。出征前，朱祁钰虽被任命为监国，但直到得知哥哥被俘后，他对皇位也并无觊觎之心，登上帝位也是时势所迫，出于无奈。

可是一朝大权在手，品尝到权力的滋味后要再还回去，那就难于登天。这时候，权力欲已经压倒了兄弟感情。朱祁钰迎回哥哥后将他安置在南内，严加防范，严禁他接触臣子，以防生变。

从给朱祁镇父子的待遇上来看，朱祁钰的目的很明显，把帝位紧紧抓在自己手里，传给自己的子孙。

但另一方面，对待朱祁镇父子，朱祁钰也并没有下黑手。

七年时间，朱祁钰只要随便说句话，就能让哥哥死得悄无声息。同样，他如果要害死侄儿朱见深，也是易如反掌。

朱祁钰并没有这么做。

在太上皇被软禁期间，还发生过一起“金刀案”。锦衣卫指挥使卢忠告发太上皇勾结内宦，图谋复辟，有他赐给皇城使王瑶的金刀为证。

朱祁钰大可借题发挥，借此机会弄死朱祁镇，可他并未追究下去。由此来看，他内心最柔软的地方，或许还存在着一丝亲情。

但是哥哥复位以后，对待弟弟就只剩冷酷。他下诏指责朱祁钰“不孝、不悌、不仁、不义，秽德彰闻，人神共愤”。

朱祁钰的帝号肯定不会保留，这能够理解，不过朱祁镇赐给弟弟的谥号，就有点恶毒。他赐朱祁钰谥号为“戾”，称“郕戾王”。这是一个恶谥，表示朱祁钰终身为恶。

朱祁钰在生前曾营造陵寝，起名寿陵，打算和皇后一起合葬。景泰七年（1456），肃孝皇后去世葬入寿陵，寿陵规模已成，可以和长陵、献陵相媲美。

天顺元年（1457），朱祁镇下诏将寿陵捣毁，肃孝皇后灵柩去向失去记载。

赐给如此恶谥，再想葬入祖陵，那是痴心妄想。朱祁钰被按照亲王礼节葬在北京西山，景泰帝的陵寝，现在位于北京海淀的金山陵园，成为“三山五园历史文化景区”的一部分。

直到朱见深即位十一年后，才下诏恢复了朱祁钰的帝号，改谥号为“恭仁康定景皇帝”，并把景泰陵加以修饰，一定程度上为朱祁钰平反。至于完全平反，要等到了南明弘光时期。

于是，朱祁钰成为明朝迁都北京后，唯一未能被葬入十三陵的明朝皇帝。

皇权之争，从来都是最残酷的事情。朱祁镇和朱祁钰帝位之争的过程，清楚地记录了人性、亲情如何在权力面前变得扭曲，乃至血腥。

第二次执政

朱祁镇二次登基，改元天顺。第二次执政期间，他主要办了几件事。

先是清算朱祁钰任上提拔的大臣，重用夺门功臣。景泰一朝的大臣，除了于谦、王文含冤被杀外，还有兵部侍郎商辂和王伟、吏部侍郎项文曜、户部尚书陈循和萧镃（挂尚书衔）、工部尚书江渊、刑部尚书俞士悦等高官，或被贬为民，或发配充军。

取而代之的当然是徐有贞、石亨、曹吉祥等人。论功行赏，徐有贞受封武功伯，加兵部尚书兼华盖殿大学士，掌文渊阁事；武清侯石亨受封为忠国公，石亨从子石彪封为定远侯；太监曹吉祥获赐大量庄田，协理京营军务，从子曹钦封为昭武伯；等等。

夺门集团的好日子并没维持太久，徐有贞首先与石亨、曹吉祥产生了矛盾，逐渐发展到你死我活的地步。仅仅半年多时间，一生追求功名的徐有贞便在政治斗争中败下阵来，被贬为庶人，流放到云南金齿（今云南保山腾冲一带）。

应该说，徐有贞是有真才实学的。这样的人，假以时日未必不能翻身。但谗杀于谦这件事，让徐有贞遭到时人的仇视，因此始终未能得到起复。他就此被钉在历史的耻辱柱上，以小人的面目定格。

于少保君子也，君子不容于小人，小人固可畏矣。徐有贞小人也，小人不容于小人，小人愈可畏，君子愈可悯也。

不过相比石亨、曹吉祥，徐有贞的结局还算是好的。踢走徐有贞，石亨在外廷大权独揽，势焰熏天。时有“朱三千，龙八百”的歌谣，来比喻他的骄横。可风光不到三年，石亨就因散布谣言、蓄养无赖、窥测朝廷的罪名被逮捕下狱，一个月后死于狱中。很快，石氏族人都以谋反罪被处斩。

说石亨谋反，他是万万不敢的。真实原因只是石亨不知进退，不知“持满戒盈”的道理。作为一员武将如此热衷于权力，自然引起皇帝的警惕和文臣的不满。朱祁镇是经历过数次生死的人，他不可能容忍这样一个武将存在。

眼看夺门同伙被贬被杀，另一个主要参与者曹吉祥也慌了。

下一个会轮到谁呢，那还不就是我？

那怎么办？想来想去，这个胆大包天的太监作出了最疯狂的举动——石亨不敢造反，曹吉祥敢！

在曹吉祥看来，反正夺门这事儿一回生二回熟，只有再来一次夺门行动，扳倒朱祁镇，他才有生路。

天顺五年（1461）七月初二，曹吉祥与其养子曹钦、曹铉、曹铎等人纠集家丁五百余人在京师发难。叛军先攻长安门，再攻东安门，均无功而返。孙镗统领京营禁卫军赶来镇压，兵部尚书马昂、会昌侯孙继宗亦分别统军增援。叛军退守曹钦宅第，官军推来大炮轰开大门，将曹家杀了个鸡犬不留。第二天，朝廷下旨，把大太监曹吉祥当众碎剐，族灭曹家及其姻家，尽屠参与政变的党羽。

短短五年，“夺门之变”三大功臣，一个被贬，两个族灭。正应了那句话：一念起，风生水起；一念落，万劫不复。

诛灭曹吉祥、石亨后，朱祁镇的帝国才终于走回一个相对正常的轨道。他开始重用李贤、彭时、吕原、陈文等贤臣辅政，朝政得以良性运转。

而这段时间，朱祁镇也似乎对自己的人生有了一个反省。他开始勤于朝政。他每天早晨五鼓初就起床，斋洁具服拜天后，就开始批阅奏章，与大臣商议政事，一直到晚上才休息。

或许直到此时，他才真正变得成熟。可是已经太晚，他的寿命就快到头了。天顺四年（1460）起，朱祁镇已染疾，病势逐渐沉重。至天顺八年（1464），病势已入膏肓，他于当年正月十六日驾崩，终年三十七岁，葬于裕陵，庙号英宗，谥曰法天立道仁明诚敬昭文宪武至德广孝睿皇帝。

明英宗朱祁镇，前后在位共计二十二年。他三十七年的人生，七年太子，十四年皇帝，七年幽禁，最后八年又当皇帝。少年不识愁滋味，肆意北征的热血，加上从皇位坠落的彷徨与毫无自由的恐慌，最终失而复得，这样的人生不可谓不复杂。

他所处的时代，正是大明王朝的历史转折关头。但是很可惜，他搞砸了，军事上、政治上都搞得一塌糊涂，远不如他弟弟朱祁钰。

不过幸运的是，他还有个不错的儿子。朱祁镇复位后，朱见深自然被重新立为太子。老爸当了两次皇帝，他也当了两次太子。大明历史的下半叶，终究要由朱见深来开启。

流民战争

天顺八年（1464）正月二十三，皇太子朱见深即位。次年改元成化，开启了他持续二十三年的统治。

这位皇帝是个心胸宽大的人，成化初年，他即为于谦昭雪，并平反了天顺年间许多冤案。他还不计叔叔曾废掉自己太子之位的前嫌，恢复朱祁钰帝号，重修其陵寝，以德报怨的行为博得朝野一片称颂。

但绝不要就此以为，朱见深是个软弱的人。正相反，在事关王朝内外稳定的事情上，他表现得相当果决。在他二十三年的执政生涯中，战争贯穿始终，打得不亦乐乎，所以现代许多人称他为大明的鹰派皇帝。

当然，这些战争并非朱见深主动挑起，它们都属于洪武时代起就未能彻底解决的问题，也就是历史遗留问题。

即位之初，朱见深首先面对的是流民问题。

流民问题，是我国历史上所有朝代都会碰到的问题。它是指因遭受自然灾害、社会动荡或其他种种原因，人们为了避难或求生而背井离乡，成为流民。

明代也避免不了流民问题。明初，由于战争的影响就出现了很多流民，经过朱元璋和朱棣的治理，流民二字逐渐从有关这个时段的史书中消失，这个情况一直持续到朱瞻基的宣德初期。由于朱瞻基、朱祁镇两任皇帝的不思进取，到正统年间，流民再次在史书上出现了，一出现就是爆发式增长，从此伴随大明至终。

对统治者而言，流民是个相当头疼的问题，他们带来最直接的麻烦是让社会变得不稳定，进而引发与官府的直接对抗。

正统十二年（1447），浙江矿工叶宗留不堪官府强征暴敛，聚众千人起义；次年四月，福建农民邓茂七不堪地主盘剥，占山为王，公然对抗官府。两支队伍很快发展到十余万人，控制闽、浙、赣，三省震动。直到景泰元年（1450），各路起义军才相继失败。

而另一边，由于正统年间四征麓川，不断从贵州、湖广征兵。人民苦于战祸，又值饥荒频发，被迫成为流民。流民为求生路，于正统十年（1445）不得已走上揭竿而起的道路，是为贵州、湖广苗人大起义。这场起义一直持续了十几年，直至天顺五年（1461），才被镇压下去。

然而流民起义的余波并未终结。广西大藤峡瑶民首领侯大苟，在正统十年（1445）便曾聚众攻陷重兵镇守的梧州城，深入至两广交界的高、廉、雷广大地区。到天顺七年（1463），侯大苟率精兵再次袭击梧州城，杀训导任璩，擒按察司副使，震惊朝野。

这是朱瞻基和朱祁镇父子二人留下的烂摊子，已到了不得不采取大规模军事行动的地步。成化元年（1465），朱见深任命浙江左参政韩雍加右佥都御史之职提督军务，协同都督同知赵辅，调集诸省军队十六万前往平乱。

这位韩雍韩大人，少有才名，正统七年（1442）即中进士。历任广东、江西、广西等地刑名和军务等官职，才干卓著，治军严谨。但因性格刚直而经常遭到非议与诽谤，一生起起落落，几经沉浮。在这当口，原本已升为兵部右侍郎的韩雍由于得罪内阁首辅李贤，又被贬为浙江左参政，正处于人生低谷。

本来这个任务是无论如何也轮不到韩雍的，幸而有兵部尚书王竑力排众议，说："韩雍才气无双，平定贼人非他莫属。"朱见深这才改任韩雍为右佥都御史，"赞理军务"。按明朝以文制武的制度，韩雍就是大军的"提督军务文臣"兼"临时战区统帅"。

王竑对老部下的能力是了解的，韩雍上任后，马上就表现出了他的才干。当时内阁首辅李贤已上呈了一项作战计划，主张将大军驻扎在大藤峡，对广东的叛军应加以驱赶，对广西的则采用围困之术。如此，一两年内可望平叛。朱见深下诏让诸将讨论，大家都主张按此计划实行。

可是韩雍抵达南京后，却提出不同战略。他认为，不应分兵，只需全军直捣大藤峡，断其通道，斩其羽翼，便可破敌。是谓"攻其腹心，巢穴既倾，余迎刃解耳"，"若分兵四出，贼益奔突，郡邑益残，所谓救火而嘘之也"。

谁是对的呢？韩雍虽是一文官，却绝不是军事菜鸟。他的成长轨迹与于谦类似，进士出身后都是按照带兵文官来培养的——御史—按察使—出巡江西—巡抚宣府大同，并曾参与镇压福建叶宗留叛乱。

常年与乱民打交道的韩雍，深知他们的战术，看似声势浩大，真正能打硬仗的，其实只有首领所统帅的那部分精锐。只要击败侯大苟，余部不足惧。

朝廷采纳了韩雍的战术，先是集中兵力，收复修仁、荔浦二县，斩断了叛军羽翼。十月，大军抵达浔州（治今广西桂平），从北面、南面与水路三面围攻大藤峡。十二月初一，韩雍率领各军水陆并进，持圆盾登山，殊死作战，接连攻破石门、林峒、沙田、古营各巢穴。

侯大苟见势不妙，退到高处竖立栅栏，凭借地势来抵抗。韩雍等叛军箭石发射得差不多以后，自督率诸军借着树攀藤而上，另外派遣壮士从小路先上，占据山顶用火炮发石击贼。侯大苟无法抵挡，被打得大败。明军先后摧毁栅寨三百二十四座，生擒侯大苟及其手下七百八十人，斩首三千二百余级，坠入水中淹死的不计其数。

正如韩雍所料，侯大苟被擒后，手下不堪一击。不出数月，官军分兵进攻，郁林（今广西桂平西）、阳江、洛容、博白等地接连收复。持续数十年的大藤峡民变，竟然只用一年就被韩雍轻松平定。大藤峡本来有根大藤像虹，横着交错在两山崖之间，韩雍用斧砍断大藤，将其改名为断藤峡，刻石记功而返。

凭此功劳，韩雍正式升任左副都御史，提督两广军务，他一直在当地坐镇到成化十年（1474）致仕，在他任内屡定寇乱，为两广地区的稳定作出了很大的贡献。

至此，正统初期便开始冒头的流民战争告一段落。但这只是暂时的，因为流民问题没有得到解决，就不可避免地会有一部分流民演化为盗贼，久而久之，就会“群盗四起”。

流民问题的实质是土地兼并问题，这是历朝历代都无法避免的问题，也是决定王朝兴衰、国祚长短的一个关键问题。可要命的是，在古代的生产条件下，朝廷在这个问题上能起到的作用是相当有限的，它顶多只是其中一个变量：决定从土地兼并到流民四起的临界点何在。

因此，流民问题不可能彻底消失，只会愈演愈烈，成为决定大明兴亡的一个关键要素。

成化犁庭

让朱见深烦恼的并不只有国内的流民问题，从他坐上龙椅那天起，一个新问题就时时见诸塘报（古代由下而上、由地方向中央逐级快捷汇报军情的简报），今天说建州又来劫掠边境啦，明天说建州又来骚扰掠夺啦，让朝廷不胜其扰。

建州，原为辽东女真斡朵里部，永乐九年（1411）迁到建州卫。永乐十四年（1416），朱棣设建州左卫予以安置，以斡朵里部首领猛哥帖木儿为指挥使。此后很长一段时间，建州女真与朝廷大体相安无事。直到正统五年（1440），建州左卫首领凡察、董山为了躲避野人女真，率部族迁移到了凡察岳父、建州卫都指挥佥事李满住这边，一同居住在浑河支流苏子河流域（今辽宁东部、吉林东南部）。

建州各部就此逐渐在浑河、苏子河流域聚集起来。正统七年（1442），朝廷又从建州左卫中分出右卫，任命董山为都督佥事统领左卫，凡察为都督同知掌管右卫。

从此建州女真分为建州卫、建州左卫、建州右卫三个部分，这就是建州三卫的由来。

女真紧邻蒙古部落，长期以来，他们都是蒙古部落抢掠和征服的对象。蒙古部落时不时攻入女真领地，驱逐女真人民，掳走精壮人口。正统年间，蒙古大汗脱脱不花更是联合兀良哈征讨女真各部，建州女真被迫臣服脱脱不花，派出仆从军跟随作战。

到脱脱不花败亡后，鞑靼失去了之前的强势，建州女真很快脱离了控制。可是之前攻入辽东的经历让他们认识到，原来曾经强悍的大明王朝已经是外强中干，明军根本无法堵住广阔的辽东防线。

那还等什么？建州立即行动起来，纠集其他部落，改从前的三三两两的小偷小摸，逐渐变为有组织有预谋的规模性劫掠。他们年年犯境，深入汉人居住地大肆抢掠人畜，杀伤官军。

放在宣德—正统年间，女真人的想法是没有错的。可惜现在到了成化年间，现任皇帝叫朱见深。

边民扰境，这种事虽然恶劣却也常见。按照以往惯例，朝廷都是以招抚为主。朱见深起初也做过努力，为满足女真日益增长的经济需求，朝廷在抚顺专门为建州设立市场进行交易（“特开抚顺关，为建州专设马市”）。马市，指贸易市场。

可是女真人并不满足，从成化二年（1466）起，建州频繁从开原庆云堡入境劫掠，杀伤官军。“鹰派皇帝”朱见深哪里能忍？成化三年（1467），收到建州再次犯境的消息，朱见深怒了。他派出左都御史李秉前往辽东总督军务，酌情剿抚。九月，李秉、赵辅兵分两路从抚顺出塞，征调朝鲜军队配合，共攻建州。经过一个月围剿，明军破寨四百多座，斩首六百三十余人，俘虏二百四十余人，释放被女真抓为包衣（奴隶）的人口千余人。建州卫首领李满柱和其子被朝鲜兵斩杀。建州右卫首领董山被明军设计抓获，在押送途中试图逃脱被杀。

这一战让建州元气大伤，很是消停了一段时间，长达十年。

成化十三年（1477），缓过一点劲的建州又在边境搞起了小动作。时任辽东巡抚陈钺一封奏疏上报朝廷，请示是否要派大军进剿。朱见深随即下诏，由御马监太监汪直监督军务，抚宁侯朱永为总兵，巡抚陈钺参赞军务，统帅五万大军，征剿建州。

朱见深特别批示：捣其巢穴，绝其种类。这基本就是永绝后患的意思。

十月大军出征，十二月，靖虏将军、抚宁侯朱永等上奏报捷：“建州贼巢在万山中，山林高峻，道路险狭。臣等分为五路，出抚顺关，半月抵其境。贼据险迎敌，官军四面夹攻，且发轻骑焚其巢穴。贼大败，擒斩六百九十五级，俘获四百八十六人，破四百五十余寨，获牛马千余，盔甲军器无算。”

战报字数不多，但从中可以看出，进剿女真的战斗绝非想象中那么轻松。辽东正是严寒时节，道路艰阻难行，不难想象，在长白山的崇山峻岭中，女真据险而守，作战是极其艰苦的。

捷报传来，朱见深回复的诏书可以用激动来形容：“得奏，足见尔等同心运谋，鼓振军威，致兹大捷。迩来遣将出塞，鲜有若兹之举，况能冒犯霜雪，深入险阻，朕甚嘉悦。兹特降敕奖谕，以励勤能。报功之典，俟册报之日在所必行。即今严寒，尔等良食自慎，官军暴露艰苦，为朕加意抚恤，其钦承之。”

这场战争后来被叫作丁亥之役，又称成化犁庭。“犁庭”指的是“犁庭扫穴”，彻底摧毁敌人的意思。

这场军事行动沉重打击了建州女真，经过这次犁庭扫穴的进剿，女真各部都安分了一百多年，直到努尔哈赤崛起后，才逐渐成为明朝的心腹大患。

凭此军功，抚宁侯朱永加封保国公，监察御史陈钺晋升右都御史，汪直加俸三十六石。

同为有功之臣，朱永、陈钺都加官晋爵，为什么汪直的奖励仅仅是增加了三十六石俸禄呢？不要误会，并不是汪直的功劳不大，而是明朝的太监没有品级，最直接的封赏就是加俸。内官一级的俸禄是十二石，三十六石相当于连升三级，已经是顶格的封赏。

这还不是全部，此役之后，朱见深直接让汪直总督十二团营，由此汪直成为第一个掌握禁军的内臣，这份权力超越了大明朝所有前辈太监。

令人咋舌的是，汪直此时不过二十来岁而已，已成为太监中的第一人。那么，他是如何得到这份殊荣的呢？

这还得提到成化元年（1465），韩雍领导的那次远征大藤峡的行动。

西厂督主

成化二年（1466），韩雍平定大藤峡叛乱。广西的崇山峻岭中，出现了一串年幼的儿童，他们被捆绑着双手，在士兵押解下前往人生下一个目的地：京师。

这些儿童都是战俘，他们被送到京师后将被阉割，成为皇室的奴隶。汪直就是这样入宫，他的运气倒是不错，被挑中送往昭德宫，成为一名小宦官。

成化二年（1466）至成化十二年（1476），昭德宫主人的名字在后宫举足轻重，她正是万贵妃。成化十二年（1476），她进封贵妃，始居安喜宫，直至成化二十三年（1487）春暴卒。

万贵妃，原名万贞儿，原本是孙太后身边侍女，正统十四年（1449）被派往东宫照顾太子。景泰三年（1452），朱见深被废去太子之位，成了一枚政治弃子。当时朱见深仅有四岁，这孩子要面对的，不仅是地位的下降，更有墙倒众人推的尴尬。就连生母周氏偶尔来探望他，也要表现为例行公事，生怕被好事者当作把柄。

那些日子里，身边几乎所有人都离开了他，只有万贞儿对他不离不弃。这样的日子过了四年多，逐渐懂事的朱见深平静地接受了发生在他身上的事情。还好，在那些孤苦伶仃的日子里，万贞儿始终和他在一起，一如既往地照顾着、安慰着他。

在他十岁时的一个深夜，紫禁城内南宫发生的那件事，让朱见深的命运再次发生了逆转，他又成了太子。

二度成为储君，朱见深的地位一下子变得超然。身边重新围满了脸带谄媚的各色人等。然而这些人加到一起也不能让他眨一下眼，他早已离不开万贞儿了。

随着年龄渐长，亦姐亦母的万贞儿扮演了朱见深人生中另一个重要的角色。

这个女人不仅与朱见深共同品尝人生的苦难，在这个孩子长大后，还给了他一枚甜蜜的禁果。天顺六年（1462）孙太后去世后，十五岁的朱见深和三十二岁的万贞儿，虽无夫妻之名，已有夫妻之实。

等到朱见深登基，早已离不开万贞儿。皇后吴氏虽然端庄静一、温和慈惠，却完全不在成化帝的眼里，每夜坤宁宫的孤灯，总也等不来帝王的温存。

非但吴皇后等不来，其他妃子也一样等不到皇上。

成化帝每晚去了哪里？

在后宫深处一个名为昭德宫的地方，那里正是万贵妃的住处。每晚，皇上的红纱灯只为万贞儿起落闪烁。

碍于压力，朱见深无法将万贞儿封为皇后，最多只能将她册为贵妃。但所有人都知道，万贵妃虽无皇后之名，却有皇后之实。

汪直入宫后被分配到的地方，就是万贵妃的昭德宫。

在后宫跟对人是很重要的，有了万贵妃光环加持，长得俊秀又伶俐的汪直，事业像踩了火箭一样青云直上。不出十年，他已晋升为御马监掌印太监，拥有掌管除锦衣卫外所有天子亲军的实权，已成为太监中数一数二的人物。这还不算完，成化十三年（1477）正月，一个全新的内廷机构在灵济宫的旧灰厂开张，全称为“西缉事厂”，简称为

“西厂”。

明代是历史上特务政治的高峰，锦衣卫、东厂，都是著名的手握特权的特务机关和秘密警察机关。然而这个新开张的西厂，其权力更在老牌特务机构锦衣卫和东厂之上。西厂掌门人也选好了，人选非表现出色的御马监掌印太监汪直莫属。

被选中这一年，满打满算汪直也不过十八九岁，却已是办事老成的“老”太监。朱见深亲眼看着他长大，对他十分放心，授权汪直提督西厂，对京城大小事务进行秘密调查，“大政小事，方言巷语，悉采以闻”。

汪直的西厂生涯就这样开始了。年轻的汪直可谓不畏权贵，铁面无私，短短四个多月，他就惩办了几件大案要案。办案对象既包括司礼监的同僚——南京镇守太监覃力鹏，也有外廷权贵——世代显赫的永乐重臣杨荣曾孙杨晔父子。

汪直的霹雳手段使得西厂迅速打响了名头，一时间西厂“权宠赫奕，都人侧目”。但他本人也因此得罪了司礼监与文官群体。司礼监感受到了御马监的威胁，文官们更是看不得太监凌驾于大臣之上。他们以内阁首辅商辂为首，直指西厂“伺察太繁、法令太急、刑网太密”，把汪直指为“妖物”，把西厂的存在抬高到了国家安危的地步，联合六部九卿请罢西厂。

这个指控就有点过分了，毕竟汪直的西厂，实际代表的是皇上的意思。大臣们说汪直是“妖物”，那是不是说，朱见深这个皇帝，也和纣王差不多呢？

朱见深火了，他派人来到内阁“厉声传旨”，责问商辂等人：朝廷用个汪直怎么了？用他缉访奸弊，你们有啥好怕的？用个宦官，天下就要完蛋了（“用一内竖，焉得便系国家安危”）？

皇上的态度很明显，罢免汪直这事他不支持；让西厂关张，他也不乐意。南京监察御史戴缙看清风向，不失时机上奏：惟太监汪直缉捕杨晔等之奸恶，高崇、王应奎等之赃贪……是皆允合公论，足以服人而警众也。闻大臣进何贤才、退何不肖，以固邦本，亦未闻群臣革何宿弊、进何谋猷，以匡治理。

应当承认，西厂确实存在许多问题。尤其是作为凌驾于司法体系之上的特务机关，无法避免地存在着随意逮捕、滥用刑罚、案件扩大化等倾向。但也要看到，汪直所办的几起大案事实清楚，证据确凿，判决并不存在不公正。尤其是他身上表现出的那股初生牛犊不怕虎的劲头，让登上皇位不久、志在扫除积弊的朱见深深感满意。

戴缙的奏疏可谓切中要害，这个不得志的御史一下连升三级，从正七品擢升为从五品的尚宝司少卿，跻身梦寐以求的京官队伍。这下风向的转变再清楚不过，"倒汪派"就此一败涂地。一个月内，兵部尚书项忠削籍为民，大学士商辂、户部尚书薛远、刑部尚书董方等几十名官员被迫致仕。

汪直以一人之力，拳打文官，脚踢司礼监，大获全胜，风头一时无二。

可是他真有这么大能量吗？当然不是，只是因为汪直背后站的是皇帝。朱见深一言可以用汪直，一言亦可以废汪直。这次他站在了汪直这边，文官们想试试自己的力量，试图影响皇上的决定，他们的失败一点也不出意外。

经历了这次教训，西厂倒是收敛了很多，他们的活动大量减少了。而不久以后，他们的督主，曾经气焰逼人的汪直，更是离开了京城。

汪直去哪了呢？

不要忘记，汪直是瑶族人，来自广西大藤峡，那个地方的人当时以好勇斗狠著称。地理和历史带来的基因早已融入汪直的血脉之中，在二十多岁这个年纪，他已经不满足于当个特务，而是把兴趣放到了更高的目标上。

史载“直年少喜兵”，汪直要建功立业，他不要当一辈子密探头子，他要以军功太监的身份被载入史册！

机会很快就来了，成化十四年（1478）三月，建州女真再次犯边，朱见深决定清剿，汪直乘机提出：皇上，要不这次的监军，您瞅我行不行？

汪直正深受信任，朱见深哪能不批？成化十五年（1479）十月，汪直以监督军务太监的身份，统领并参加了对建州女真的犁庭扫穴，受到连升三级的嘉奖，并成为掌握禁军的内臣。

可是对于这份殊荣，汪直并不感冒，他的心已飞到了更大、更广阔的战场，那就是河套。

经略河套

说实话，在成化年间，女真还未成气候，并非什么了不得的敌人。而此时大明真正的大敌正是在河套地区，对手还是那个熟悉的名字——蒙古。

所谓河套，是指黄河顶部“几”字形那个地区，黄河像个套子一样把这块地区套在里面，由此得名。俗语称“黄河百害，唯富一套”，黄河携带大量泥沙到中下游，但在经过河套地区时，泥沙含量还不大，水质比较清澈，流速比较缓慢。河套地区在黄河的灌溉下，土地肥沃，既可以耕种庄稼，又可以放牧牛羊，被誉为“塞上江南”“塞外米粮川”。

这么水草丰美的地方，自然会引来游牧部落。在大明实力强大的时候，蒙古势力不敢进入河套。等到朱棣驾崩后，仁、宣二宗开始战略收缩，明朝卫城已名存实亡，鞑靼各部开始进入河套放牧。若光是放牧也还罢了，可是蒙古各部并没那么老实，看到河套已没有明朝驻军，他们便在此定居下来，并以河套为基地向内地入侵。由此产生了一个新名词“套虏”，指居住在河套地区，时不时要来搞一把抢劫活动的不良蒙古人。

这种劫掠的频率和烈度远超建州，给百姓带来了深重的灾难，朝廷视“套虏”为首要大敌，与之作战给出的赏格远超建州。随着河套失去控制，大明的西北防线与京师之间已没有缓冲可言，西北诸边直接暴露在蒙古部落面前。幸好在成化年间，出任三边（延绥、宁夏、甘肃）总制的王越是位有勇有谋的名将。他与部下、延绥巡抚余子俊一个主攻，一个主守，堪称大明西北双璧。

成化九年（1473），王越更是率九千余精锐直捣河套鞑靼老营，取得了红盐池大捷，使得鞑靼各部落不得不率部远去，不敢复居河套数年之久。

余子俊也没闲着，成化七年（1471）起，开始亲自督建边墙城堡，苦筑延绥长城一千七百七十里，东起清水营西止花马池，史称“尽心边计，数世赖之”。

激情四溢的王越，和老成稳重的余子俊，两人一攻一守，牢牢把握战场节奏，才能打得蒙古部落远远遁走。

但这只是暂时的，明朝中期，朝廷已无力再发起洪武—永乐年间那种狂风骤雨般的攻势来搜套，蒙古部落迟早会去而复返。成化十六年（1480），鞑靼乜克力部首领乩加思兰部下亦思马因率部渡过黄河，再次进入河套。延绥镇守太监张选急报朝廷派兵，朱见深第一时间想到了王越，王越又第一时间想到了汪直。

王越与汪直的关系很不一般。汪直提督西厂时，行事高调，得罪的大臣不计其数，王越恰恰是为数不多与汪直亲近的一位官员。成化十三年（1477），内阁领导的那次请罢西厂事件，王越就曾提出异议。他对大学士刘吉、刘珝说："汪直行事颇为公正。像黄赐专权受贿，不是汪直没人动得了他。商（商辂）、万（万安）两位大人居官已久，人红是非多，您两位入阁才几日，怎么也做这种事？"

有这层关系，王越希望由汪直来当他的监军是很自然的事。正月十六，朱见深发下诏书，命朱永为平虏将军、总兵官，由汪直监军，王越提督军务，前往讨亦思马因。

三月初六，朝廷就收到了汪直、王越送来的捷报，明军在威宁海（今内蒙古察哈尔右翼前旗黄旗海）大破蒙古军，战果如下："生擒幼男妇女一百七十一，斩级四百三十七，获旗纛十二，马一千八十五、驼三十一、牛一百七十六、羊五千一百、盔甲弓箭皮袄之类一万有奇。"

斩首四百多蒙古人可不容易，超过了红盐池的战绩。这一仗打得扬眉吐气，时人称颂"威宁出塞，俘馘甚多，虏自永乐以来，惟此夺其气"。"威宁"就是王越的爵位，此战以后，王越功封威宁伯，成为明朝仅有的三位以战功封伯的文臣之一。而汪直，再次得到了加俸四十八石（升四级）的封赏。

这一战为啥这么顺利，说起来也不复杂，王越复制的是上次突袭红盐池的战术，这次他已探得蒙古王庭设在威宁海。于是派朱永领兵诱敌，自己和汪直率精兵两万一千，经过二十多天的潜行到达威宁海附近。正值大风，风雪晦暝，蒙古军丝毫没有察觉，明军夜袭蒙古大营，大获全胜。

第二年（成化十七年），鞑靼又入侵大同。汪直再次总督军务，以王越任总兵官出兵征讨，这对搭档又一次孤军深入，冒着大雪连夜奔袭。

明军在黑石崖处再次大胜鞑靼，此战生擒十人，斩首一百一十三级，获马七百二十九匹，器械六千二百余件，此战史称"追战黑石崖"。

在认可王越名将水准的同时，我们也不能忽略汪直的作用。

汪直不是跟着王越去镀金的，监军太监是明代军事体系的重要一环，代表皇帝本人。王越的军事行动需要先征得汪直同意，由汪直奏明朱见深获准后才能执行。黑石崖之战后，汪直更是总督军务，威宁伯王越佩平胡将军印充总兵官，成为他下属。追战黑石崖后，蒙古再次入寇延绥，王越与汪直调兵援助。因兵部尚书余子俊在延绥修筑边墙，鞑靼入境后被明军冲散，为城墙壕沟所困，遭遇大败。

王越与汪直这对搭档对鞑靼连战连胜，可谓是扬眉吐气。可惜，他们的结局都不算美好。

不算美好的结局

在不断刷新自己战绩的同时，汪直离开京城的时间也越来越久，这意味着他在远离权力中心的道路上越走越远。

文官们可不会忘记汪直，几年来士大夫在这个年轻太监面前威风扫地。他们担心，这个气焰逼人的年轻太监哪天在外面玩腻了，再回到京师主持起特务工作，那会是大家的噩梦！

到成化十八年（1482）三月，看到汪直已长时间远离朝廷中枢，科道官开始纷纷上疏，说西厂苛察纷扰，大伤国体，再次请求废除西厂。

汪直远在大同镇守，西厂失去了首脑，存在的意义已经不大了。在京城大小官员众口一词请求下，朱见深也觉得西厂可有可无，与其整天听这帮人啰唆，不如干脆废除，落个耳根清净。

西厂既废，汪直失宠已经是尽人皆知的事实，科道官们再次趁机尽情揭露汪直不法之事。作为一个失宠的“前特务头子”，汪直已经是百口莫辩。

六月，朱见深调汪直于南京御马监；八月，降汪直为奉御。

至此，汪直的政治生命终结了，他完全消失在了人们的视野中，以一位普通宦官的身份在南京度过了后半生。没人注意到他何时去世，只知道他是寿终正寝的（“直竟良死”）。

这个小太监从成化十二年（1476）火速蹿红，到成化十九年（1483）被贬南京时，最多也不过二十五六岁。从提督西厂、权倾天下，到锐意出塞、驰骋疆场，短短六七年间，汪直的人生直蹿顶峰又光速回落，简直比坐过山车还刺激。

一切终究回归寂然。

或许，在南京的宫阙中，曾有那么一个穿戴六品服饰的年轻宦官，每天无所事事地呆坐在宫城门槛上。在他眼里，浮过一幕幕权倾朝野、金戈铁马的昔日景象……

汪直被贬，他的好朋友王越也不能幸免。成化十九年（1483），王越亦被下诏夺爵除名，谪居安陆，三子以功荫得官者，都被削籍。成化二十一年（1485），王越曾上疏陈冤，未果，终成化一朝再无成绩。

弘治元年（1488），王越再次诉冤。明孝宗赦免王越，本想起复，吏部尚书王恕力陈不可，为此与兵部尚书马文升大吵一架。不得已，孝宗只能给王越一个虚职，弘治七年（1494），王越致仕。

就在看似王越前途无望之时，贺兰山的炮火让他得以演绎人生最后一段辉煌。

弘治十年（1497），吐鲁番攻哈密，蒙古达延汗攻略大同、宣府，边境告急。朱祐樘命群臣推荐拒敌人选，大家都举荐王越，王越得以官复原职，总制四镇军务。

弘治十一年（1498），达延汗进犯贺兰山，王越分三路进兵速攻，这回鞑靼军被斩首四十三人，俘获马、骆驼数百匹。王越进少保、太子太傅，受命经略哈密事务。年底他病逝于甘州任上，享年七十三岁。

追赠太傅，谥号“襄敏”，后世称其为“王襄敏”。

“鹰派皇帝”

成化二十三年（1487）正月十日，朱见深收到一个噩耗，伴他整整三十八年的万贵妃薨逝。接到报告，朱见深如泥雕木塑般呆坐半晌，良久才长叹一声：万侍长去了，我亦将去矣。

万贵妃离我而去，我也要随她而去了。

这句话是真心的。

多少人曾爱你年轻时的貌美，爱你青春的活力，爱慕你的姿色，假意或是真心。

只有一个人，那就是我朱见深，还爱你不再年轻的脸上，已经出现的皱纹；还爱你的灵魂，至死不渝。

紫禁城太和殿外，丹陛上的铜龟、铜鹤成双成对，落日余晖，勾勒出朱见深单薄的身形。

成化帝和万贵妃年龄相差十七岁，冲破世俗的桎梏，坦然面对自己的爱，朱见深无疑是勇敢的。

这段感情，值得祝福。

朱见深果然没有说错，万贵妃薨逝后，他终日六神无主，怏怏不乐。后来几个月，他的主要工作是安排后事，包括为太子大婚、分封其他皇子、为母亲周太后上尊号，以及进封侍奉他的妃子们，以在自己驾崩后，她们能享有个好的待遇。

成化二十三年（1487）八月二十二日，朱见深驾崩，终年四十岁。遗诏太子朱祐樘即帝位。九月，上尊谥，庙号宪宗，葬于茂陵。

朱见深执政二十三年，时间仅次于朱元璋、朱棣和后来的朱厚熜、朱翊钧，在十六位明朝皇帝中可排第五。

他是个什么样的皇帝呢？

如何评价一个皇帝，一个很重要的指标是看他给下一任留下了一个什么样的江山。

比如朱棣打服了蒙古部落，才有朱瞻基的承平；朱瞻基不思进取，留给朱祁镇一个烂摊子；朱见深接手的时候，从东北、西北到西南处处漏风，中间还有大量流民添堵，情况未见好转。

这些都是很麻烦的事，要碰上个能力不足的皇帝，任何一个处理不好，大明江山便进一步呈现王朝末期的乱象，也不是没有可能。

许多人容易忽略，接手这个帝国时，朱见深只有十七岁。在今天高中生的年纪接手这样一个烂摊子，朱见深交出了一份什么样的答卷呢？

朱见深性格内向，有口吃的毛病。他脾气很好，很少有真正发火的时候。

这是个垂衣拱手、一团和气的皇帝。

但这绝不等于他是个懦弱无能的皇帝。

对内，他对一些陈规旧制进行了改革，如处理荆襄流民问题、完备漕运制度、征收商税、给匠户以一定人身自由等。

如果说这些还只是中规中矩，他在军事上的表现就比较亮眼了。平定瑶乱、苗乱，西出河套，北犁女真，平内乱、扫外敌，打得不亦乐乎。

总共在位二十三年，有二十二年他都在到处灭火。

成化一朝，因战功封侯的将领达到了十几位。他帮他老子收拾了绝大部分的麻烦，把父亲遭虏、儿时苦痛、家国之恨都以武力报还。

朱见深不像朱棣那样霸气外露，但在该强硬的时候，他绝不吝于表现出他的杀伐决断。

这是个铁血的"鹰派皇帝"。

至于后人批评他的不爱面见大臣、开设西厂、独宠万贵妃等问题，只能说是小小瑕疵，远达不到危害朝政的地步。

总之一句话，朱见深不是个守成之君，因为没有“成”可让他守。这个皇帝身上有人性，有感情，有温暖，也有铁血，是个不折不扣的治世之君。

朱见深留给儿子朱祐樘的，是个天下太平的锦绣江山。

这就足够了。

命运多舛的皇太子

成化二十三年（1487）九月初六，按明宪宗遗诏，皇太子朱祐樘继位。第二年改年号为弘治，是为明孝宗。

弘治这个年号的寓意为“辉煌、光大”和“大治之世”，表明了君臣们的治国愿望。事实上也确实如此，弘治一朝十八年，算得上大明少有的一段承平时光。

这或许与朱祐樘少更多难的经历有关。

这又要提到成化初年韩雍领导的那次远征广西，它对大明王朝实在是件很重要的事。不是因为战争规模有多大，也不是因为大太监汪直是那场战争的战俘。而是因为那场战争，还给大明带来了下一任皇帝的生母。

这位女子姓纪，战争结束后与其他少女一起被“俘入掖庭”，成为“战利品”。她“警敏通文字”，被派到内藏担任女史，负责替皇上看管着他的日常用品、雅乐书籍。

内藏是枯燥无聊的场所，极少有人光顾。如果没有意外，正值豆蔻年华的纪姑娘将会守着这一方小小的仓库，了此余生。谁知成化五年（1469），朱见深酒后心血来潮，到内藏来转了一圈。酒醉之人，其性不安。看到温柔可人的纪姑娘，朱见深不禁东拉西扯搭讪起来。纪姑娘回答得体，更令朱见深龙颜大悦（“应对称旨，悦”），一高兴就临幸了她。

这一幸不要紧，纪姑娘就此怀上了龙种，十月怀胎产下一子。

后宫中母以子贵，本来这是件天大的喜事，命运眼看会随之改变，纪姑娘却一点儿高兴不起来。

都知道，在成化朝后宫有一个特别的存在——万贵妃。

万贵妃虽宠冠后宫，却有个很大的心病，年已四十的她依旧无子。按照明朝立嫡立长的规则，这就意味着，后宫其他女人如果有谁先于万贵妃生下皇子，谁就是她潜在的对手。她令宫女给纪氏钩下胎儿，宫女谎称纪氏“病痞”，于是纪氏被贬至西内安乐堂居住，出了皇宫。

纪氏生了婴儿这种事，是很难瞒得住人的。万贵妃很快得知消息，她派门监张敏前去把婴孩处理掉。这是后宫残酷的生育游戏，历来如此。

朱见深呢？抱歉，酒醉之后的事，他早就忘到了九霄云外，事后再也没来过内藏，也不知道他已有了个儿子。

幸运的是，张敏是个善良的人，看到纪氏母子二人，他心软了，非但没有执行命令，反而回禀万贵妃：孩子已经被我溺死，您不用再担心了。

之后，张敏更是和其他一些好心人，主动承担起照顾孩子的责任，他们把孩子藏到其他房间，每天给他带来食物（“稍哺粉饵饴蜜，藏之他室”）。这个孩子，就在母亲的哺育下，在周围好心人的保护之下，得以慢慢成长。

孩子在一天天长大。可是，要怎么才能让皇上知道，他已经有了个儿子呢？

成化十一年（1475）的一个寻常日子，这天张敏正在伺候皇上梳头。朱见深抬头看看镜子，不到三十的人，白发已经不少。朱见深自万贵妃生的皇长子和贤妃生的太子夭折后，一直没有得子。想到心愿未了，他不禁叹息道：我已经老了，却还没有儿子。

听到这话，张敏拿着梳子的手停顿下来。

皇上动了思子的念头，机会难得，这一天终于来了。

张敏顾不上多想，诚惶诚恐地跪下说道："奴才死罪，万岁已经有了儿子。"

朱见深愕然："我儿子在哪儿？"

张敏抬头："奴才说了之后很可能会死，还是得请皇上为小皇子做主。"

御书房外烟波浩荡，落日熔金，一派安详和宁静。

一切的一切，终于在这个平淡无奇的日暮时分水落石出。

当朱见深第一次见到自己那长期幽闭，胎发未剪、拖至地面的瘦弱儿子，不禁感慨万千。他把孩子放到膝盖上细细观察，喜极而泣："真是我的儿子，这么像我。"

哪怕贵为天子，这一刻，人伦之情也战胜了一切，他的一块心病落了地。

成化十一年（1475）五月十九日，朱见深正式对外公开了这个儿子，并取名"祐樘"。同年十一月初八，朱祐樘被正式册立为皇太子。

变化的世界

朱祐樘是个深受儒家教导出来的皇太子。成化十四年（1478）起，太子出阁讲学，朱见深对儿子要求非常严格，他亲自主编了一套叫作《文华大训》的教材，专供太子使用。除了安排诸位顶级大儒当老师，更极其注重礼仪教育，规定听课时必须站着，以示“谦恭仁孝之圣节”。本人更是时不时突击检查儿子作业，一旦发现朱祐樘不用功，“必责之”。

朱祐樘也是个聪明好学的学生。听讲时，他能做到专心致志，“不移视听”。他还很讲求礼貌——“呼先生而不名”，讲官误读了字时，并不加指责，只是不跟着读而已，待讲官改读以后方才应接。每次讲完课，朱祐樘总是对讲官说：“先生吃茶。”左右官员认为，以太子身份，不必如此，但他依然如故。

这样培养出来的太子，完全就是儒家心目中的理想皇帝。登基以后，他首先驱逐了成化时期的佞臣李孜省和万安及太监梁芳、外戚万喜等人。不到一个月，朱祐樘又下旨“汰传奉官”，一下罢黜了三千多冗员。这一连串动作使朝廷官员为之一振，一时天下称善。

这些事做完以后，朱祐樘又起用了一批名声显赫、品德高尚的官员来帮助他治理国家，包括刘健、王恕、谢迁、徐溥、刘大夏、李东阳等。而朱祐樘自己，也是个相当勤政的皇帝，他除了坚持天天上早朝，还增加了午朝，并开辟了文华殿议政，利用早朝与午朝之余的时间探讨治国方略，努力听取臣下的意见而不独断专行。他每天批阅奏章到很晚，从来不让太监代劳。他勤俭节约、不修宫室，也不近女色，专宠张皇后一人。

总之，朱祐樘在竭尽全力做一个儒家学者向他描述的那种理想君主：仁慈、勤政、品德高尚、从谏如流。在他看来，只要自己做好表率，并能任用贤臣，在这些榜样的带动下，下面就必然是“世风日正”，父慈子孝、官清将勇。

这不正是儒家的观点吗？既然皇帝的旨意符合天道、顺应民心，官员当然也会努力执行，天下必然大治。按朱祐樘接受的储君教育，大明王朝应该就是一个儒家思想描绘的世界，圣君贤相就能治理好一切。

可是，真的是这样吗？

朱祐樘所不知道的是，在他所身处的那个时代，世界已开始发生巨大的变化。

朱祐樘即位是在 1487 年，按中国纪年这一年叫成化二十三年，在世界上叫 15 世纪晚期。

15 世纪之前，世界相对是封闭的、分割的。东方的农业文明、中亚的伊斯兰文明和欧洲的基督文明既相互吸引又相互排斥。

甭管皇上们再怎么折腾，大明帝国仍是相当强大的。

从 15 世纪起，世界开始发生变化。

这个世纪在世界史上被称为探索时代，也称发现时代，正式始于 15 世纪初，一直持续到 17 世纪。这一时期，欧洲人开始从海上探索世界，寻找新的贸易路线、财富和知识。

探索时代的影响将永久改变世界，并将地理学转变为当今的现代科学。

世界殖民文化的发展，在一定程度上促进了世界文化交流。欧洲文艺复兴运动，宣扬资本主义的文化发展，解放了欧洲中世纪封建文化的束缚，资本主义得到发展，为后来的工业革命提供了土壤。

大明对世界变化的感知是迟钝的，这涉及大陆文明和海洋文明的区别。

地理决定了大陆文明是一种农业文明，海洋文明是一种商业文明。

海洋文明是流动的、变化的、宽容的，有较大自由度，较少狭隘观念与保守思想。海洋文明又是积极的、进取的、浪漫的，有广阔的想象与联想的空间，开拓人的心灵世界。

这些构成了海洋文明的基本特征，也构建了海边民族容易接受新事物与新观念的心理素质。

陆地文明稳定，农业社会要求稳定、风调雨顺。封建政权的代号为“江山”，即使说“四海为家”，也是以四海为边界。传统所谓“六合”“四方”一般都不包括海洋。

洪武帝朱元璋当时列出十六个不征之国，根本不考虑向海洋扩张的可能性。永乐帝朱棣颇具国际视野，可惜郑和之后再无郑和，明朝向海洋的探索就此止步。

明清实行海禁政策，也把海疆排除在外。安土重迁，安贫乐道，惜别怀乡，这些都是大陆文化的生成背景：封闭保守，墨守成规，求稳求太平，害怕社会变动。

所谓“天不变道亦不变”，大陆文明虽然平和、厚重、典雅、精致，其局限性亦是很明显的。

落后的科举

话虽如此，光看表面是不完整的，没有参与地理大发现并不能与掉队画等号。文明的基因来自内部文化，到明朝，儒家文化的重要实现途径之一——科举，在这个节点，它已开始表现出落后于世界变化的趋势。

这项担负为国选才重任的制度，局限性变得越来越强。

科举制一度很先进，历朝历代尝试了各种人才选拔机制后，终于摸索出了科举制——中华文明史上最重要的制度之一。

这是一套决定谁来当官的制度，它的好处是公正、平等、择优录取。初衷是排除门第、血统、私人关系乃至违法作弊，保证不受干扰地选拔人才，防止阶层固化。

科举制一出现就表现出它强大的生命力，北宋以来，大量治国人才通过科举被选拔出来，它成了读书人向上攀登的最好阶梯。科举成功者不仅改变了自身地位，也改变了门庭，促进了社会各阶层间的流动，为统治阶层不断地注入新鲜血液。

通过努力就可以得到成功，这是多么公平的事情啊！它把最优秀、肯努力的精英人才吸收到帝国内部，理论上给天下人提供了一个相对公平的机会，即贫贱之人也有机会通过读书飞黄腾达。它激发着全社会特别是青年人奋发进取，使整个社会充满活力，成为社会进步的潜在动力。

在另一面，一项制度久而生弊，到15世纪，始于隋朝的科举制度已实行了八百余年而未加以更新，它内在的缺陷就会不断地扩大。

但又因为中华文明在农耕时期非常成功，以至于固化停留在这个层级很难破局，这种危机便危害到整个国家和社会，违背了科举制设立的初衷。

自明代中叶起，朝廷录取的标准越来越倾向于擅长“经义”的考生。自宣德八年（1433）起，只有五经的第一名才能进入前五，也即是否“经魁”已经成为能否进入前五名的先决条件。这种情况必然引导考生重视对儒家经典的理解和运用能力，而忽略解决实际问题的能力。

这导致在现实中，明代科举名列前茅者，不一定就是贤能，很大可能只是会写文章的循规蹈矩之人。图新求变，富于创造性的人很难在科举考场上胜出。科举的导向往往使大多数举子成为墨守成规、因循守旧、僵化平庸之人。

如果说科举在之前的数百年表现出了优越性，那么在这个节点，它已和所有一成不变的制度一样，步入了衰老期，疲态尽显。通过这项制度所选拔出来的人才，能把儒家经典背熟，却未必有能力将此付诸实行。而就算想实行，也因为那些圣人不讲书上不写的社会实际运行机制而无法真正实行。

弘治中兴

总体来说，弘治时期国泰民安，没有大规模战事，文献记录也没有出过著名的奸邪小人。后世普遍评价较高，将之称为“弘治中兴”。

但客观上看，“弘治中兴”并没有阻止明朝的衰落。尤其是，它在经济和军事上都没能让大明重新振作，所谓的“中兴”也就只是个表象而已。

弘治中兴的徒有其表，并非仅仅表现为对外部世界感知的迟钝，更直接体现在经济方面。翻翻史书，弘治朝到处能找到类似的记载：

然今天下民已穷矣财已尽……

近来民贫财匮公私困乏……

今太仓无数年之积，而冗食日加于前，内帑缺见年之用，而给费日加于后……

朝天等宫，泰山、武当等处修斋设醮费用累千万两，太仓官银存积无几，不勾给边而取入内府……

弘治朝，经济已经衰落到了太仓库连年亏空的地步，朱祐樘不得不拿私房钱出来补贴朝廷。到后来，内帑都不够了，内阁首辅李东阳曾颤颤巍巍上疏说：“即今内帑空虚，盖自创业、靖难以来，未尝有此。”

弘治十七年（1504），也是朱祐樘去世的前一年，首辅李东阳被派遣到山东曲阜祭孔，他在路上作了一些调查，发现问题严重，回来以后写了一份奏章说：“臣奉使遄行，适遇亢旱。天津一路，夏麦已枯，秋禾未种，挽舟者无完衣，荷锄者有菜色。盗贼纵横，青州尤甚。南来人言，江南、浙东流亡载道，户口消耗，军伍空虚，库无旬日之储，官缺累岁之俸。东南财赋所出，一岁之饥已至于此；北地呰窳，素无积聚，今秋再歉，何以堪之？事变之生，恐不可测。”

朱祐樘读了奏章之后大为震惊。这可是动摇社稷的大事，他急忙召来兵部尚书刘大夏，询问军队情况。

刘大夏的回答让他再惊一次：“军队和老百姓一样穷。”

朱祐樘想不通了，追问道：“军队驻扎每月发口粮，出征还发出征补贴，为什么会穷呢？”

刘大夏说：“那些将领们克扣军粮的比例超过一半，又怎么会不穷呢？”

朱祐樘听了唯有叹息：“朕当皇帝已经很久了，竟不知道天下军穷民困，我凭什么为人之主呀！”

朱祐樘还想挽回一点局面，在生命最后两年，他下诏体恤民生、整顿军备。但这些事从开国以来一直如此，哪里是几道诏书就能改变得了的。

朱祐樘也明白，他已经力不从心了。去世之前不久，他再次召问刘大夏：天下何时才能大治呀？

刘大夏还是老一套：这事儿不能急，只要任用贤臣，任何决定都听从贤臣们的建议，时间久了天下一定大治。

朱祐樘叹了一口气，没有再问下去。

他等不到那一天了。

弘治十八年（1505）四月二十九日，朱祐樘突感身体不适，到五月初六已经病危，急召阁臣刘健、李东阳、谢迁等入乾清宫接受顾命，命传位于皇太子朱厚照。

五月初七午时，朱祐樘在乾清宫崩逝，终年三十六岁，共在位十八年。同日，太子朱厚照即位。六月初七，朱厚照为父亲上谥号为建天明道诚纯中正圣文神武至仁大德敬皇帝，庙号孝宗。十月，葬于泰陵。

朱祐樘是位中规中矩的守成皇帝，所谓“勤政亲贤”的表象背后隐藏的却是复杂的社会矛盾，危机正在潜滋暗长。

由于朱祐樘是个难得的按儒家模板打造出的皇帝，文官们对他很满意，所以把中兴的标准放低了。表面的稳定终究不能掩盖社会矛盾的持续积累。到了弘治末年，已是国库空虚、边防废弛、流民日增、“民穷财尽”。

罢了，不管官方文件对他如何定性，那也都是别人的意思，朱祐樘自己的一番遗言，才是他内心的真实表露。

弥留之际，他把太子朱厚照和几位大臣叫到床前，叮嘱道：“朕承祖宗大统，在位十八年，今年三十六岁，乃得此疾，殆不能兴，故与先生每相见。”“朕自知之。亦有天命，不可强也。”“朕为祖宗守法度，不敢怠玩。凡天下事，先生每多费心，我知道。”“朕蒙皇考厚恩，选张氏为皇后，成化二十三年二月十日成婚。至弘治四年九月二十四日生东宫，今十五岁矣，尚未选婚。社稷事重，可亟令礼部举行。”“东宫聪明，但年幼好逸乐，先生每请他出来读些书，辅导他做个好人。”

这段遗言里，关于他十八年的执政内容只有短短两句，绝大多数篇幅都留给了家人。其中提到的两个日期，都是关于妻儿，何年何日成婚，哪年哪月得子，记得清清楚楚。

人之将死，什么江山社稷，什么后世评价，都变得不重要了，只有家人才是他最大的慰藉与牵挂。这点上，皇帝也与常人无异。

知子莫若父，这是一个父亲临终前的谆谆教诲。朱祐樘明白做皇帝的难处，更明白这个儿子的性情。“东宫聪明，但年幼好逸乐”，只不过他已经没有时间去纠正了。

既然你注定要成为皇帝，那么，就算你不能当个模范皇帝，也别当个昏君。

记住，做个好人就成。

当上皇帝的朱厚照，确实活得比历朝历代的君王都要快活。

这与他当皇子时的经历有关。

一夫一妻的皇帝

成化二十三年（1487），朱见深下诏为太子选妃，选中北直隶河间府兴济县（今河北沧县）张峦之女，册为太子妃。同年，朱祐樘即位，立张氏为皇后。

弘治元年（1488），朱祐樘听从太监郭镛建议，打算广采秀女储于宫中，等自己为父皇守丧三年后，择优册为妃嫔，以便繁衍子嗣。不料谢迁上疏反对：服丧期间应该严格遵循礼教，选妃之事，待守孝三年之后也不迟。

谢迁是太子东宫老师，朱祐樘听从老师建议，果然停止选秀。三年守孝期过后，开始有大臣和亲王以国本为重，不断催促皇上选妃，朱祐樘表示理解却全无行动，后来干脆就再也懒得理这茬了。

大家傻眼了，皇上不打算选妃了。

大臣们其实也不是担心皇上的后宫娱乐会比较单调，而是担心帝国继承人的问题。

万一皇后没生下儿子，帝国谁来继承？就算生下儿子，谁又敢担保他们健健康康长大，成为未来的皇储？

在漫长的中国封建社会里，男人三妻四妾是常事，也是旧伦理道德体制允许的，并受国家法律保护。身为九五至尊，皇帝往往三宫六院女人成群，其中像唐玄宗和晋武帝之流，其后宫佳丽数量更是惊人。就连末代皇帝溥仪，都有一后一妃，所谓一夫一妻似乎永远跟皇帝们无关。

皇帝的儿子向来越多越好，至于他有几个女人倒是无所谓。

皇上没儿子，大臣们比自己没儿子还着急，纷纷通过暗示或明示提醒皇上：您要是对后宫的姿色不满意，咱们有的是办法，可您总不能抱着一根绳不放啊！

一贯依着他们的朱祐樘，在这事上却表现出了罕见的牛脾气。三年恩爱下来，他铁了心认准了张皇后，群臣催得急了，他干脆正式宣布：朕意已定，不劳卿虑。彻底堵死了众人为他娶妃嫔的念头。

自此直到他驾崩，果然再未册封其他妃嫔，成就了一段皇帝践行一夫一妻制的历史佳话。

好在弘治四年（1491），张皇后终于有了身孕，并于当年产下一子，总算让大臣们稍稍放了点心。

出生五个多月后，弘治皇帝就将这个儿子册立为皇太子，并取名为“厚照”。此后，张皇后又生过一子一女，但都不幸夭折，只有朱厚照一个儿子活到成年。这也决定了，朱厚照是明朝唯一以独生子+嫡长子+出生即为皇子身份入继大统的皇帝。

一夫一妻又只有一个独子，皇帝家的独苗，那该有多受宠？真是捧在手里怕掉了，含在嘴里怕化了。可以说，朱厚照是受到最优厚待遇的大明皇太子，朱祐樘年少时的生存危机、学习压力，朱厚照一点儿都感受不到。这个孩子从小到大的任务就是开心，如果读书不开心，那就少读一点；如果玩乐很开心，那就多玩一会儿。

他就在这样的环境中成长到了十五岁。弘治十八年（1505），朱祐樘驾崩。同日，太子朱厚照即位，次年改元正德。

年轻的朱厚照即位后，很快就发现，摆在他面前的有两个难题。

一、太监和大臣们彼此看不顺眼。

二、内外都不太平。

这两个问题，定下了正德一朝的主基调。

八虎乱政

第一个问题，太监和大臣们的矛盾，属于正德一朝的新问题，来自朱厚照的个人喜好。在他还是太子的时候，就不乏从小哄他开心的一帮贴身宦官。等他登基后，这些人就被提拔到二十四监要害部门，成为炙手可热的太监。其中最主要的有八个——刘瑾、张永、谷大用、马永成、丘聚、罗祥、魏彬、高凤，时人称之为“八虎”。

刚刚即位的朱厚照，显然还没适应身份的转变。对他而言，当皇上不过是换个地方继续玩，怎么好玩怎么来。因此“八虎”的任务也没有变，从前怎么陪太子玩，现在就怎么陪皇上玩。区别是，以前朱厚照多少还有点顾忌，现在没了约束，什么好玩玩什么。

但是朱祐樘给儿子的遗训不是玩，是“任用贤臣”啊。贤臣是谁呢？正是刘健、谢迁、李东阳的内阁三人组。这三人是受先皇遗诏辅政的顾命大臣，怎能容皇上与“八虎”如此胡闹？很快，他们就联合六部九卿等主要官员联名上了一道奏疏，指出“八虎”为西汉十常侍那样的奸臣，皇上必须上告两宫、下谕百僚，将“八虎”明正典刑！

大臣们的意思很明显：“八虎”和我们，皇上你只能二选一；要么“八虎”死，要么我们走。

朱厚照从来没遇到过这种场面，被吓了一跳。玩归玩，当皇帝毕竟是本职工作。这么多大臣集体撂挑子，谁来帮朕治理国家？

可是，“八虎”不过是自己的玩伴啊，怎么就罪大恶极，要落得个杀无赦的结果？情急之下，朱厚照派人去和内阁谈判，能不能对“八虎”从轻发落？但是人派了三拨，内阁还是那个态度，八虎必须杀！

这下朱厚照不乐意了，更重要的是，他已经缓过神来，想明白了。卿等几个大臣竟然想威胁朕？说白了不都是给朕服务的吗！今天卿等让朕杀八虎朕就杀，明天卿等让朕杀太后，朕杀不杀？不想干了想辞职是吧？卿等敢提，朕就敢批！

朱厚照的想法并没有错，说穿了，大臣们压根不能拿朱厚照怎么样。他们所利用的，不过是顾命大臣的身份和朱厚照年纪还小，见识不多，仗着老师的身份欺负他一下。等到这一层被看穿，他们的出拳就宣告失败。

而在另一边，八虎当然不肯引颈伏诛。根据从内线得到的情报，他们已经看出，敌人用力过猛，已经自己露出了破绽，只要把握机会，就有可能翻盘。

机会是什么呢？那就是面见皇上。

说干就干，当夜，八虎就进宫跑到朱厚照那里，呼啦啦跪倒了一大片，一起以头抢地，痛哭失声，大声陈述他们的冤屈。还没等朱厚照开口，八虎之中的刘瑾又凑上去说了一句：爷爷（明朝宦官有时叫皇帝爷爷），您已经长大了。

一语惊醒梦中人，这正与朱厚照所想不谋而合。事情就此逆转，第二天一早，朱厚照便传旨：赦免刘瑾等人，同时任命刘瑾执掌司礼监兼提督团营，丘聚提督东厂，谷大用提督西厂，张永等一起管理京营。

至此，大臣们诛灭八虎的努力宣告彻底失败。刘健等人明白胜负已分，再留下来也没有好果子吃，立刻提出了致仕申请。

朱厚照也不客气，马上批复，同意刘健、谢迁辞职，内阁仅留任李东阳一人。

回头再看正德元年（1506）这桩群臣请诛八虎事件，内阁的败因并不在于八虎有多聪明、多厉害，他们是败在了他们自己手上。

朱厚照先后三次派人前往内阁谈判，请求对八虎从轻发落，已经算是很给内阁面子。这时候他们应见好就收，同意将八虎发往南京，闲住也好，看守皇陵也罢，只要让八虎远离政治中心，目的就达成了。

可是阁老们过于自负了，在他们眼里，朱厚照只是个没长大的孩子，哪有资格跟他们讨价还价？但他们忘了，朱厚照已经十六岁了，当皇帝半年有余，尽管他在治国理政上火候还不够，这时也必定明白一个道理：这天下终究是我的，我想干什么，就能干什么！

大臣们毫不让步，这就有点儿不知好歹的意思了。真要把皇帝逼急了，还怕找不到人给自己干活？

须知，八虎的身份是什么？他们不仅是简单的玩伴，还是皇帝身边的亲近之人，是皇帝亲自任用的，他们的言行代表的其实是皇帝的意思。

老臣们是先帝留给他的，尊敬归尊敬，要说在亲近度上，肯定不如贴身宦官。

历来，大多数皇帝对大臣并不十分信任，就连朱祐樘那样文官们眼中的明君，也曾说："先生辈言文职官不负朝廷，亦不应如此说，文官虽是读书明理，亦尽有不守法度者。"

朱厚照更是直白地告诉刘健："天下事岂只役几个内官坏了？譬知十个人也，只有三四个好，便有六七个坏事的人，先生辈亦自知道。"

所以这整件事情，归根结底还在于内阁急于求成，惹怒了朱厚照，落得个惨遭反噬的结局。

事件的余波并未平息。眼看刘健、谢迁去职，以监察御史薄彦征、南京给事中戴铣为首，二十多名科道言官上疏，要求让刘健、谢迁留任。八虎既已大获全胜，自然不能容得这批大胆的言官。对于他们，刘瑾来一个算一个，全部处以廷杖。这还不算完，正德二年（1507）三月，刘瑾公布了一份五十六人的"奸党"名单。其中既包括刘健、谢迁这样的大学士，也有韩文等四名尚书，不过其中人数最多的，是多达十六名给事中和二十五名御史，这些正是当初喊得最凶的那批人。

他们的罪状是："交结近侍人员，结党营私，变乱是非，蛊惑帝心。"这些"奸党"不是被强迫致仕，就是被罢官为民。

龙场悟道

很不幸，当初被打廷杖和被打为奸党的名单中，都有一个小官的名字：兵部主事王守仁。

兵部主事，正六品，放到一堆京官里并不起眼。然而王守仁这个名字，将远远超越儒家士大夫的范畴，达到震古烁今的程度。

转折就是从他这次被打为奸党开始的。

王守仁，成化八年（1472）出生，浙江余姚人，家境富裕，家族世代有人为官。他的父亲王华，更是成化十七年（1481）的状元。有这样的学习环境，王守仁果然不负众望，于弘治十二年（1499）中进士，排名二甲第七。经过一年的工部锻炼，弘治十七年（1504），王守仁被任命为兵部武选司主事。

武选司主事品级不高，却是个实权职位，位列兵部四司之首。在旁人看来，新科进士王守仁算是得了个肥差，按照其父亲的轨迹走下去，假以时日，位列六部九卿也不是不可能。

然而这并不是王守仁想要走的路。自小，王守仁便立下了一个不同于常人的目标，这个目标说起来很吓人：他要当圣贤。

王守仁的理想听起来很离谱，却提出了从古至今一个实实在在的问题：学习是为了什么？

在绝大多数士子看来，寒窗苦读参加科举，为的不过是一朝出人头地，得到朝廷任命。哪怕是做个地方小官，手中也握有一定权力。再不济，就算只是个秀才，也算有功名在身，享有各种特权，养活一家老小是不成问题的。

用今天的话简单类比：读书是为了赚钱，为了找到好工作，为了出人头地。内中原因是各种利益在驱使。

但这是士子读儒家四书五经的本来目的吗？

不是啊。

孔子的学问从来不是教人如何当官的，那时也没有科举一说。孔子提出“仁、义、礼”，孟子延伸为“仁、义、礼、智”，董仲舒扩充为“仁、义、礼、智、信”，后称“五常”。儒家起初的目标不是教大家做官，而是教人如何成为一个仁者——通过“五常”的修行，成为一个对天下有用的人。

与主张当隐士的道家不同，儒家并不反对入仕。但入仕的目的不是满足个人私欲，而是帮助引导更多人过上幸福生活，建立和谐的社会秩序，最终实现天下太平、臻于至善，也就是“修齐治平”的最终抱负。

从这个意义上讲，儒家的从政之路类似于修行。仁人志士们在从政之路上修行，在国家政治这个平台上燃烧他们的生命和智慧，“先天下之忧而忧，后天下之乐而乐”，希冀通过奉献以达成自己的信仰。

他们奉献的目标是天下苍生，信仰是“仁”，是可以臻于至善的人。因此儒家谓之的圣人之道，也就是仁义之道。以这个标准来看，圣贤并没那么难当。

王守仁真的错了吗？孔子、孟子非但不是举人，连个生员都不是，这并不妨碍他们成为圣贤。

王守仁的理想其实很简朴，就是儒家修行的初心，当一个对天下有用的好人，以拯救苍生为目的。按照这个理想去行事，未必就不能成为圣贤。

可惜在实践中，儒家的本意被统治者曲解，演变为“书中自有黄金屋，书中自有颜如玉”这般与实用价值画等号的工具。科举制诞生以后，也逐渐偏离了真正致知的初心，成为登第的工具。正如前文所说，科举制到了弘治年间已呈僵化，难以再为大明输送有用的人才。离儒家达成“五常”的信仰，更是偏离了十万八千里。

所以王守仁的理想，实在容易被认为是傻瓜。万般无奈，王守仁只有遵照父亲希冀，在科举之路上过关斩将，金榜题名后成为一名六品主事，直到正德元年（1506）那场政治风暴的到来。

王守仁当众被打四十廷杖后，刘瑾还不解气，又将他远远贬到龙场（今贵阳修文），去当一个驿丞。

从正六品的京官到未入流的驿丞，王守仁并未自暴自弃。相反，龙场那恶劣的环境，反而让他那个要当圣贤的愿望变得清晰起来。不是说“圣人之道，吾性自足”吗？现实既然无法改变，那不被现实左右情绪，加强心灵建设，能不能悟出点道道呢？

白天，他讲学、布道，教化当地居民，传播圣贤之道，真诚给当地人讲课。

夜晚，他读书、静坐，时常在龙场漆黑的夜幕下发呆。

因为到底什么是圣贤之道，其实是王守仁自己也没闹明白的问题。

我真的可以悟出来吗？越是这么想，王守仁越是郁闷，千头万绪在胸中乱窜，理不成一股绳。他隐隐觉得心中有所感悟，却又说不出个名堂来，一股郁闷之气在胸中求解，几乎就要癫狂了。

终于在一天黑夜，他如往常一样静坐。天空乌云翻滚，一声响雷炸过，王守仁心中突然如同明镜般通透，一些长久以来萦绕在心头的问题，在电光石火间就有了答案。

这场顿悟，史称“龙场悟道”。王守仁悟出来的其实只有一句话：

“圣人之道，吾性自足，向之求理于事物者，误也。”

什么意思呢？

简单讲，可以归结于一个问题。从理论上说，士大夫的使命是什么？熟读四书五经的人都能背得朗朗上口。可是在实践中，却出现了绝大的偏差。

儒家的终极理想是“修身、齐家、治国、平天下”。矛盾的是，要想实现理想就得掌握权力，有了权力才能建立起秩序，让世界在理想的框架下运转。

权力在哪儿呢？当然是在皇帝手里。所以儒家知识分子的行道之路，就是用自己的理论去说服君主，希望君主按照自己的理论去改善乃至重建人间秩序。

这种方式叫作“得君行道”。技术路径是向上看，面向和说服皇帝，利用皇帝掌握的权力，建立符合士大夫理想的人间秩序。

历史上包括孔子、孟子、朱熹在内的诸多大儒都是这么干的。问题是“得君行道”实现的概率很小，失败率极高。

孔子、孟子的惨败就不说了，就是得到汉武帝推广的“罢黜百家、独尊儒术”，也是被董仲舒阉割过的理论，而对董仲舒，汉武帝则“阳用其言，而阴弃其人”。

朱熹曾经抱怨说：“千五百年来，周公孔子之道，未尝一日行于天地之间。”

这等于说，从孔子死后一直到宋朝，人间秩序都是不合理的，孔子之后的儒家士人一直未能改变这种局面，都在做无用功。

王守仁年轻时，对“得君行道”也是深信不疑，但这种信仰在正德九年（1514）那次廷杖事件中被击碎了。王守仁的思想也彻底动摇了。“得君行道”理论上没错，条件过于苛刻，不光需要明君，还需要有德之君。

这样的皇帝几百年也未必出一个，根本就行不通嘛！

龙场悟道以后，这个问题豁然开朗了。既然向上看行不通，那向下看行不行？

——“乃知圣人之道，吾性自足，向之求理于事物者，误也。”

所谓圣人之道其实就在每个人的心中，只要内心足够强大，人人都能成为圣人。只要能做到“致良知”，人人能当圣贤。

如果把皇上也当作一个“事物”，上面这句话可以说得更明白：我现在才明白，行道所需要的权力，我自己就有，之前寄希望于利用皇帝的权力，是错误的。

王守仁自此从“得君行道”转向“觉民行道”。

我知道“道”，但是“得君行道”是死路，我知道了也没用。这个模式中，知和行，是分成两段的。

儒家士人“知”道，但没有权力“行”道。皇帝有权力“行”道，但是不“知”道。

那么，既然“心即理”，只要“致良知”，便能找到圣人。也就等于说，“行”的对象未必是皇帝，每一个民众都能成为被觉悟的对象，每一个儒家士人都可以自己去觉悟民众，不需要借助任何中间环节。

在“觉民行道”这个模式中，“知”和“行”是合一的。“知”便能“行”，用王阳明的话说，这是一个“使先觉觉后觉，使先知觉后知”的过程。

事实上这正是孔子探索和实践的方向：孔子周游列国，遍谒国君，未能行其道；孔子弟子三千，有教无类，贤人七十二。

孔夫子一边“得君行道”，一边“觉民行道”，他是在两种模式间探索的先行者。

所以在某种程度上，可以把王守仁的龙场悟道视为真正儒家思想的一种复兴，一种寻求启迪民众、引导民众的思想复兴。“觉民行道”也就是以个人为对象，绕开统治者这个“得君之道”的中间商，来启发大家做圣人，实现自我价值。“觉民行道”也解决了儒家理论一直浮在实践之上的问题，提供了具体的操作方法。

南赣巡抚

正德五年（1510）八月，飞扬跋扈数年之久的大太监刘瑾终于倒台了。原因是他主导的清丈军屯引发宁夏军人哗变，进而导致安化王朱寘𫔍起兵叛乱。朝廷起复杨一清为三边总制，即行总督军务，以太监张永监军，率军平乱。谁知平乱大军还在路上，朱寘𫔍就被部下仇钺生擒。

这场闹剧般的叛乱，不过持续了十八天而已，却直接导致了刘瑾的败亡。原因是朱寘𫔍起兵打的是“诛刘瑾、清君侧”的旗号，他还命人作了一篇檄文，历数刘瑾罪状，遍告天下。

虽然刘瑾严密封锁这篇檄文，一经发现立即销毁，奈何天下人苦刘瑾者久矣，张永和杨一清早有倒刘之心，他们设法搞到这篇檄文，由张永面呈皇上。朱厚照立即命人连夜抓捕。很快，刘瑾被安上九条大罪，凌迟处死。

刘瑾既倒，曾被他陷害的官员随即开始大面积得到起复，其中就包括王守仁。正德四年（1509）十二月，龙场驿丞王守仁奉调升任吉安府庐陵县知县；第二年十二月，升任南京刑部主事；正德六年（1511），王守仁又调任为吏部清吏司主事，重返京官队伍。

此时的王守仁，已开创了他的学派，后世称为“心学”。回到京师，他并未停止讲学，并且听众日隆，越来越多的人开始成为王守仁的门人弟子。

可是心学的心即理、知行合一，强调内心的力量，主张人的主动性，完完全全地与当局奉为正统的程朱理学背道而驰。在京师鸿儒们看来，这个王守仁就是个异端，怎能让他在京师宣传这些歪理邪说？于是正德七年（1512）十月，王守仁再遭外放，从实权岗位北京吏部主事，贬为南京太仆寺少卿。

南京官员基本都是闲职，太仆寺少卿更是无所事事。王守仁倒是坦然接受，南京讲学影响不如北京，胜在无人前来打扰。这段时间，王守仁与大弟子徐爱等人一边授徒讲学，一边游山玩水，他的心学思想也渐臻成熟之境。

在南京的日子，无疑是王守仁的一段安逸时光，有利于他静下心来思考自己的学问宗旨。年少之时，王守仁也曾登上居庸关长城，许下要经略四方的誓言啊。日月其逝，如彼沧浪。王守仁在不断补缀思维的漏洞，同时也是在等待，等待那个将毕生所学、所悟，结合到实践中去的机会。

机会终于在正德十一年（1516）不期而至，这年九月，由兵部尚书王琼推荐，王守仁挂左佥都御史之职，升任南赣巡抚。明朝的南赣这个区划，是指南（安）、赣（州）、汀（州）、漳（州）等地，处于闽、粤、赣三省交界的三不管地区，历来是块乱民藏匿、土匪横行的地方，历任长官都束手无策，前任巡抚文森甚至干脆托病去职。很难说王琼推荐王守仁巡抚南赣，到底是想提拔他，还是想要看他笑话。

王守仁本人倒是没想那么多，祸兮福相依，也恰恰是因为王琼的推荐，王守仁这头猛虎才终于有了咆哮山林、撼动天下的机会。到任南赣后仅一年半的时间，王守仁就将横行南赣的巨寇谢志珊、池仲容、陈曰能、高快马、龚福全、詹师富等一一平定，为害数十年的匪患，就这样奇迹般地被平定了。

怎么做到的？

仔细研究王守仁平定土匪的办法，很容易总结出，他用得最多的就是攻心术。

如何理解？举个例子，平定赣南最大顽匪、盘踞横水（属江西崇义）的谢志珊一战。

谢志珊号称多谋善断，曾多次击败官军，在江湖上地位很高，众土匪都认他当大哥。加之他的老巢横水易守难攻，谢志珊囤积粮草，广修战备，打算与王巡抚耗个地老天荒。

谢志珊很强大，他有数万人，兵精粮足，营盘坚固。王守仁只有万把人，这让谢志珊长期以来一直都很自信，他的堡垒是攻不破的。

谢志珊的弱点也在于强大，因为强大，他很容易产生心理优势，轻视这个兵力不多的南赣巡抚。

王守仁是狡诈的，他要做的是瓦解谢志珊的心理优势，让土匪产生危机感。

官军果然迟迟没有进攻，王守仁把部队驻扎在至坪（属江西赣州南康区），广修营垒，看上去是打算长住下来了。

谢志珊叫细作一打听，回报说王大人正在等其他地方的援军过来。

谢志珊只是哼了一声：叫他去等，咱家山寨有水有粮，还能种庄稼，再来两万人又如何？

奸细吞吞吐吐：据说，王大人这次征调的是粤、湘、赣三省援军，总数达到十万之众。

细作又加了一句：还有不少土兵和狼兵。

谢志珊坐不住了，几个关键词“十万”“土兵”“狼兵”，让他如坐针毡。

“此言当真？”

“千真万确。”

这个方案有没有呢？确实是有的，并不是王守仁提出来，而是巡抚都御史秦金奏报朝廷，提出三省会兵夹攻横水的计划，正在廷议中，尚未得到批准。

然而，谢志珊这样的土匪终究搞不清官场门道。即便这个方案被批准，等三省兵力到位，还是不知到什么时候。就算到位了，兵部也会另外派人总制兵马，再派太监监军。王守仁最多是其中一路的负责人，权力反而被削弱了。

王守仁不看好这样的安排，但这是个可以利用的信息差，情报正是他故意透露出去的。

没出过大山的谢志珊哪搞得清这些弯弯绕。“好狠啊王守仁，你一定要灭了我，我就先灭了你！”

当谢志珊气势汹汹带人远远杀出营垒后，只听到远近山头山腰处处炮声雷动，再留意四方旗帜招展，到处都在大喊：我等已攻下贼寇老巢！

看这架势，哪像一万人，十万人还差不多。

再回头一看，去路已是烟雾缭绕，连山寨都看不到了。

坏了！中计了！

土匪要是能静下来几分钟仔细观察一下，就能发现这些人光吆喝不动弹，要是他们穿过烟雾奔回山寨，就能发现一切如常。

但是大部分土匪只能打顺风仗，靠着一口气撑着，只要士气一泄，有几个人开小差，就会带动越来越多的人溃逃。

仓促之间，又有几个人能保持这份冷静呢？

这招叫“引蛇出洞”，蛇一旦出了洞，是想不到再钻回洞里的。

一片烟雾中，土匪们胆战心惊，斗志全无，纷纷溃散。谢志珊眼见事不可为，带着残兵投奔桶冈而去。

实际上，王守仁只是事先安排了几百个樵夫和民兵在虚张声势，又安排一队士兵埋伏起来，烧烟阻隔土匪视线而已。

平定桶冈就更加戏剧性了。

谢志珊逃到桶冈，要联合另一个土匪头子蓝天凤坚持抵抗，蓝天凤却很有几分动摇。这当口，王守仁派人送信，告知将在十月初一早上在锁匙龙受降：“只要你们放下武器，本大人既往不咎。”

谢志珊决意要战，蓝天凤摇摆不定，他们商量好先带上部队去锁匙龙看看，随机应变。

当谢志珊和蓝天凤带着主力，在约定时间来到锁匙龙入口时，却发现对面空无一人。还没等他们反应过来，只见山寨火起，败兵气喘吁吁跑来报告：官军已攻下山寨了。

原来，受降时间即是总攻时间。

桶冈共有五个入口，锁匙龙是其中一个。王守仁这次用的是调虎离山，骗走土匪主力，伏兵在其余四个入口，乘其不备，一举攻下桶冈诸寨。荡涤山寨后，生擒谢志珊、蓝天凤，总计擒斩土匪五千五百零四人，为恶不多或被胁迫参加者放归乡里。

桶冈平定，其他土匪已吓破了胆，王守仁只需以信好言相劝，他们便先后归顺。

知行合一

仔细研究王守仁平定土匪的办法，很容易总结出，赣南定乱，即是王守仁的心学实战案例。

从决定赴赣州任职起，王守仁就开始去了解他的对手。通过仔细研究，清楚了解土匪的真实认知，就能设身处地考虑土匪的利益，以便为自己的决策服务。

知行合一，是阳明心学最重要的思想。“知”是想法和认知，“行”是行动。比如谢志珊实力强大，看似无懈可击，其实他是有弱点的。他的弱点就在于因为自我感觉强大所以骄傲，王守仁就摆出兵力不足的样子故意示弱，再放出三省会剿这颗有毒的诱饵诱使谢志珊动心。

用王守仁的话来说，人都有私欲与良知。谢志珊的良知是壁垒固守长期相持，他的私欲是三省会剿难办，应该先击破王守仁。私欲和良知都是一个人的认知，两种认知在打架，最终私欲占据了上风，导致谢志珊放弃壁垒主动出击，结果一败涂地。

所以，做到知行合一的关键在于致良知。

王守仁曾说："致良知是学问大头脑，是圣人教人第一义。""致良知三字，真圣门正法眼藏。吾平生讲学，只是'致良知'三字。"

私欲和良知都是心之体，每个人心中，都存在良知和欲望的交锋。

王守仁要做的，就是如何让谢志珊动心，让他的私欲击败良知。谢志珊动心了，他的私欲战胜了良知，所以他输了。可知，致良知既是阳明心学思想最重要的组成部分，也是阳明心学思想的逻辑终点。

总之，跟王守仁打仗，你永远搞不清他的主力在哪，哪路是主攻，哪路是佯攻。更搞不懂他会使出什么心理战，最后死都不知道怎么死的。

不知道的人说这是诡计多端，认真说起来这是王守仁内心强大。

多少人只看到六个月南赣定乱，却不知王守仁已修炼了十几年内心，知己知彼，方能百战百胜。

南赣定乱大获成功，王守仁却难言开心。

寂静之夜，他执笔自思。为什么会有这么多人去当土匪？通过对俘虏的询问，不难了解到，真正的乱民并不多，大多数是为了吃口饱饭的农民。

谢志珊、詹师富，他们是被平定了，谁又能担保，没有下一个谢志珊、詹师富？

思来想去，王守仁提笔写下十个字：破山中贼易，破心中贼难。

平乱成功后，王守仁被擢升为右副都御史、南京兵部尚书，但他所能做的，也只是尽己所能，在当地进行一番治理，尽量让百姓安居乐业而已。

这真的能起到什么作用吗？王守仁还没看到结果，一个更艰巨的考验已向他袭来。那也正是朱厚照所面对的第二个问题：内外都不太平。

第二个问题

还记得朱厚照即位后要面对的两个问题吗？

一、太监和大臣们彼此看不顺眼。

二、内外都不太平。

第一个问题，随着刘瑾的倒台告一段落。但是第二个问题随之而来：内外都不太平。

正德五年（1510）十月，冀南流民刘六、刘七在霸州聚众数千，会合山东大盗杨虎等部，迅速发展到数万人。他们抄掠河北，继入山东，气势大盛，一时间地方官军只敢自保而不敢撄其锋芒。发展到正德六年（1511），刘六、刘七等更是打出了“虎贲三千，直抵幽燕之地；龙飞九五，重开混沌之天”的旗号，他们掠淮西北上，围攻沧州，逼近京师，搞得人心惶惶，北京几次宣布戒严。

为什么刘六、刘七能闹出这么大动静呢？应当承认，他们确实有一些真本事，在与官军的长期交锋中，他们演化出了一套自己的战术，大致是这样的：“每战，驱胁从者居前，呼号冲突。官军见形即缩，贼相与笑乐，恣所杀掠；稍遇劲兵，前者俱陷，自以精骑觇势为进退，莫可控揣。”

这些盗贼精于马术，他们来去如风，不占城池，抢一把就走；遇到官军围剿，软柿子就捏，硬点的就撤。

这是妥妥的游击战术，且已非常纯熟，因此官府称他们为“流寇”，意思是到处流窜、流动不定的叛乱者。

“流寇”一词从此伴随大明，在明末，流寇为祸愈演愈烈。

但是流寇也有致命弱点：流动作战，没有牢固的根据地，更没有大后方。这意味着他们无论跑到哪里，都要面对官军的围剿，士兵更是疲于奔命，兵员和军需补给都有很大的困难。

所以每到一处，流民军必须得强征粮草，征不到就抢掠。为补充兵力，他们也不在意兵员素质如何，甚至会强征。如此一来，流寇人数虽众，但大多没有作战经验，真正有战斗力的极少，也就是那部分骑兵精锐。

话说回来，刘六、刘七能纵横中原，还有个重要原因是对手的虚弱。到正德年间，曾被视为大明中流砥柱的京军，战斗力已一跌再跌，差不多成了个笑话。正德初年，英国公张懋、兵部尚书刘大夏曾对京军进行清查，几十万京营军队里，只有五六万人还看得过去。

此种背景下，朱厚照终于决定，调边军入关，镇压流民起义。

有鉴于历史教训，调边军进入内地作战，过去是被严格禁止的。可这不是没办法嘛，朱厚照也管不了那么多了，他分两次调来宣府、辽东、延绥边军共计六千五百余人。

虽说只有六千多人，这些边军确实不含糊。他们都是挑选出来的骑兵精锐，上马不光能射箭砍人，还都用得一手好火器。官军以边军为主力，朱厚照又调来仇钺提督京军三千骑兵配合作战，以骑兵对骑兵，与流寇一分高下。

这招可谓对症下药，流寇对边军精锐，差距就不是一般大了。各路流寇系统不同，本就不齐心，很快被各个击破。正德七年（1512）八月，随着刘七的船队在南通狼山被官军包围，刘七突围不成，跳水自尽，最后一路农民军被剿灭。

刘六、刘七起义是16世纪中国境内最大一次流民起义，这波起义失败，只能说大明朝的流民问题被稍稍压制下去，但并没有根除。

而这也不代表朱厚照就能高枕无忧，因为除了内患，大明还有它的外敌。

江彬的建议

成化年间，王越、余子俊发威，打得蒙古部落“庐帐荡尽，妻孥皆丧亡，相顾悲哭去”，河套得到了一段时间的和平。

可惜好景不长。成化十六年（1480），时年七岁的黄金家族少主巴图孟克在夫人满都海辅佐下登上汗位，汗号为“达延”。由于他年龄幼小，明朝方面称他为“小王子”。

“小王子”虽小，却有雄心壮志。当时蒙古各部争雄，大汗权力式微已久，随着年龄渐长，达延汗决心重振汗权。十几年间，他率兵东征西讨，使东蒙古六万户全部置于他的统治之下，成就了他作为中兴之主的美誉。

当蒙古部落不再打内战，他们的目标就集中到了明朝身上。弘治元年（1488），达延汗以大元大可汗的名义遣使求贡，朱祐樘轻易相信，批示同意。借着互市的机会，达延汗的部众像蚂蚁搬家一样，慢慢搬回了河套地区，又开始干起了打劫的生意（“渐往来套中，出没为寇”）。

弘治年间，边防情况已大不如前。王越得不到重用，余子俊修建的边墙，也因为没有足够经费维修开始破败。弘治八年（1495），达延汗三次攻入辽东，杀掠无数；弘治九年（1496），宣府、大同、延绥受到攻击被打残；十三年（1500）冬，达延汗正式把王庭挪到了河套。

朱祐樘轻信达延汗的入贡，丢失了成化一朝的战果，边患又出现了。朱厚照即位不到一个月，达延汗就给他来了个下马威。这位蒙古中兴之主挥军南下，在长二十多里的边界上大举侵入。巡抚都御史李进、总兵官都督佥事张俊派遣宣府左参将李稽、副总兵白玉、游击将军张雄，大同副总兵黄镇、游击将军穆荣等将领，率一万五千多兵力分路抵抗。两军主力在虞台岭（今河北张家口万全区北新屯乡）遭遇，“虏拥众大至，诸军为所诱，不得应援”。明军大败，张雄、穆荣阵亡，部下死伤三千三百多人，损失战马六千五百余匹，被“掠去男妇畜产器械不可胜计”。

此战史称“虞台岭大败”，被认为是土木堡之后明军最大败绩（“谓自己巳年兵祸以后所未有也”）。

可以这么说，朱祐樘留给他儿子的，是自土木堡以来最强大的外敌和最废弛的边备。

朱厚照怎么解决呢？调边军镇压刘六、刘七起义给了他一个很大的启发。看看京营的羸弱无力，再看到边军如此勇武，朱厚照遂决意让京营和边军交换备操，任谁反对也无济于事。

从提高军队战斗力的角度看，事情本身不算是坏事，坏就坏在朱厚照本身的性格上，他是大明最能折腾的一位皇帝。

这样的性格，注定了他身边会有一群投其所好的人，先是刘瑾，然后是钱宁、江彬、许泰。

钱宁，原锦衣卫百户，靠着依附刘瑾得到朱厚照赏识，谁知钱宁比刘瑾更会来事，很快被召入朱厚照身边服务。这时朱厚照早已不住在大内，他不甘心宫内枯燥的生活，索性离开了禁城，住进了皇城西北的豹房新宅。豹房不光是朱厚照的住处，还是他处理朝政之地。刘瑾事败后，钱宁用计谋得以免罪，仍然是朱厚照面前的红人，荣升为主管豹房日常事务的大管家。

正德七年（1512），镇压流民起义的边军将领江彬、许泰返回防区，路过京城。经由钱宁引荐，他们进入豹房面见朱厚照，听完他们作战的英勇事迹后，朱厚照大为兴奋，将江彬、许泰升为都指挥使佥事，并将他们留在京城。

这正是江彬想要的结果，边关清苦，哪里比得上京师的花花世界？可江彬也不是善茬，此人不光勇猛，还“狡黠强狠”，善于察言观色。他很快成为豹房的实际军事主管人，掌管朱厚照的近卫武装“外四家”。江彬的到来为豹房带来了不少新鲜空气，朱厚照现在有了新的兴趣。江彬正好投其所好，整天在皇上面前大谈军事，还说边塞风光好、美女众，人生在世，不去那里走一遭，真是太可惜了。

江彬一番话说得朱厚照心痒痒的，很想出塞亲眼去看一看。

豹房花样再多，五六年下来也有点腻了，能不能开发点新的玩法？

达延汗在边界越闹越凶，总兵们都镇不住场子，谁来一锤定音？

这些问题，江彬说他都能解决。

江彬的表态让朱厚照心痒难熬。江彬，就是你了，带朕阅尽人间繁华，扶朕上马大杀四方！

应州大捷

机会很快就来了，正德十二年（1517）八月甲辰，边关传来警讯，“小王子”又来闹事。朱厚照决定亲自巡边，抵御“小王子”。他在未与群臣商议的情况下，于八月初一微服出德胜门，却遭到巡关御史张钦阻拦，不得已回京。二十多天后，朱厚照利用张钦出巡白羊口的机会，再次微服出德胜门并成功出居庸关，留下太监谷大用镇守居庸关，不准给任何人放行。

八月二十八日，朱厚照到达宣府，加封自己为“总督军务威武大将军总兵官”。大臣们拼命苦谏他回京，朱厚照一概不理。很快他又给自己加“镇国公”，下令在宣府营建镇国府，一切规制，与豹房无二。

朱厚照这次出关，不能说他不是贪玩。他到宣府不久就故态复萌，每晚带着亲兵在街道上游荡，看到谁家有好看的女子就闯进去索要。搞得宣府一到晚上就家家闭户，就是白天，人们也要把门关起来以防不测。

朱厚照这次出关，也不能说他只是贪玩。没脸没皮的同时，他却没有放下政事。朱厚照命令北京方面，所有重要奏章都要送到镇国公府，由自己亲自核准，才能实行。皇帝虽然不在京师，但权力仍被他牢牢握在手中。

而最重要的，是朱厚照并没有忘记自己此行最重要的目的，他是来对抗“小王子”的，是来和蒙古人打仗的。

达延汗没让朱厚照失望，九月，五万余蒙古骑兵集结到长城杀虎口外（今山西右玉）。这个数量的兵力动员只有一个人能做到，种种迹象表明，一场大规模入侵即将开始，它将由达延汗亲自领军。

此时朱厚照已经跑到了离边境更近的阳和坐镇，这可把大同总兵王勋急坏了。他赶忙派人送信给皇上，让他赶紧回京，由他来拖住达延汗。

朱厚照只是冷笑一声：“本将军出关就是来找达延汗一战的，你让朕逃跑？王总兵听令，你带大同副总兵张铭、游击将军孙镇以重兵严守大同城池；辽东参将萧滓，把守大同外围聚落堡；宣府游击时春，驻守大同东北天成卫；大同副总兵陶杰、参将杨玉、延绥参将杭雄，驻守阳和卫；大同副总兵朱鸾驻守平虏卫；游击周政驻守威远卫。本将军率军前驱至顺圣川（今河北阳原），呼应全军。一切战守，听从威武大将军钧贴指示。”

王勋目瞪口呆，看得出来，这个部署是做过功课的。朱厚照以大同为中心形成了一个铁桶形状，把重兵放在大同周围。其战略意图，应该是想利用大同牵制蒙古的兵力，使之不能东进，引诱敌人来攻大同，把敌军引入铁桶中心。

他为自己选择的顺圣川有东西两座城，还有一条水沟口河（桑干河支流），能有效对抗骑兵突袭。这里距离大同和阳和直线距离都在五六十里，向南能直达应州（今山西应县），是个可以有效呼应全军的要地。

王勋激动起来：难道皇上这次是来真的？如果蒙古兵按设想钻进铁桶，这次倒可以打个大大的胜仗。

十月初，按既定部署，明军各部进入大同战区，就等着达延汗钻进口袋，好聚而歼之。可是朱厚照毕竟还是低估了达延汗，这位大汗是那个时代极为高明的指挥官，他并没如朱厚照所想往东面的大同而来。蒙古军队分道南下，击破平虏卫（今山西左云）、威远卫（今山西右玉西南威远堡镇），绕过朱厚照的铁桶，直插大同西南的应州。下一步，他们只要突破雁门关和宁武关中间的一段长城，就能冲进山西主要产粮区临汾盆地，看来这里才是达延汗的真正目标。

战争的焦点集中到了应州，明军必须在应州截住蒙古主力，才能避免汾河平原遭到掳掠。

朱厚照迅速作出反应，命时春、萧滓率军驰援朱鸾和周政；命大同右卫参将麻循、平虏城参将高时率部尾追蒙古军，牵制其南下；命王勋、张铭、孙镇率兵出大同，务必在应州截住蒙古主力；再急调宣府总兵官朱振、参将朱钦、游击靳英等部集结到阳和附近，由他亲自统帅，南下迎战达延汗。

十月十八日，王勋部在应州城北五里寨接敌。在达延汗主力面前，明军交战不利，战至黄昏时分，已被逐渐分割包围。幸好天降大雾，五米之外无法见人，王勋才得以把所部带回应州城。

十月二十日，为了拖住达延汗，王勋不得不率部出城，却正中达延汗下怀。蒙古军以优势兵力包围明军，王勋在涧子村再次陷入重围，形势越来越危急。王勋也是忠勇之士，眼看不敌，亲自下马督军，下令步兵结阵，抵抗蒙古骑兵最后的冲击（“总兵王勋在应州，督军下马步战”）。

光荣的时刻即将到来，王勋已准备好以身殉国，却见蒙古军阵后烟尘四起。正所谓天降神兵，朱厚照亲自率领的援军终于赶到了！

这支人马在达延汗算计之外，威武大将军亲自临阵，指挥数十员明朝将领，猛冲蒙古军队。达延汗一下被打了个措手不及，只得暂时撤退，明军就此合兵。

达延汗并不知道这支明军是什么来头，也不清楚他们的指挥官是谁，他也并不在乎。第二天，达延汗集结起所有精锐，打算发动最后的总攻。这天早上依然是大雾弥漫，等到雾气散尽，蒙古兵惊异地发现，对面的明军不同寻常。

在明军队列中间，一队锦衣卫大汉将军高擎威武大将军的高牙大纛。纛下一人金盔金甲，身披龙纹战袍，头上黄旗紫盖，身后龙旗飘扬，身边还簇拥着张永、魏彬、张忠、江彬以及全副武装的禁卫军壮武营官兵。

这个排场全天下只一人够格，早有眼尖的蒙古兵认了出来：那是大明皇帝！

朱厚照也十分紧张，他曾无数次梦想过亲自上阵杀敌，但当战争真的近在眼前，还是不禁有点害怕。

这十几万人马上就要展开殊死搏杀，许多人会命丧沙场，许多家庭将在今天分崩离析。

一念至此，朱厚照有点于心不忍。

转念一想，太祖的话似乎响了起来——“胡戎与中国边境互相密迩，累世战争，必选将练兵，时谨备之”。

该死，挑起战争的不是我，是“小王子”啊！十几年来，多少子民被掠夺、被杀戮，不就是因为大明的武德已一退再退，才让蒙古部蹬鼻子上脸吗?

再忍让下去，还有多少子民将受边患所害？不给他们点教训，他们是不会收手的！

想到这里，朱厚照再无迟疑，他拔出宝剑向天一举，又指向正前方。

“冲锋！”

一方面，明军将士全注视着皇上，见到御驾亲临战阵，将士们都斗志旺盛，愿意殊死作战。另一方面，蒙古军看到对方阵前呐喊指挥的竟是明朝皇帝，也像发现了最大的猎物，雀跃振奋。

达延汗挥鞭直指，连下口谕：有生擒中原皇帝的，奖给人户三千、牲畜万头，赐给“霸都”勇号！

重赏之下，蒙古劲旅奋力厮杀，齐声高嚷：“抓住蛮子皇帝，要留活口，不要让他跑了！”骑兵连番冲刺，都扑向朱厚照所在方位。

朱厚照保持镇定，颇有临危不惧的气概。他亲自督率诸军与蒙古兵展开一场空前的激战，这一仗从上午一直打到入夜，历时六个时辰。战斗结果，明军守住阵线，达延汗主动撤退。

至此，明朝皇帝的最后一次御驾亲征以胜利告终，此战史称“应州大捷”。

此战以后，蒙古军未能东去也未能南下，他们退到玉林卫（今山西天镇）附近抢劫了几个小村庄之后，就退回了河套。达延汗集结数万精锐的这次大规模军事行动，没能实现任何预期目标。

关于应州大捷，还有最后一句记载：“是后岁犯边，然不敢大入。”即应州之战后，蒙古人每年还有犯边之举，但是不敢过于深入。无疑，朱厚照的战略目标实现了。

自从蒙古部落复入河套，大明一直在被动挨打，朱厚照这次御驾亲征非但没有被俘，还实现了战略意图，本身就是胜利。“惟帝留意戎事，慨然有肃清海宇、鞭笞夷虏之志。郊畿之钟，复见旌头，虎豹之清尘焉！”朱棣之后，敢于御驾亲征，指挥大兵团作战还不落下风的大明皇帝，朱厚照是第一个，也是最后一个。

应州之战后，边患问题得到很大好转。值得一提的是，朱厚照并未满足于这个成绩。

正德十三年（1518）七月，朱厚照再次带着少数随从夜出东安门直奔宣府，开始了他巡视三边的长途跋涉。这次他率一万七千余官兵从宣府出发，一路巡行到榆林卫，历时七个月，往返数千里。这不是例行公事的巡边，而是实打实深入群众，重视边防的英明之举。

关于这段长途跋涉，史料中有生动记载：“自宣府抵西陲，往返数千里，上乘马，腰弓矢，冲风雪，备历险厄，有司具辇以随，也不御。阉寺从者多病惫弗支，而上不以为劳也。”

不知道的人光看这段，这哪是个肆意胡闹的皇帝，简直恍若明君。

因此可以说，朱厚照正德中后期的边防情况要远远好于他爹朱祐樘的弘治时代，也大大强于他堂弟朱厚熜的嘉靖王朝。与那些消极防守的朱明皇帝相比，朱厚照身上来自朱元璋、朱棣的血脉气息明显更加浓厚。

当然也不要忘记，朱厚照身上有四分之一的瑶族苗人血统，就如同成化年间的汪直一样，那种好战的基因，可能是深深镌刻在骨髓里的。

正德七年（1512），平定国内大规模流民起义；正德十二年（1517），把达延汗顶回河套。朱厚照的第二个问题看似也解决了，实际上还没有。

这个问题，最后间接造成了他的死亡。

宁王之乱

朱棣靖难之役成功之后，有个说法始终在口口相传，说当初朱棣起兵时拉拢十七弟宁王朱权，许给他的承诺是事成之后“中分天下”。而事实上朱棣坐上皇位后，就把朱权改封到了南昌，并且护卫、禄米、仪仗减半。

从威震北荒的一等塞王，到俸禄打五折的落魄王爷，宁王一支就此在南昌扎下根来。传承到正德朝，袭爵的是第四任宁王朱宸濠。朱宸濠从不曾忘记初代宁王的风光，他对自己只能窝在南昌耿耿于怀。而在他看来，正德年间皇上昏庸、皇室无后、朝堂混乱、乱民四起、蒙古来袭，这不活脱脱一幅乱世景象吗？

参照当初的燕王殿下，朱棣靖难那么困难都能成功，现在时机这么好，本王为什么不能？

说干就干，朱宸濠用金钱开路，买通朱厚照近臣钱宁。宁藩在京城设立秘密联络处，专事刺探方方面面的情报，另外大肆行贿，收买京城官员帮宁王讲话，以掩盖他的不臣之心。

赣南一带正是盗匪猖獗之地，朱宸濠开出高额赏金招揽死士。同时以王爷之尊，不惜委身结交鸡鸣狗盗之辈，吸引了一大批亡命之徒，他所拥有的武装力量膨胀到了数万人。

此时已到应州大捷之后，朱厚照回京后志得意满，正在筹划新一轮的江南巡行。而他的身边红人，也从钱宁换成了江彬。江彬和钱宁是死对头，失去了钱宁的遮掩，很快就有人向朱厚照密奏：钱宁交通宁王，图谋不轨。朱厚照派人一查，果然查获宁王“家多复壁，外钥木橱，开则长巷，后通屋，甚隐，人无觉者”。

消息迅速被传回南昌，朱宸濠慌了。眼看罪行就要败露，他不得不决定提前起事。正德十四年（1519）六月十五日，朱宸濠以过四十三岁生日为借口，将南昌大小文武官员骗到王府，用太后密诏的借口胁迫他们跟从起兵。江西巡抚孙燧、按察副使许逵破口大骂，被当场杀害，其余官员有的被关押，有的投降。朱宸濠封投降的江西左布政使王纶为兵部尚书，李士实、刘养正为左右丞相，大大小小的盗匪头子为将军，正式扯旗造反。

六月底，宁王叛乱的消息传到京师，朝中大臣震惊不已。京城很是有一些人陷入惊慌，打包财物者有之，一走了之者有之，颇有山雨欲来之气氛。

要问大家为什么这么慌，其实在当时许多朝中大臣看来，朱宸濠造反未必就不能成功。

古人判断一个政权能不能统治下去，主要看三个方面：一、君主贤不贤。二、朝中是不是奸臣当道。三、民心向背。

很不幸，让大臣们来打分的话，朱厚照这三道题的得分基本为零。

先有刘瑾，后有钱宁、江彬，皇上显然不是亲贤臣、远小人的明君；流民到处都是；叛乱此起彼伏。

这种情况下，有人产生一种王朝末世之感也不足为奇。

朱宸濠的兵力更是让大家震惊。当初靖难的燕王殿下，起兵时只有可怜的八百人。而如今这位宁王，竟然一出手就有二十万人！

叛军有二十万人，朝廷就可能需要大几十万官军才能将其平定。半个大明才能凑出这么多军队，到那时，谁敢说朱宸濠不能打到北京？

宁王造反，朝中人人脸上都有忧色，唯有一人例外，正是当今皇上朱厚照。

自塞外出巡归来后，朱厚照始终在动下江南的心思，却遭到众大臣集体抵制，计划暂时搁浅。如今宁王谋反，由他亲自领兵平叛，顺便巡游江南，岂不是名正言顺?

兵部的意见是“命将讨之”，但朱厚照坚持“亲征”。内阁大学士杨廷和等以皇帝安全为理由，不同意“亲征”。但朱厚照坚持亲征的理由也十分充分：“朕当亲统六师，奉天征讨，不必命将。”同时他又下了一道十分严厉的口谕：“宸濠谋反，人所得诛。此次亲征，已经决定。今后有谁还敢前来谏阻，犯颜奏扰，朕必以大法处之，不宥。”

下江南师出有名，文武百官再也拦不住了。七月十三日，朱厚照召集起京军出京，七月末行军到涿州，却收到一封名为《擒获宸濠捷音疏》的奏疏。内中报告了宁王叛乱已被平定、朱宸濠被生擒的详细内容。

上疏人：南赣巡抚王守仁。

怎么做到的?简单来说，这次平乱可以视为王守仁南赣定乱的升级版。

朱宸濠起兵前，王守仁刚在老家为祖母办完丧事，正在回赣州的船上。行至离南昌只有一百里的丰城县，知县顾佖出迎，告知宁王朱宸濠谋反。王守仁立即掉转船头开往临江府，再到临江换船赶到吉安，督率吉安知府伍文定等人，约会吉安府及周边在任或致仕官员，整军备战。同时他又抛出烟幕弹，伪造大量书信散布出去，号称朝廷已预料宁府将反，现各路总兵及两京兵部已分别出师，扼守各路要冲，望各地方官员听从号令，配合进剿事宜，云云。

而在朱宸濠这一头，却完全没有利用好突然起兵这个有利的时机。从六月十五日到七月初，整整十几天过去了，朱宸濠和他的幕僚们，被王守仁的假情报吓得窝在南昌，愣是没敢动弹。迟至七月初，朱宸濠才意识到中计，这才终于决定沿江而下向南京进军。

六月十五日，王守仁手头还没有多少兵力。到了七月初，他已集结起南赣汀漳及江西各处一支七八万人的平叛军，有了能与叛军一战的实力。

有了兵，王守仁却按兵不动。

伍文定着急，说大家士气高涨，正是出兵的大好时机。

王守仁淡淡地说：此心不动，随机而行，此为兵法最高奥义。

见伍文定不懂，他便解释说："起初敌强我弱，需要拖延敌军，争取时间；如今我军实力大增，可以与敌人抗衡，但宁王经营江西多年，根深蒂固，若贸然出击攻城，必然久攻不下，人心思乱，断不可行。不如龟缩不出，让敌人弄不清我们实力，待其主力出击，然后看准时机，一举围歼，必能取胜。"

正如王守仁所料，七月初三日，朱宸濠主力受阻于安庆。趁南昌空虚，王守仁率兵攻打南昌，朱宸濠率军回救。七月二十六日，双方激战于鄱阳湖。宁王战败被擒，从起事到被俘，只有短短四十三天。

此战以后，王守仁一代军事家身份坐实，时人称守仁用兵诡异、独断，素有"狡诈专兵"之名。

正德皇帝下江南

收到王守仁的《擒获宸濠捷音疏》，朱厚照傻了眼。班师吧，心有不甘；不班师吧，师出无名。他和江彬、许泰、张永等亲信合计了一下，终究还是游玩的念头占了上风。朱厚照决定先把王守仁的报捷奏疏压下，不作公开处理。亲征队伍不停，依旧挥师南下。

南征变成了南巡，朝臣得知王守仁平定叛乱的消息，纷纷奏请回銮，但朱厚照不听。

这次南巡，民间称为"正德皇帝下江南"，他的预定路线是从山东过济宁到扬州，再从南京、杭州南下抵达江西。这条线路不比宣府—大同的塞外之旅，江浙历来是膏腴之地，更盛产美女。朱厚照历来好色，不难看出他的目的。

这是朱厚照第一次来江南，也是最后一次。这趟南巡用一句话总结，可称之为正事没怎么干、缺德事没少干。

史书上如此记录朱厚照南下的荒唐事："南京、山东、河南、淮扬等处文武官，皆以迎送。车驾戎服，徒行道路间，无复贵贱。彬不时传旨，号召有所征索。旗牌官考缚郡县长吏，不异奴隶。"

再加上江彬等人为拍马屁，沿途索取女子，少女寡妇通吃（"且矫上意，索处女寡妇"），搞得民间汹汹。一时间，没结婚的男人哪怕是鳏夫都成了抢手货（"有女家掠寡男配偶，一夕殆尽"）。

这一路上搞得乌烟瘴气，地方官和御史都唯恐皇上从自己地头过境，奏疏不断，大致都是同一个意思：皇上您早点回去吧，我们地方小，罩不住您这座大神！

堂堂一国之君，行事如此放纵荒唐，后来朱厚照被冠以颇多负面乃至荒淫无道的评价，也是情理之中了。

甚至于，为博取皇上欢心，江彬又派人私下去见王守仁，令他释放朱宸濠，等皇上率兵到来，方可正式平叛。

身在南昌的王守仁听到以后，简直不敢置信，兵灾好不容易平息，江西一片残破，战后混乱局面还没来得及收拾。这么搞，怕不是再逼出一个朱宸濠？

不光是江西经不起折腾了，皇上这趟出行搞得天怒人怨，大明也经不起折腾了。必须尽早把朱宸濠交给皇上，打发这位小祖宗回家。

一念至此，王守仁决定设法将朱宸濠交到南京。正德十四年（1519）九月十一日，王守仁押着朱宸濠，一小队人马连夜出南昌，由广信过玉山，经衢州、严州，到杭州将朱宸濠交给驻扎在此的太监张永，再由张永将人犯押解到朱厚照此时的驻节之地——南京。

倒霉的宁王朱宸濠不得不在南京配合朱厚照上演了一幕二度被俘，后赐自尽，死后焚尸扬灰。

这样一来，王守仁的功劳是没有了，可也避免了江西遭朱厚照折腾。叛乱已平，主犯活捉，朱大将军也玩够了，这才于正德十五年（1520）闰八月初七，决定班师回京，当天拜谒孝陵辞行。

这一路与来时一样，走走玩玩，饱览江南风光，还有美女陪伴，朱厚照好不快活。九月十二日，途经清江浦，看到大好水色，朱厚照又钓兴大发，独自操舟下水捕鱼，结果踩翻小船落水。等旁边侍卫七手八脚把他救上来，已经连呛带吓吓了个半死，就此染疾。

正德十五年（1520）十二月初十，朱厚照拖着病恹恹的身子终于回到了北京。惊惧交加加元气大伤，让他的身体每况愈下，虽有御医尽心调治仍不见起色。强撑到第二年三月终于不治。三月十四日，朱厚照驾崩于豹房，在位十六年，终年三十一岁。群臣以他生前尚武，遂上庙号武宗，谥号“承天达道英肃睿哲昭德显功弘文思孝毅皇帝”。九月，下葬于康陵。

朱厚照的一生，可以说是有史以来非常奇特的一个例子，他不是什么暴君庸主，资质亦不低。这个皇帝个性极其鲜明，优点和缺点都极其明显。亲自巡边让他恍若明君，江南巡游又活脱脱一副昏君模样。

再进一步分析，朱厚照这一生之事的背后都有两条主线。一条是与文臣的斗争，朱厚照性格洒脱，不愿受拘束，而文臣动不动就是拿礼仪祖制来约束他，这点令他很不舒服，所以自登基之日起就始终与文臣斗争，不管是前期的“八虎”，还是后期的钱宁、江彬等人，都不过是朱厚照与文臣斗争的工具。

另一条是与皇权的斗争，这点听起来很矛盾，却最能说明他的荒诞，作为一个生下来就被确定为未来天子的人，他从内心深处对皇权并不是很敬畏，甚至讨厌皇权给他带来的束缚，他想跳出来，但又跳不出来，最终只能是不断地挣扎。

去世之前，朱厚照表示“前此事皆由朕而误，非汝众人所能与也”，这应该是朱厚照发自内心的想法，他知道是非善恶，但本性使然，又控制不住想做。或许对他而言，治国理政只是工作，诸多离经叛道之事才是他所期望的生活模样。

也许他根本就不适合当皇帝，要他自己发言，朱厚照可能想说：“我只是想当个大将军而已。”

可是，谁叫他生来就是皇帝呢？

大礼议事件

正德十六年（1521）三月，朱厚照驾崩于豹房，并未指定继承人。朱厚照无子，按皇家礼法，兄终弟及，将从近支藩王中选出一位宗室子弟来出任下一任皇帝。内阁首辅杨廷和提出的人选是兴献王世子朱厚熜，由太后张氏批准，就此定议。

兴献王是朱见深第四子朱祐杬，成化二十三年（1487），朱祐杬被封兴王，弘治七年（1494），就藩湖广安陆州（今湖北钟祥）。朱祐杬生二子，长子夭折，次子即为朱厚熜。正德十四年（1519）六月十七日，朱祐杬薨，享年四十四岁，得谥“献”，称兴献王。年仅十二岁的朱厚熜以兴献王世子的身份接管王府。从辈分上说，朱厚熜是朱厚照的堂弟，符合继任大统的条件。

正德十六年（1521）四月二十日，朱厚熜车驾一行抵达京师西南良乡。次日，朱厚熜在行殿受笺，从大明门入宫，正式即皇帝位，次年改元嘉靖。

如同每位新君登基一样，朱厚熜上任之初，勤于政务，整顿朝纲，推行新政，朝政为之一振。不过由于他当时年龄还小（十四岁），且是藩王入继大统，在朝中没有半点根基，所以朝中大事，实际主政的是内阁首辅杨廷和。

杨廷和是四朝元老，从头到尾经历过朱厚照这个混世魔王的折腾。有此前车之鉴，杨廷和痛感人心不古，世风日下，试图以一己之力拨乱反正，以让朝堂回到弘治年间，那个文官们的黄金时代。

可杨廷和没有意识到，他的大包大揽，恰恰也犯了朱厚熜的大忌。这个孩子当上皇帝时年龄比朱厚照还小，在这个年纪，朱厚照还在玩鹰斗狗，迟迟没进入角色。朱厚熜，一个乡下长大的前藩王，已经学会了动心忍性，与杨廷和这样的政坛元老斗智斗勇，这就叫少年老成。

但是在当时，朱厚熜并没有足够的力量对抗杨廷和。刚来京城没几天，人头还没摸熟，办事门道还没摸清，又怎么对付得了数经沉浮的杨廷和?

朱厚熜深深地明白这一点，因此从登上皇位开始，他就致力于培植自己的力量。在不到一年的时间里，朱厚熜不断把兴献王府旧人安插到锦衣卫等实权岗位，又提拔重用了张璁、桂萼等一批不得志的小官作为骨干，来充当他的马前卒。

这一切，为的就是等待时机到来，向杨廷和挥戈一击。

这个时机，就是大礼议事件。

所谓大礼议，是指朱厚熜由小宗入大宗、由地方藩王入主皇位所牵涉的嗣统问题。在迎立朱厚熜之前，杨廷和就与张太后商定：朱厚熜加继嗣，认朱祐樘为父，张太后为母，入嗣孝宗一脉，是为继嗣继统。

在杨廷和看来，此举既符合千年以来宗法制度的原则，又解决了张太后的待遇问题，可谓一石多鸟。可朱厚熜不乐意啊，管爹叫叔叔，管叔叔叫爹，成何体统?死去的人不说，朱厚熜生母蒋氏还活着。他又是个事母极孝的人，这一改口，岂不是连在世的亲妈都不能叫了?

朱厚熜入京以前，就在良乡为这事和前来接驾的大臣们闹过。后来还是杨廷和出马和了一把稀泥，才暂时把这个问题压下去。朱厚熜登基了，问题并没解决。为了确定嘉靖帝朱厚熜认谁当爹的问题，以首辅杨廷和、礼部尚书毛澄为首的朝臣与观政进士张璁（旋出为南京刑部主事）、南京刑部主事桂萼互相撕扯了将近一年，才于嘉靖元年（1522）三月初九，嘉靖皇帝认孝宗为皇考，封父母为兴献帝、兴献后。嘉靖三年（1524）四月，朱厚熜追尊父母为“本生皇考恭穆献皇帝”“本生圣母章圣皇太后”，后又采张璁、桂萼言，去“本生”之称。双方之争暂时告一段落。

许多人看不清楚，这场所谓的大礼议事件闹得沸沸扬扬，最后争的无非是个名义上的称呼，值得吗？

回到当时的朱厚熜身上，答案是绝对的。其实大礼议只是表面，背后是杨廷和试图通过礼仪手段来压制朱厚熜，以迎立之功来对这个少年天子有所制约，使其不至于重蹈前朝覆辙。谁知朱厚熜不接这个茬，他的逻辑是，既然孝宗朱祐樘一脉已经绝后了，按照朱明统续远近，皇脉理应让渡到兴献王这一脉，自己继承的是父亲的帝位，不存在继承孝宗这个说法。

也就是说，我靠祖训天命就能继统，为啥要不认爹妈？你杨廷和和张太后想靠这种虚构的恩典来控制我，行不通。

再进一步看，大礼议事件不光是争夺个权力来源，还是争夺权力本身。而在这背后，更是一场新旧政治势力的较量。大礼议事件逻辑的闭环，就是革除老臣、任用新臣，达到大权独揽的目的。

这么看，还要不要争？以嘉靖的角度，绝对有必要。

杨廷和的胜利只是暂时的。嘉靖元年（1522），朱厚熜羽翼还未丰满，到嘉靖二年（1523），他已提拔起一批拥护自己观点的议礼派，向杨廷和发起反击的时刻到了。当年十一月，桂萼率先发难，指出杨廷和的理论违反天理，最大漏洞是有悖纲常。朱厚熜应称呼朱祐樘皇伯考，叫朱厚照皇兄，追尊兴献帝为皇考，尊兴献后为圣母皇太后。

局势迅速反转，张璁、方献夫、霍韬等大臣马上跟进，上疏表示相同看法。杨廷和不是傻瓜，几十年的斗争经验告诉他，自己已经无法通过大礼仪改造朱厚熜，让他成为心仪的皇帝了。四十多年的钩心斗角，对手换了一茬又一茬，杨廷和都挺过来了。最后一个对手竟然是皇帝本人，这或许是他没有料到的。

君君臣臣，父父子子，我为来为去，还不都是为了个姓朱的皇帝？这孩子不领情，我又能咋办？

杨廷和反复思考着人生，他终于意识到了自己的错误。他还沉浸在过去那个时代的夕阳晚照中，他还在为了自己都搞不懂的一些情愫而默默坚守。

可这一切都在不可避免地离自己远去，而他早已无力挽回了。

那我所做的这一切，还有什么意义呢？

此时不走，更待何时？

嘉靖三年（1524）正月，杨廷和上疏请辞。嘉靖立即批准，还责备他“因辞归咎，非大臣道”。

杨廷和一走，政治风向顿时明朗化，汪俊、蒋冕等前朝重臣先后跟着致仕，抵制力量明显减弱。但仍有部分大臣不肯妥协，嘉靖三年（1524）七月十二日，他们在杨廷和之子、状元杨慎带领下，来到左顺门前集体请愿，企图迫使朱厚熜屈服。直到中午，群臣仍伏地不起，杨慎等人撼门大哭，“声震阙庭”。终于惹得嘉靖大怒，下令将五品以下官员一百三十四人下狱拷讯，四品以上官员八十六人停职待罪。

九月，朱厚熜尊孝宗为皇伯考、献皇帝为皇考，为母亲上尊号“章圣慈仁皇太后”。两天后，对参与人员处理意见出台，包括为首者杨慎、张翀、王元正等在内八人充军边地，参与此事四品以上官员夺去俸禄，五品以下者施以廷杖。共有一百八十名官员因此被打廷杖，伤重身亡者有十六人。

此事史称“左顺门事件”，是嘉靖皇帝人生中第一次雷霆天威的爆发。左顺门廷杖后，反对议礼的官员纷纷缄口，为时三年的“大礼议”，以朱厚熜获胜告终。这也宣告嘉靖皇帝大权独揽的时代正式到来。

倭寇乱东南

嘉靖即位前期，先后有杨廷和、杨一清、张璁、夏言等人辅佐，也开创了一段励精图治的时期，史称“天下翕然称治”。

有人将其美称为“嘉靖中兴”，这个说法略有夸张，不过实事求是地说，嘉靖前期一段时间，确实进行了一些改革，革除了一些弊政，让人民得到了一些休养生息。“嘉靖中兴”大约维持了十八年，与朱祐樘、朱厚照相比，时间算是相当长的。

基本上，每个新皇帝即位以后，都会有一段勤政的时期。但是除了有限几个开国皇帝，历任皇帝不可避免的问题也是一样的，年轻时励精图治，进入中老年就变得昏聩，失去革新的动力，帝国也开始变得昏昏欲睡，缺少活力，弊政再起。

这几乎是历代独裁统治者不可避免的问题，嘉靖也没有逃过这个定律。

嘉靖皇帝本人，是个相当沉迷于道教的皇帝。随着大礼议事件收尾，朝野上下再也无人敢于发出反对他的声音，他也就变得懈怠下来。嘉靖十八年（1539）起，他基本不再上朝，大臣要见皇上只能等待宣诏。自嘉靖二十一年（1542）起，他干脆以多病需要休养为名搬离了大内，移居西苑永寿宫潜心修道。

从此以后长达二十四年时间里，嘉靖只留下三次上朝的记录，长期与群臣处于隔绝状态。但是隔绝归隔绝，政事还是要管的，嘉靖需要一个代理人，帮他进行沟通与执行，这个人选非内阁首辅莫属，而在这漫长的二十几年时间里，帮他办事的主要是内阁首辅严嵩。

严嵩，袁州府分宜（今江西分宜）人，二十五岁（弘治十八年）高中进士。授编修，称病归，读书钤山十年，以文辞著称。还朝进侍讲，召为国子监祭酒。嘉靖初，进南京礼部尚书。直到嘉靖十五年（1536），他通过首辅夏言的关系得到推荐，就此步步高升。嘉靖二十三年（1544），他通过陷害有恩于他的夏言，终于登上内阁首辅的宝座。

严嵩在这个位子上坐了二十三年，堪称权倾天下。但是严嵩并不像他的前任们那样有革故鼎新之愿，他能得宠，最主要是以善撰青词取悦嘉靖。在严嵩看来，皇帝可以为所欲为，不应受任何制约；臣下对皇帝只能顺水推舟，唯命是从，讨得皇帝的恩宠。这样就可以有权有势，人们都要仰其鼻息行事。至于国家百姓如何，似乎都可以不问不闻。所以凡是皇上喜欢听的，即使是很不该说他也说；凡是皇上想要做的，即使是荒唐可笑，他也毫不犹豫地去做。

正因为如此，他不仅没有向皇上提出任何规谏和改革方案，而且推波助澜，使局势向更乱更糟的方向发展。

长此以往，政局日渐恶化，是理所当然的事情。而与之前各朝相比，嘉靖朝恶化的不仅是内政，还有两大外患，一在西北，一在东南。

嘉靖一朝并未在西北投入太多的精力，导致河套复失、蒙古部落卷土重来，边将不能抵挡。到了嘉靖二十九年（1550），蒙古土默特部首领俺答汗甚至突入长城，兵临北京城下。一时间京师震恐，上下手足无措，史称“庚戌之变”。严嵩力主以坚壁为上，让俺答部饱掠自去。兵部尚书丁汝夔按此主张，令诸将闭营不战，任其掳掠。蒙古兵在京郊抢劫二十多天，这才满载而归。

西北方向是大明长期以来的老问题，东南方向则是嘉靖时期冒出的新问题，这个问题来自日本。

明朝建立后，朱元璋唯恐逃到海上的张士诚和方国珍残部沦为海寇侵扰内地，以及日本无业浪人与海寇勾结，成为海上交通大敌，一方面加紧海防，另一方面对民间颁布了严格的禁海令。不过到了永乐—宣德年间，执行较为开放的对外政策，恢复了市舶司，朝贡贸易达于鼎盛，但仍禁止私人下海。正统—正德年间，郑和下西洋耗费巨大及朝贡贸易得不偿失，引起朝廷内部猛烈争论，海禁再度趋严。此外，蒙古各部势力入侵、葡萄牙人觊觎通商，所以海禁也出于边防目的。此时海禁差不多是个纸面上的东西，中日两国沿海民间可以心照不宣地做生意，很少出现不法之徒。

这种情况持续到嘉靖二年（1523）六月，日本两批使臣先后来华朝贡贸易，因市舶司的太监对待不公，双方互争贡使资格，引发大规模的仇杀，还在归国途中大肆烧杀抢掠，由“贡使”变为赤裸裸的“倭寇”。明朝只好派兵平定，浙中大震，被称为“争贡之役”。争贡之役过后，嘉靖皇帝以强硬手段罢市舶司，封锁沿海港口，断绝海上交通，此事件导致明朝与日本的正常贸易途径断绝。

这导致了专事抢劫的倭寇出现。有数据为证：明初，从洪武到永乐的五十七年间，倭患记录共为九十四次，年平均不到二次；永乐以后到嘉靖之前（1425—1522）近百年间的倭患记录仅为十七次。据史学家陈懋恒《明代倭寇考略》不完全统计，在嘉靖一朝的四十五年间，倭患记录猛增到六百二十八次，占明朝时期倭患次数的百分之八十。

嘉靖朝的倭患猖獗到何种程度呢？

只有四个字：触目惊心。这些倭寇登陆后如入无人之境，烧杀抢掠为祸胜过蒙古部落。许多史料记载惨不忍睹："各乡村落凡三百五十里，境内房屋十去八九，男妇十失五六，棺椁三四，有不可胜计而周知者。""每掳妇女，夜必酒色酣睡。劫掠将终，纵之焚之，烟焰烛天。人方畏其酷烈，而贼则抽去矣。""所掠蚕茧，令妇女在寺缫丝，裸形戏辱之状，惨不可言。妇人昼则缫茧，夜则聚而淫之。""捕得孕妇卜度男女，刳视中否为胜负饮酒。""束婴竿上，沃以沸汤，视其啼号，拍手笑乐。"

最夸张的时候，一小股不足百人的倭寇从绍兴上虞登岸，八十天内流窜浙、皖、苏三省八郡，转战三千里，杀死杀伤四五千人，最后竟然直逼留都南京城下。

两年中，东南被害人数不下数万。更关键的是，东南历来是大明财赋之地，倭寇频繁掠夺江南富庶之地，直接影响的是大明最粗的一根血管——漕运。"东南财富半天下"，半壁江山都倚仗着漕运这条动脉。倭寇乱东南，漕运受阻，不仅兵粮难以运输，就连朝廷的维持都成问题了。

为消除倭患，嘉靖先后将南赣巡抚朱纨、山东巡抚王忬和南京兵部尚书张经调到东南抗倭，都未竟全功，海盗劫掠东南依旧。这并不是几位大员能力不够，而是抗倭这件事，并不光是军事问题，还是经济问题、政治问题。

我们把这批海盗统称为"倭寇"，其实真正把头别在裤腰带上、漂洋过海来杀人越货的日本武士数量并不多。这部分人被称为"真倭"，按比例来讲，大约只占到十分之三（《明史》卷三百二十二"大抵真倭十之三，从倭者十之七"）。

倭寇真正的主力是沿海盗匪，如其中著名的汪直、许二是徽州人，长期在江浙做生意；阮其宝、李大田、谢和、王清溪等是福建漳州人。他们原本都是靠海吃海的商人，俗话说断人财路等于谋人父母，嘉靖一纸海禁诏书，搞得他们失去了重要收入来源。不管是被逼无奈还是见利忘义，总之这些人的身份从海商转为海盗。

他们不是流浪的武士，是世居沿海的土著，海商们在当地是有宗族势力和地方关系网的，这些地方力量一样以海为衣食父母，突然丧失重利，即使是士大夫之家，也觉不便。

利益使然，自然要想办法阻止和破坏朝廷的“剿倭”行动。

朱纨、王忬就是得罪了与倭寇有联系的地方豪强，一个落得个免职下狱，服药自尽；另一个被免职，调任大同。

而张经的倒下则是政治原因，因为他不肯攀附严嵩，得罪了严嵩义子赵文华，竟被以“养寇自重、靡饷冒功”的罪名逮捕，斩于西市。

如此看来，解决倭患的关键，还不是如何击败倭寇，而在于如何摆平朝廷与地方、保守与开放等方方面面的关系，需要一个既有能力，又会当官的八面玲珑的人才能实现。

胡宗宪抗倭

嘉靖三十四年（1555）年底，南直隶徽州府绩溪县人胡宗宪被任命为浙直总督，全面主持抗倭工作。

在这样的背景下出任抗倭总负责人，无疑是一项高风险的任务。胡宗宪却信心十足，临行前他宣誓道：“此次赴任，不捉拿汪直、徐海，不安定东南，誓不回京。”

这并非胡宗宪夸夸其谈，他确实握有解决倭患的两把关键钥匙。

所谓一事一策，一把钥匙一把锁。胡宗宪的第一把钥匙是“清除中国盗”。

朱纨、王忬皆败于这些“本地盗贼”之手，他们在前线立下战功，却遭到福建、江浙籍官员在后方暗中干扰。有这些人在背后捣乱，前线将领始终无法全力以赴。因此，胡宗宪上任的首要任务就是清除这些“内鬼”。

胡宗宪采取强硬手段，对沿海豪族软硬兼施，逼迫他们选择承担责任或与倭寇断绝联系。往事不究，但有一条底线：我办事时，绝不容许你们拖后腿。

但胡宗宪作为新官，为何敢如此大胆行事？他就不怕受到官员的打击报复吗？

确实不怕，因为他还有第二把钥匙：后台严嵩。

胡宗宪晋升为总督，严嵩起了关键作用。有严嵩作为后盾，胡宗宪才敢大力整治地方豪强，并得以全面施展自己的军事才能。

抗倭的前提居然是讨好权臣！听起来匪夷所思，但这是嘉靖朝的政治现实，就是严嵩专权的结果。

正是凭借这两把钥匙，胡宗宪才能清除这些“内盗”，斩断倭寇的内应。随后他整备军队，提出八项方针——从严肃军纪、复整兵源到清理边政、招募勇士等强化抗倭准备。

这些举措并非前所未有，朱纨、王忬、张经等人都曾尝试推行。胡宗宪的特点在于其“多权术”，从好的方面解释，是足智多谋；从坏的方面解释，是诡计多端。

但在对敌方面，无论是智谋还是诡计，皆属必要手段。

前任们对倭寇毫不手软，抓到即斩，绝不留俘。这种方式虽震慑力强，却产生了副作用——既然投降和抗争的结果都一样，不少倭寇选择顽抗至死，使官军付出极大代价。

胡宗宪采取不同的方式。他精通《三十六计》《孙子兵法》，并喜读《三国志通俗演义》。他曾巡按大同，用计平息了军士哗变，因而被称为有谋略之人。

经验告诉胡宗宪，倭寇虽众，但内部并不团结。各大集团相互竞争，并且许多成员本是中国人，可以沟通。

基于这一点，胡宗宪制定了“以谋为上，角力为下”“剿抚并施，分化瓦解”的策略。

胡宗宪的策略取得了显著成效，短短数年间，徐海被斩、陈东被俘、汪直归降。随后，几大倭寇势力被一一消灭，倭寇之乱基本平息。胡宗宪在较短时间内达成了前任未竟之功。

大大小小的捷报传到京城，嘉靖皇帝十分欣慰，不仅自己欣慰，还在西苑祭告祖先。搬进西苑之后，他的主要工作是斋醮和养生，是和上天对话，和上天交流感情。人间的事情，朝廷的事情，没有多少令他开心的，不是言官喋喋不休提意见，就是群臣唠叨南边的倭、北边的虏。

多少年来，嘉靖皇帝还真没有这样痛快过，这个胡宗宪真是个人物。什么叫“社稷之臣”？这就是社稷之臣！

嘉靖对于帮助过自己的人，是从来不吝啬奖赏的。胡宗宪先后晋升为右都御史、兵部尚书，成为嘉靖朝后期最炙手可热的人物之一。

当然，抗倭结果很理想，实际过程没有那么轻松。

剿抚，除了计谋，没有过硬的军事实力，没有一批强悍的将领和士兵冲锋陷阵、出生入死，这帮蔽海而来、席卷千里的倭寇、海盗，是没那么容易认输的。

胡宗宪手下也聚集了这样一批悍将，其中最出名的就是戚继光。

戚继光出山

戚继光，山东登州（治今蓬莱）人，世袭指挥佥事。年幼时，戚继光曾通读各种儒经、史籍，史料记载他“以经术鸣于时”。奈何家道中落，十六岁时丧父，少年戚继光不得不进京袭职，就任登州卫指挥佥事。在登州锻炼几年后，戚继光参加武举考中举人，于嘉靖二十九年（1550）来到京城等待参加会试。

这一年恰好是庚戌年，俺答的到访让一切都泡了汤。戚继光被临时编入部队，庚戌之变结束后又被安排到蓟门巡边三年；嘉靖三十三年（1554），经由张居正推荐，调任山东，进署任都指挥佥事一职。

戚继光早有抗倭之志，在山东待了两年，他对所属卫所进行整顿，加强训练，巩固海防。每每他巡视海疆，心如满月弓，志似穿云箭，戚继光在向往着天下，天下似乎也在等待着他。

可是山东并非抗倭最前线，两年过去，预想中的金戈铁马并没有到来，除了一些散兵游勇来骚扰一下，压根不见大股倭寇来犯。

转机发生在嘉靖三十四年（1555），戚继光被新任浙直总督胡宗宪任命为宁绍台参将。

宁绍台参将，正三品，大致相当于宁波、绍兴、台州（今浙江临海）三地军事长官。地位高，职责重，又处抗倭最重要的地段。

这台倭寇绞肉机，是时候开动马达了。

刚刚上任一个月，倭寇果然来了，据报这次有上千人，里面还有不少真倭。戚继光激动起来，点起万余人马，前去迎战。

情报属实，看到倭寇，戚继光带头冲锋，眼看敌人不足一百步，他热血沸腾，高喊一声：兄弟们跟我上！

手下大呼疾进，颇有一口气吃掉敌人的气势。

戚将军颇为满意，主场作战，以多打少，这次开张大吉是拿定了！

五十步内，即将发生肉搏，让他怀疑自己眼睛的一幕出现了。眼看两军相距已不到三十步，最前排的士兵突然齐刷刷地丢下武器，撒丫子就往回狂奔。后面的部队毫不迟疑，就像事先讲好了一样，偃旗息鼓，四散逃命。

上万名明军就这样被千把个倭寇肆无忌惮地穷追不舍，这幕战场上的奇景让戚继光不敢相信，又不得不信。

手下说：戚将军，不行了，您得赶紧跑，再不跑来不及了。

戚继光气血上涌，跳上一块大石头，弯弓搭箭连发三箭，射死三个冲在最前面的倭寇头目，其余倭寇一时被震慑住不敢上前。手下一看戚将军玩真的，倒也不好意思再跑，转身作势大喊“追击”，总算把倭寇赶了回去。

戚继光抗倭的第一仗不能算是败仗，也绝谈不上胜仗。只不过是把倭寇赶远了一点而已，自己还搭进去不少士兵。

等了几年的第一仗，就打成这样？戚继光蒙了，回到大营，他直接就去找胡宗宪：胡大人，宁绍台这里的驻防官兵，还能打仗吗？

胡宗宪苦笑：你以为呢？不然，朝廷干吗要千里迢迢调内地兵、西南土司兵来浙江？

“这样的兵怎么能打倭寇？我要求重新练兵！”

胡宗宪叹口气：“浙江人要是能练出来，我早就去练了，还用等你来？”

戚继光无语，眼神中满是不甘。

幕僚提醒胡宗宪：年轻人有此心，是一件好事，不妨让他试一试。

胡宗宪最后说：你要练兵，我拨三千人给你，按你的方式去练。不过丑话说在前面，要想靠浙江兵，趁早断了这个念头。

带着这三千人，戚继光开始了一场轰轰烈烈的大练兵运动。虽然这三千士兵叫苦连天，基本素质差劲，但戚继光不为他们所动，坚持严格要求和训练，倒也能让他们做到严守军纪、令行禁止。

半年训练下来，戚继光认为已有小成，便拉出这支部队到台州试了下水。

效果出乎意料地好，从台州到温岭四战四胜，经戚将军训练的新军见了倭寇不再打哆嗦，每回总能最先攻进敌阵，发挥得相当出色。

练兵效果喜人，戚继光颇为得意：谁说浙江人练不出来？半年光景不就脱胎换骨？

胡宗宪警告他：你碰到的都是假倭，要是遇上真倭，还得小心。

戚继光不以为然：有这样一支军队在手，何患倭寇不平？

嘉靖三十七年（1558），美梦破灭了。

这一年，戚继光与俞大猷、卢镗合作，围攻盘踞在岑港（今浙江舟山）的千余名倭寇——绝大部分是真倭。三大抗倭名将联手，以绝对优势兵力围攻一个弹丸之地，打了一个月，愣是没打下来。

有人把消息捅上去，朝廷怒了，将俞、戚全部罢免，但准他们戴罪立功。俞大猷、戚继光等人知耻而后勇，却依旧拿倭寇没什么办法，后来还是这帮人粮尽弹绝主动突围，岑港之战才算灰头土脸结束。

戚继光点点手下，好不容易练出来的新军伤亡两千八百余人。也就是说，全军覆没，他成了光杆司令。

戚继光难以接受这个事实，找到胡宗宪说：我想请假回家休息一段时间。

胡宗宪体贴地说：我调你守卫台、金、严三郡，你平复一下心情。仗，还是有得打的。

戚继光短暂退居二线，痛定思痛，他一直在思考：自己那三千兵也不是没打过真倭，为何到岑港就不行？

他仔细回忆岑港之战的细节，伤兵的绝望呼号仍让他不寒而栗。忽略掉这些，他继续往记忆深处寻找答案。从排兵布阵到现场指挥，不放过任何一个细节，终于让他认识到真正的问题。

我知道败在哪里了！原来真相就隐藏在一个很简单的问题里：不是我的士兵不行，而是这帮真倭，都是精锐中的精锐！

真倭很厉害，绝大多数人都知道，但未必所有人都知道他们厉害到什么程度。

这帮真倭有三个特点：武士出身、职业强盗、根本不怕死。

所谓真倭，大多是日本政府的通缉犯，他们性情暴戾，意志力和武力值都十分强大，打起仗来要么胜要么死。要在战场上受了伤，他们宁愿切腹也不肯当俘虏，因此历来要活捉几个真倭是相当困难的。

战斗力达到真倭这个层次的，在军队里被叫作精锐。

一个比较冷门的知识，在冷兵器时代，打仗其实是两军精锐的较量。比如你出一万人，我出一万人，双方各有两千精锐，这些人才是主帅真正的家底。一旦你精锐被打崩了，打没了，剩下七八千人就是一群绵羊，只能被狼群赶着到处跑。

换句话说，除了精锐能打硬仗、逆风仗，其他部队大体上只能打配合、打顺风仗。一旦形势不利，这些人立马崩盘，撒腿就跑，分分钟倒冲己阵，将领就算有心抵抗也无力回天。

因此，封建军队战争的真相，就是少数精锐领着一帮乌合之众作战。

倭寇的精锐就是真倭，假倭只是一帮乌合之众，他们跟在真倭后面打顺风仗可以，要跟他们玩真的，一样是被赶着到处跑 。

出于这些特点，真倭往往被倭寇放在队伍最前面使用。真倭善用刀剑，武艺高强，可称精锐中的精锐，战斗力要远远高于明军精锐。打仗时，真倭顶在前面一个冲锋，砍倒明军一批精锐，剩下人数再多也不顶用，所以才会有几十个倭寇追着上千明军砍的戏剧性场面出现。

以往，数千倭寇里有百来个真倭，已经是了不得的事情，这次一下集中了近千名！

这样一帮人，战斗力直线翻倍！

戚继光的新军出道连战连胜，遇到的都是少数真倭加大量假倭。碰上精锐中的精锐，新军的战斗力明显矮了一截。

想明白原因，戚继光仍旧头疼不已。道理是这个道理，自己练出来的新军已经很牛了，他们服从纪律听指挥，打仗也很勇敢，就是少了那么一股天生的狠劲。

这种差距不是来自后天训练，是来自士兵血脉中自带的尚武精神。

换句话说，这是兵源的差异。打个比方，把宁绍台的浙江兵和西南狼兵（土司兵）进行比较，肯定是身材矮小但精悍的狼兵战斗力更强。

戚继光已经尽了最大努力，兵源问题无解。直到他有一次目睹了一场民间械斗。

一场械斗

嘉靖三十七年（1558），戚继光因公出差，经过一个叫义乌的地方。行至山间，却听谷中远远传来一片呼喝叱咤之声。

戚继光有些好奇，问部下这是什么声音。

有熟悉的回答：此地民风凶悍，多半又是乡下人在聚众械斗。

听着动静不小，戚继光来了兴趣，说：咱们顺路去看一眼。

众人绕过树林，眼前出现一片平坦的谷地，眼前的情况叫大家大吃一惊。

这不是几十几百人的打架斗殴，他们见到的，是一个成千上万人持枪操棒的大型械斗现场。

作为一名见识过蒙骑肆虐、倭寇为患的将领，戚继光已见惯了战场上的血腥搏杀与尸横遍野。然而眼前这一场民间械斗，给他带来了巨大震撼。

这是一场什么样的械斗啊，只见上万名农民不顾一切地挥舞着各色农具，衣服褴褛不堪，人人脸上鼻青脸肿，嘴角流着鲜血，依然不管不顾向对方狂奔。许多人已精疲力竭，却没有停手的意思。

更令人恐怖的是，参与人等不分年龄不分性别，所有人眼中凶光四射，哪怕头被砸破、手被打断，也不肯后退半步。

这场群架让行伍出身的戚继光也胆战心惊，他叫来手下：快去打听，这些人是什么身份，为何事斗殴。

少顷，手下回报：这是永康和义乌两地农民，为争夺矿山在大打出手。

“哦？看这样子，这架像是打了一段时间了？”

“已经打了三个多月。”

戚继光再次大受震撼，一场群架能打三个多月，这些人斗志还这么强。这还是农民吗？真倭也不过如此啊！

戚继光找到义乌知县赵大河：“赵大人，听说你地头上有人打群架？”

“是。”

“还打了三个多月？”

“是。”

“地方父母官不应该劝阻吗？”

“将军有所不知，本县历来贫瘠，最近好不容易才在境内发现八宝山银矿。那些永康人却要来分一杯羹，是可忍孰不可忍啊！”

戚继光看着赵大河，表情复杂，一个知县纵容子民械斗，还说得如此冠冕堂皇，实在是出乎他的意料。

真相就是如此，义乌人历来民风剽悍，能动手解决的绝不动口。这些义乌农民既凶狠又团结，只为了一个目标：把永康人赶出八宝山！不达目的，这场架就没完，不管要死多少人！

据《义乌县志》记载，这场械斗总共持续四个月，参与斗殴人数三万多，死伤二千五百余人。

最后结果，义乌人大获全胜。

这场斗殴让戚继光大开眼界，也解开了他一个心结：我十分相信，我找到了一直在寻觅的战士。

戚继光除了震撼，还有激动，回营后他立即写下一封书信：“闻义乌露金穴括徒，递陈兵于疆邑，人奋荆棘御之，暴骨盈野，其气敌忾，其习慓而自轻，其俗力本无他，宜可鼓舞。及今简练训习，即一旅可当三军，何患无兵？”

只要准我在义乌募兵，倭乱必平！

收信人：浙直总督胡宗宪。

胡宗宪被戚继光激动的心情感染，批复同意募兵计划。

嘉靖三十七年（1558）九月，戚继光重返义乌，正式招募新兵。义乌人这个群体，通过这场惊天动地的械斗，即将开创一段属于自己叱咤风云、威震八方的历史，时间长达半个世纪。

戚家军是如何炼成的

戚继光对于要招募什么样的兵，心里早做好了盘算。

古代募兵最主要的条件是身体素质，以身高力大为普遍标准。要是你在此之外，还能在负重条件下急行军赶完百里路，或是有点武术底子，能耍大刀开强弓，领导就会拍拍你肩膀：小子，好好干，以后你就是精锐了。

许多义乌人都符合这个标准，他们得知戚将军开出高额俸禄募兵都很兴奋，报名的人挤满了军营。

要在以前，这些人都算优质兵源，但岑港一战后，戚继光彻底明白了他需要什么样的人。

他召集起这些人，宣布了自己的募兵标准。一、富家子弟不要。二、军户出身的人不要。三、在官府任过职的不要。四、皮肤白净的不要。四、年过四十的不要。五、话痨事多的不要。六、性格偏激的不要。

诸位自己对照，不符合标准的请回。

这个标准可称严苛。戚继光认为，富家子弟心眼多，打仗太计较生死；军户出身的大多是老兵油子，坑本将军不是一次了；在公门中待过，很可能被世俗官场污染；话痨事儿妈只会吹牛，不适合军营生活。

以往募兵只重身体素质，戚将军总结经验，认为政治素质同样重要。训练中身体指挥大脑，战场上大脑指挥身体，身体再棒，脑子跟不上，那也是不行的。

这些人通通不要，戚继光只要心眼实诚、高大粗壮、勇敢坚强的农家子弟。以此为标准，虽难免刷掉一些合格的人，但能保证部队的整体素质。

这都是血的教训，我们的对手，可是精锐中的精锐。

一番淘汰下来，戚继光最后选出四千人，宣布了他的纪律。听好了，我不跟你们开玩笑。在这支军队中，我的话就是命令，就算我说错了，你们也必须服从。我要求的是绝对服从，你们可以不信命，但不能不信我！在这支军队中，我戚继光就是所有人的命！

大家轰然而应：是！

颁布完纪律，戚继光正式练兵，前番操练三千士兵已是非常严格，但与这批兵相比，简直是小儿科。

为了练出这批人，戚继光的军纪之严、军法之严，在明代可谓独一无二。他治军有一个字诀窍，就是“杀”。你要是生在明朝，光荣地投身为戚家军的一员，先来看看你有多少次机会被杀吧——

临阵诈称疾病者，斩首；

临阵抛弃军器者，斩首；

你是鸟铳手，演习或实战中开枪开早了的，斩首，队长若发现不告发的，一起杀；

你是鸟铳手后负责保护的近战兵，若鸟铳手阵亡，你将被斩首偿命；

凡是临阵退缩，允许甲长割兵耳，队长割甲长耳，哨官哨长割队长耳，把总割哨官哨长耳，收兵回营，查无耳者，斩；

一人退却则一人被斩首，全队退却则队长被斩首，队长殉职而全队退却则全队被斩首；

埋伏作战，遇贼不起及起早者，队长斩，各兵捆打。

当然，不服上官，令不行，禁不止，杀平民冒功、奸淫妇女更是斩首。

此外，行军途中你若尿急离队小便，割耳；喧哗者，捆打四十；训练还有考核，凡是成绩在中下的，捆打；凡兵逃走，同队之人各捆打。

戚继光把大兵们往死里练绝非虐待狂，只因他懂得战场上交战的道理，这个理论可以用一道简单的数学题来解释。

按照木桶理论，戚继光有四千兵，里面有五百精锐。倭寇有四千人，里面有三百真倭。那么交战时很大可能就是看双方这些精锐的发挥，把敌人精锐砍完了，剩下的就好对付了。

但万一倭寇有八千人，可能会有五六百真倭，这时戚继光就不占优势了；再万一碰上岑港之战那样的倭寇，一千人里倒有八九百真倭，四千人也对付不了他们。

戚继光真正面对的其实是两个问题。其一，要把手下训练成一支完全由精锐组成的部队，凭借义乌人好勇斗狠的精神，这个目标可以通过训练来完成。

其二就有点麻烦，要让这些精锐对上精锐中的精锐时，能打出漂亮的交换比。也就是说，要让精锐完胜精锐中的精锐。

义乌兵够凶，狠劲和真倭不相上下。问题是真倭单兵素质极高，他们中很多祖上八辈都是武士家庭，其中不乏剑豪刀圣，一把扶桑战刀舞起来，那真是密不透风变化无穷。加之日本浪人的倭刀非常锋利，有道是“宝刀近出日本国”，他们手里拿的是祖传宝刀，削铁如泥不是盖的，明军在兵器上要吃很大亏。

义乌兵敢拼命，架不住单兵素质和装备不如人家，毕竟农民打群架和上战场是两个概念，你叫这些农民后天再恶补，也不可能在短时间内赶上人家数十年的功力。就算经过戚继光的魔鬼训练，战场上一个真倭单挑几个义乌兵也可说是毫无压力。

砍倒一个真倭，倒下两个义乌兵？这么亏本的买卖，不能做！就算按老话说的“杀敌一千，自损八百”，也不能接受。

练出这四千兵，戚继光几乎是孤注一掷，倒下一个心都要抖一抖，他不得不考虑战损比问题。要再像岑港一战拼光，朝中再有人他也得倒霉。

办法不是没有，战争不是比试个人武艺，历来讲究团队配合。可到底怎么配合法，才能达到既能杀敌又能保全实力的目的呢？戚继光翻遍兵书，连当年徐有贞建言军事的奏折他也翻出来看了，还是没找到合适的方法。

胡宗宪看出戚继光的心事，笑着对他说：你何不问问唐荆川？

唐顺之，字应德，荆川乃其号。时任兵部职方司郎中，奉命前来浙江视察军情，正与胡宗宪谋划讨伐倭寇。

听说戚继光发愁破敌之法，唐顺之送了他一本书，说：“这是我《六编》中的《武编》，你要的答案就在其中名为《秘战》的一卷。我本文官，无法亲身上阵杀敌，这本书就送给将军，希望对你有所裨益。”

在许多时人眼里，唐顺之只是个不得志的小人物，中进士几十年，就被贬了几十年。嘉靖三十七年（1558），他刚刚靠赵文华的推荐得以复官。他写的那套《六编》，据说上解天文，下通地理，无所不包。但在当时却没什么人看，因为基本看不懂。而且唐顺之出山靠的是依附赵文华，这样一个人写的一套书，在很多人眼中没有什么价值。

戚继光还不了解唐顺之，碍于胡宗宪的推荐只得收下。但当他真的翻开《武编》，翻到《秘战》那一卷，顿时奉为天书宝典，对唐顺之佩服得五体投地。

秘战者，即新名鸳鸯阵之谓也。每冲锋，五人为伍，用长挨牌一面，伍长选身长力大者一名，在前执牌，面左，只许顾左，不许顾右。后身第二名执狼筅，面右，以筅出牌右五尺，紧紧靠牌。其枪手在筅之后三步，平执枪。伍长执牌径进，余各紧紧依法随行。

唐顺之没有吹牛，只是当时他的思想超越了很多人理解的上限，别人理解不了。好在戚继光毕竟是个慧眼如炬的帅才，他一眼看出，这正是他想要的阵法。唐顺之的阵法配置五人，戚继光根据自己的实战经验加以改良，在此基础上研发出了抗倭究极阵形——鸳鸯阵。

冷兵器时代的奇迹

嘉靖四十年（1561）三月，倭寇大举进攻台州，其中一股三千多人窜到了一个名为花街的村子，本以为能肆无忌惮大抢一把的他们，迎头撞上了一支一千五百余人的明军。

没有任何花架子，两军相交后便展开了厮杀。令倭寇感到意外的是，这支兵力占劣势的军队排出一个奇怪的阵形，在凶猛的冲击下不仅没有溃散，反而打出了凌厉的攻势。一阵交手后，这帮倭寇丢下上千具同伙尸体，其余的抱头鼠窜而去。

明军的伤亡是：牺牲三人。

这支军队就是戚继光练出来的义乌兵，而这场花街遭遇战，只是被称为台州大捷的十三场大战中的一场。

整个台州战役打下来，戚继光率军从宁海、桃渚、健跳一直打到新河、丽水、温岭。十三战十三捷，以四千兵力横扫两万倭寇，毙敌五千五百多人，烧杀溺毙无算，自己仅付出伤亡二十人的代价就平息了浙江的倭乱。

取得一系列大捷，最高兴的人不是戚继光，而是他的顶头上司胡宗宪。

胡大人非常讲究派头，平时公文都由幕僚起草，主要执笔人是他头号智囊徐渭。听闻戚继光的逆天战绩，胡宗宪兴奋地招呼手下研墨蘸笔，亲手为他写下请功文书：

台金严参将戚某……身经百战，勇冠三军。持廉秉公而士心咸服，令行禁止而军容整齐。执锐披坚，见贼则轻身先进；绝甘同苦，遇士则推腹不疑。白水能以寡而敌多，黎庶免荼毒之苦；花街乃以全而取胜，城隅获安堵之休。随旌麾之所指，即捷报之连闻。台民共倚为长城，东浙实资其保障。功当首论，破格优录，以风诸将也。

戚继光被提拔为副总兵，他这支精锐之师也得到了一个响亮的名头——戚家军。

戚家军出道即巅峰，在浙江连战连胜，浙江的倭寇都被戚继光给打绝望了，海盗们开始盛传“遇戚不得活”的魔咒，戚家军的浙江防区成为他们避之不及的红线。

在浙江踢到铁板，倭寇只好转去福建兴风作浪。胡宗宪不久前刚擒杀海盗头子汪直、徐海，重用戚继光，功劳有目共睹。胡总督志得意满，令旗一挥果断下令：戚家军转战福建！

嘉靖四十一年（1562），兵力增加到六千人的戚家军，在福建宁德

以阵亡十三人的代价，斩首倭寇三百多级，俘虏二十多人，这还不包括被赶到海里喂鱼的上千名倭寇，

八月，戚家军在福清连破倭寇，杀伤数千，自身伤亡数：零。

随后在林墩，戚家军遭到成军以来伤亡最大的一场战役。此战倭寇占据桥头，利用地势顽抗，戚家军不得不冒死强攻，付出伤亡六十九人的惨重代价，战果是砍了九百六十个倭寇脑袋，还把数千倭寇赶到河里喂了鱼虾。

几番战斗，闽广一带的倭寇几乎被戚家军剿光，戚继光班师回到浙江。

嘉靖四十二年（1563），从日本来的一批新倭不信这个邪，他们纠集起一万多人，趁福建空虚攻陷兴化，占据宁海卫。朝廷以谭纶为右佥都御史率浙江兵支援福建，谭纶自领中军，以广东总兵刘显为左军，福建总兵俞大猷为右军，浙江副总兵戚继光为先锋。三路大军互相配合，戚继光首先从中间突破，刘、俞水陆夹攻，一举攻克平海卫，斩倭两千余人，救回被掳男女三千余人，乘胜收复兴化府（治今福建莆田），余倭逃往广东，福建倭患基本平定。

此战后，戚继光升为都督同知，取代俞大猷福建总兵职务。

接下来两年，戚继光率兵转战浙江、福建、广东，与俞大猷等众将密切配合，围剿流窜的残余倭寇。嘉靖四十四年（1565），“俞龙”“戚虎”联手歼灭逃往广东的最后一股倭寇。至此，东南沿海抗倭之战取得了最后胜利。

总结一下，从戚家军出山开始，数年间转战东南大小数十战，共计歼灭倭寇两万余人，自身伤亡一百左右，打出了 1∶200 的伤亡比。

这已不是传统意义上的完胜、大胜，简直就是冷兵器时代的奇迹。

鸳鸯阵

神剧也不敢这么拍，戚继光愣是打出来了！

怎么做到的？

十二个字：足粮足饷，枪炮糊脸，阵法克敌。

足粮足饷这个问题先放一放，我们先看后面八个字。

枪炮糊脸，这招同时期的名将马芳也用，不过戚继光的更猛。

许多人以为鸳鸯阵就是十二人一组的冷兵器小队战法，其实它是一套完整的兵团战术，既有冷兵器，也有热兵器。

这种阵法包括队长一名、长牌手一名、藤牌手一名、狼筅手两名、长枪手四名、镗钯手两名、火兵一名。

根据《纪效新书》记载，戚家军在嘉靖四十一年（1562）的编制为，一个鸳鸯阵十二人为一队，四队为一哨，算上哨长是四十九人。每哨配一队火器兵，有十杆鸟铳（火绳枪）和三门虎蹲炮（一种以曲射为主的火炮，类似迫击炮），这种火力配置在当时的世界军队堪称豪华。

遇到倭寇，戚家军的战术是接敌一百步（一百五十米）时，鸟铳、虎蹲炮先来一轮齐射。同时，阵中长枪兵每人射箭九次，镗钯手射火箭一支。

这意味着倭寇在 50 — 150 米这个距离上要承受三门火炮和十名火枪兵的一轮打击，以及十六名弓箭手每人九次射击，共一百四十四支箭，八支火箭。这个枪炮糊脸的过程，打倭寇这样没啥甲胄的轻步兵毫无压力。

等倭寇顶着枪林弹雨冲到阵前，还要再挨藤牌手掷出的六支标枪，没被标枪插死的倭寇们抬头发现，长枪兵和镗钯手已放下弓箭拿起长短兵器，鸳鸯阵已张开了翅膀。

这时才真正进入短兵相接的阶段。

鸳鸯阵除一名火兵（负责全队后勤）和一名队长外，还有十名战兵，分五排站立。

第一排是长牌手一名、藤牌手一名，用来抵挡敌人的弓箭和长矛。长牌是长方形的大盾牌，较为长大，为后排人员提供掩护。藤牌较为轻便，直径约一米，藤牌手携带标枪，也可以作为近战突击力量使用。

第二排狼筅手两名。狼筅又称狼牙筅，长达五米，有许多附枝，以带有枝丫的整根毛竹制成，顶部装有矛头——“凡狼筅，各要利刃在顶，长一尺；四面竹枝须坚直粗大者”。

毛竹极有韧性，就算是锋利的倭刀也难以劈开丫丫叉叉的狼筅，反而容易被克制。这种兵器是鸳鸯阵所特有，专为对付善用倭刀的武士而定制。

第三、第四排是长枪手四名，手持长达六米的长枪，刚好可以越过狼筅，刺杀前面的目标。

第五排两名士兵持镗钯（类似钢叉的一种多刃兵器）等短兵器，负责保护长枪手。

队长的位置相对灵活，有的突出于全队之前，有的在盾牌之后，根据敌情而定。

全阵呈左右对称的布局，恰似一只鸳鸯，这是其得名的由来。准确地说，这个阵法的发明者是唐顺之，第一个应用的人是戚继光。

可是在倭寇眼中，这哪是什么“鸳鸯阵”，分明是“克死你不偿命阵”。

鸳鸯阵以正面接敌，宽度只有两个身位，试图攻入的敌人，都会在攻击盾牌手的时候被一根狼筅控制住兵器，然后被几根长枪直刺。

要是想攻击长枪手，镋钯手便会上来保护，以防止长枪脱出狼筅的控制范围。若试图攻击镋钯手，会被长枪刺个透心凉。

“牌前进，筅救牌，长枪救筅，短兵救长枪，牌救短兵”，倭寇面对的是一个无解死循环，无论从哪个方向、怎样进攻，都要面对三四件兵器，双拳难敌四手。

你说我人多，想要硬冲？

对不起，一则倭寇组织能力不强，多半是各自为战；二则鸳鸯阵队与队之间、哨与哨之间呼应极强，要是仗着人多硬冲进来，各个方向的兵器朝你身上招呼。局部优势，妥妥地在戚家军手里。

这样一来，倭寇与戚家军作战就很尴尬了。倭寇惯用的武器是倭刀、弓箭、长枪，但在鸳鸯阵面前，弓箭射不穿盾牌，倭刀无法摆脱狼筅控制，长枪又没有戚家军的长，死活近不了身，倭寇单兵能力强的特点无从发挥。

我们知道，倭寇，尤其是真倭，是极其凶狠野蛮的。他们深受神风神教熏陶，打起仗来往往舍生忘死，信奉的是成功了拿钱回去消费、不成功把命留下报废。以往这种不要命的打法让明军心惊胆战，可对上勇敢坚强的戚家军，就形成一个怪圈：倭寇越是悍不畏死，就死得越多，给戚家军送上更多的人头，最终让戚家军打出看似不真实的伤亡比。

所以说，戚家军是一支以优秀战术、先进军事技术和思想打造的强军，才能打出如此的伤亡比来。放眼世界，这支军队也是领先于同时代的，对别的精锐军队都有优势，对上乌合之众的倭寇，简直是碾压。

这个伤亡比，一点儿也不夸张。

有这样一支领先于时代的军队，吊打倭寇是理所当然的事。不过真正的问题是，为什么别人练不出来，戚继光能练出来？

一句话，戚继光并不是传统概念中那种只会打仗的将军，在战争之外，他还有不被人熟知的一面。

不为人知的一面

前文说了，戚家军之所以战斗力如此之强，除了“枪炮糊脸，阵法克敌”这八字真言之外，还有四个字：足粮足饷。

足粮足饷容易理解，当时却是件很难做到的事。大明的卫所兵一个月饷银不到零点四两，而且经常被欠薪，欠个两三年都算正常的。

戚家军的待遇是个什么标准呢？每个士兵被招募，首先发三两安家费，月薪一点三六两白银——入伍第一个月，就能拿到将近一年的饷银。

关键是，从不拖欠！光这一条就吊打卫所官兵。

这还不是全部，戚家军对作战胜利的赏赐更为丰厚。例如，士兵砍了一个真倭脑袋，就赏三十两银子！

重赏之下才有勇夫，不能做到足粮足饷，就不可能出现这支军队。只讲奉献不讲回报？当兵吃饷银的大头兵可没那么高的思想境界。

足粮足饷是戚家军战斗力爆棚的基本保证。

问题来了，待遇这么高，戚继光拿什么给部下开薪水？

戚家家道中落，不会有家私去补贴部下；朝廷那点军饷，别说犒劳将士，拿来买枪炮都不够。那戚继光的钱从哪儿来？

真相可能会颠覆一些人的三观，戚继光是个能打仗、打胜仗的好将军，他同时也是个能搞钱、会来事的圆滑官僚。

戚家军的粮饷支出，大部分来自戚继光的“灰色收入”。

这个收入大概有两部分，一部分是以打倭寇缴获的钱财来中饱私囊，另一部分来自官场上通用的潜规则。

戚继光年少之时，父亲戚景通时常谆谆教诲儿子要为人清正，不搞歪门邪道。随着在官场不断碰壁，戚继光开始思考：如果父亲的教诲是对的，为何我处处碰壁？好男儿不能建功立业，死抱着清廉忠孝又有何用？

正所谓“水浅者大鱼不游，树秃者大禽不栖”，嘉靖一朝前有王守仁，后有唐顺之，这两个超级全能人才，都埋没在嘉靖手里。戚继光看在眼中，记在心里。

现实比想象的还要残酷，要想保住自己，他得先在那个肮脏的世界里生存下来。要想战胜敌人，他得接受命运。

命运让戚继光出生在那个浑浊的嘉靖年间，命运安排他要成就一番大事，却给他一个极其苛刻的条件——在此之前，他要忘记自己的初心，愉快投身于浑浊的官场，与被父亲鄙视的那些人同流合污，他先得让自己成为一个官僚。

否则，本事再强又如何？

淤泥里也可能长出白莲花。父亲那条路已被证明行不通，不妨换条路试试。

戚将军带兵以严厉著称，为官从不以清廉出名。每到一处，他第一件事就是去拜山头、拉关系，自然少不了请客送礼，胡吃海喝绝不含糊。吃完把嘴一抹，恭维巴结张口就来。两顿饭下来，大家就以兄弟相称，以后官场的血雨腥风、江湖的风吹草动，兄弟要互通有无、互相关照。

对上级，他更是倾力结交。长官来，他不仅好吃好喝地供着，走时还不忘封个红包，再给带上一大堆当地土特产。对恩人张居正，戚继光自然懂得投桃报李，逢年过节，进京汇报，都不忘单独捎上一份大礼。

待张居正当上首辅，戚继光的尊敬又上了一个台阶，每次给张居正写信，戚继光都非常谦卑地自称为“门下走狗”，落款是“小的戚某”。

当年戚继光也是热血青年，连遭社会毒打后，他就变得既“会做人”又会做官了，他跟胡宗宪、谭纶、张居正等处得都特别好。因此，戚家军从来没缺过钱，能做到足粮足饷。

但是你要以为戚继光拍马屁是为了自己，那就大错特错了。

等到张居正被清算后，戚继光也受波及，万历十三年（1585），戚继光被免去所有职务，勒令致仕。

戚继光在官场的染缸里濡染半生，素以慷慨著称，回老家后竟一贫如洗，被妻子抛弃，像条病狗一样苟延残喘，“门前冷落鞍马稀”，甚至连买药都没钱。

他搞钱不假，行贿收礼不假，但所得钱款不是用来自己挥霍，而是全都用在提高部下装备和待遇上，才能打造出那样一支铁军。

说实话，这些不完美的小黑点，让我更敬佩戚将军。扫除东南倭患立不世之功，屹立北疆令强敌不敢南窥——“封侯非我意，惟愿海波平”，戚继光绝对无愧于自己的誓言。

徐阶与严嵩

戚继光彻底肃清沿海，是在嘉靖四十四年（1565）前后，此时朝中时局已经大变。

那个权倾朝野二十年的首辅严嵩，终于倒台了。

严嵩掌权二十多年，毕竟是老而不死，在政治生涯的最后几年，严嵩也好像意识到了什么，开始一反常态提拔年轻俊杰，复用被罢免的官员。唐顺之、赵贞吉等人才都是在这段时间得到起用。

除了他们，严嵩还特别注意到一个人：内阁次辅徐阶。

徐阶，松江府华亭县（今上海松江）人，嘉靖二年（1523）探花。初入官场任翰林编修，嘉靖九年（1530），在大礼议事件中得罪了张璁，被贬谪至福建延平任推官。

这一贬就是将近十年，徐阶在地方上沉浮，虽也干出了一些成绩，得到一些升迁，却难以接近权力中心。直到嘉靖十八年（1539），时任首辅夏言将徐阶录为东宫洗马、翰林院侍读。

官职不大，却很重要。东宫洗马，主要工作是辅佐太子，教授太子政事、文理知识，也就是太子的老师。一朝天子一朝臣，太子即位后，阁臣就来自他东宫时的班子。

重新获得任用后，徐阶便扶摇直上，一路当上了国子监祭酒、礼部右侍郎、吏部右侍郎。但是徐阶始终表现得很低调：严嵩与夏言的斗争，他置身事外，以免惹火烧身；夏言落败，徐阶并没有为恩公说话；严嵩专权，徐阶事事顺着严嵩，从不与他争执；严嵩之子严世蕃多次对他无礼，他也忍气吞声。

当初那个敢于出言顶撞首辅、傲然长揖而出的翰林编修不见了，徐阶活成了他曾最痛恨的那种人——一个老到圆滑的官僚。在严嵩把持朝政的日子里，他对严嵩表现得十分友善：严嵩说用谁，他就用谁；严世蕃说不给裕王岁赐，他一句话没说；严嵩对得罪他的大臣疯狂打击报复时，徐阶也没有掺手。

徐阶的识相让严嵩很得意，故此他没给徐阶的晋升设置多大障碍。夏言死后，徐阶不降反升，以礼部尚书挂文渊阁大学士衔入阁参与机务。

徐阶对严嵩卑躬屈膝，他在很多人眼中成了一个无足轻重、被人鄙视的次辅。

脾气暴躁的人干脆找到徐阶蹬鼻子上脸，“外面人们都认为，大人你只是严嵩的一个小吏而已”，徐次辅依旧面不改色。

徐阶并不是那么简单的人，甚至可以说，他的城府深不可测。他将严嵩视为最主要的对手，但一直以来，徐阶都避免与严嵩起正面冲突，因为他深刻地明白，若要斗倒严嵩，一定要先处理掉严世蕃。

严世蕃，严嵩之子，尊容不敢恭维。史书中记载是“短项肥体，眇一目”，也就是说严世蕃是短脖子、大胖子，还是个独眼龙。

但是长得难看的严世蕃，却是个绝顶聪明之人。此人的能力不在读四书五经，而是擅长奸猾机辩、通晓时务、熟悉国典，而且他还颇会揣摩别人的心意，有嘉靖朝第一鬼才之称。

严嵩的崛起之路上，都少不了严世蕃的影子。而到了严嵩任期后半段，更主要是严世蕃在帮他台前幕后策划。

严世蕃确实是才子，嘉靖下的手诏，往往喜欢在文字上兜圈子。老严嵩脑子跟不上了，再三品读仍不解其意，严世蕃一眼就能读出皇上的意思。

各个衙门送文件上来，各级官员前来汇报请示，严嵩顾不过来，就说“以质东楼”。东楼是严世蕃别号，就是说“去问严世蕃”。

严世蕃虽只是个侍郎，却相当于拥有了内阁首辅的权力——“朝事一委世蕃”。

严世蕃是严嵩的智囊，是他能屹立政坛不倒的唯一原因。

可是严家父子配合了几十年，默契达到天衣无缝的程度。要严嵩出错不难，难的是如何让严世蕃保持沉默。

在此之前，徐阶只能保持忍耐，就算别人说他是严嵩孙子，徐阶也得装下去。能忍别人不能忍之事，才能建别人不能建之功。

嘉靖四十年（1561），机会出现。五月，严嵩原配欧阳氏去世，严世蕃要守制不能出来工作，父子俩被不可抗力分开了。

没有严世蕃的帮忙，严嵩的事情就干得不利索。嘉靖的手诏他往往不解其意，只能瞎答一气。严世蕃没法干活，严嵩只能找别人代写青词，水平比严世蕃差了不是一点半点，这些都让嘉靖很不满意。

事儿被大臣们看在眼里，严嵩有阵脚松动的迹象，大家被压制的怒火纷纷燃烧起来。便有御史弹劾严世蕃在母亲丧期内放纵淫乐，是为大不孝；又有人弹劾严嵩父子不法。

在嘉靖心中，徐阶和严嵩的地位发生了微妙的变化，徐阶却还在隐忍。他依旧对严嵩客客气气，别人弹劾严氏父子，他从不跟风，仿佛要与这些人划清界限。

许多人搞不明白他到底想干吗，只有徐阶自己清楚，通往成功之路还需要一个关键的砝码，他还在耐心地等待这样一个机会。

不久之后，一个意想不到的访客到来，打破了所有的宁静。

此人名叫何心隐，心学泰州学派著名传人。王守仁的阳明心学在嘉靖末期分化为多个流派，称为“王学七派”，其中泰州学派尤以激进思想而著称。泰州学派的传人通常具有极强的叛逆精神，志在推翻旧制、重新构建社会秩序，被称为中国历史上第一个真正意义上的启蒙思想派别。

何心隐即是其中佼佼者，人称狂生。他和徐阶素未谋面，但久闻其名。见面后，何心隐毫不客气，开门见山地表达了自己的担忧：“要解决严党，单靠那些人不行，你徐阶也不行。”

这是最严酷的事实，这些年来弹劾严嵩父子的奏疏从未间断，如今只不过是又一次重复，数量虽多，实质上并无改变。严嵩数次陷入信任危机却始终未被处理，原因只有一个——能决定他命运的人，唯有嘉靖皇帝。

严嵩与嘉靖已密切合作二十多年，要让皇上下决心处理严嵩，显然不是容易的事。

徐阶不得不承认何心隐的判断，叹气道：“那你有什么办法吗？”

何心隐微微一笑道：“如果我没有办法，就不会来找你了。”

何心隐分析：“皇上若遇到难解之事，会寻求上天的指引，而道士便是皇帝与神仙间的桥梁。道士通过扶乩为皇帝求得解答，皇帝会将疑问写在纸上密封交给道士，由道士焚烧，传递给神仙，随后神仙附体道士在沙盘上写下答案。”

从现代的角度来看，神仙的答案其实取决于道士，但嘉靖皇帝对这种方式深信不疑，认为这是与神仙的直接沟通。

臣子之言嘉靖可以置之不理，但神仙的指示他一定会慎重考虑。

何心隐问道：“若神仙都指示严嵩是奸臣，皇帝会作何感想？”

何心隐对时局的判断极其精准，指出了关键所在。徐阶听后仍愁眉不展：“神仙说什么话，我们怎么能知道呢？”

确实，神仙既不认识嘉靖，也不认识严嵩，如何让神仙说出所需的话呢？

何心隐早料到有此一问，答道：“我们无须知道神仙会说什么，道士知道即可。”

徐阶若有所悟：“你的意思是？”

“关键在于主持扶乩的道士。只要他写下‘严嵩是奸臣’，皇上便会认定严嵩为奸臣。”

承担扶乩重任的历来是嘉靖最信任的道士，几十年里，这个角色换了好几位，先是邵元节，后来是陶仲文，嘉靖三十四年（1555）换成了蓝道行。

泰州学派作为中国思想启蒙的先驱，创始人王艮长期向小生产者阶层讲学，门下弟子从高官贵族到平民百姓都有。蓝道行便是嘉靖年间知名的道士，亦为泰州学派弟子，与何心隐有同门情谊。蓝道行虽以巫术为职业，但却具有一定的正义感。

因此，要将蓝道行拉入同盟并非难事。

不久后的一次扶乩中，嘉靖提出一个很好的问题：“朕登基四十余年，为何天下未能大治？”

蓝道行焚烧纸条后神情恍惚，接着在沙盘上写出：奸臣当道，贤者受阻！

嘉靖紧接着问：“奸臣是谁？贤者是谁？”

神仙回答：“奸者如严嵩，贤者如徐阶。”

按理这已足够，可是嘉靖是个打破砂锅问到底的皇帝。他不依不饶接着提出了第三个问题：若果真如此，上仙为何不惩治他（“果尔，上仙何不殛之”）？

蓝道行本事再大，也不敢说能代替神仙惩罚严嵩。好在这个道士非常聪明，他继续写下了一句智慧很高的话：留待皇帝自殛。

神仙不是不管，是留着皇上您自己管呢，以显您天威啊。

嘉靖心中大喜，认为神仙早已为自己预留了处理严嵩的任务。若再不动手，岂不是有失天威？

有了神仙的启示，事情便好办了。徐阶趁机让门生邹应龙出面上疏弹劾严嵩父子，列举其种种罪行，并发誓：若言不实，甘愿受斩。

此时嘉靖已对严嵩失去耐心，对严世蕃尤为愤怒，遂下令将其发配广东充军，而严嵩则被勒令告老还乡，保留俸禄，算是给他留了体面。

严嵩父子被处置，天下人无不拍手称快。然而徐阶并未落井下石，反而亲自安慰严嵩，使严嵩对徐阶更加信任，认为他真是好人。

不过，若徐阶的行动就此止步，那便错了。这一切不过是序幕。

严世蕃仅被流放，仍为严党核心，事情远未结束。

果然，在严党的庇护下，严世蕃根本未去广东服刑，而是回了江西老家，继续飞扬跋扈，与死党罗龙文频繁往来，甚至修建豪华楼宇，毫不避人耳目。

要说这罗龙文也是有案底的，嘉靖四十一年（1562）他与严世蕃一起被参劾，流放浔州（治今广西桂平），不久就逃还徽州老家，又到江西投奔了严世蕃。而且此人与徐海、汪直等大海盗都有点不清不楚的关系。

这个罗龙文，将成为严世蕃的致命之交。

严世蕃在家里盖房子时，手下爪牙与一位叫郭谏臣的官员起了冲突，把郭谏臣打了一顿。郭谏臣不敢声张，只是写信向好友林润诉苦。

林润不是省油的灯，他的身份是御史。

嘉靖四十三年（1564），严世蕃逃避发配已两年，世人皆知。当时只是没人管，就等一个时机，即是现在。林润上疏表示：严世蕃与罗龙文两名逃犯勾结，整天说朝廷坏话（“日诽谤时政”），打造皇室用品，暗通倭寇，有叛逆之意（“有负险不臣之志”）。

嘉靖大怒，立即下令逮捕严世蕃和罗龙文。二人被押解进京，严世蕃却依旧嚣张，官员们甚至仍宴请他与罗龙文，一起把酒言欢。

严世蕃淡定地告诉罗龙文：“无所惧，狱即解。”——不要害怕，我们没事儿的。

严世蕃已经预见，此次进京受审，会给出的案由为：害死当初弹劾他的大臣杨继盛和沈炼。他已让人在京城散布此消息，营造声势。

严世蕃心思缜密，不愧有鬼才之称。迫害杨继盛和沈炼的事，确实是他干的。问题是，严世蕃为何要自暴罪行，主动承认害死杨继盛、沈炼呢？

如何给严世蕃定罪

嘉靖帝接到弹劾后，命令三法司会审此案。

消息传开后，士大夫们都兴奋不已。严世蕃罪行累累，早就引起民怨，人人恨不得除之而后快。如此高级别的会审，难道还会让严世蕃逃脱？

朝廷内外都希望借此机会铲除严嵩父子的势力。然而，当三法司的官员们拿到林润的奏折时，却都愣住了。

原来林润在奏折中提到：“道路皆言，两人通倭，变且不测。”这意味着林润只是“风闻奏事”，仅仅听闻传言，没有实际证据。

明代御史有“风闻奏事”的权力，就是举报人可以根据传闻进行举报，不必拿出真凭实据。“风闻”可以不讲证据，但是定罪一定要有证据。给严世蕃定什么罪呢？给严世蕃定罪这个难题摆在了刑部尚书黄光升面前。

黄光升为官刚正不阿，对严嵩父子的专权早已深恶痛绝，渴望为民除害，彻底打击严党。他认为，尽管还缺少严世蕃谋反的直接证据，但案子交到他手上，终会找到足够的罪证。于是，他下令彻查严世蕃的罪行。

严世蕃行事高调，要找他的罪证并不难，很快就查出他仗势纳贿等问题。

不过，官员们最痛恨的还是他陷害忠良的行径。据粗略统计，被严家父子陷害而致家破人亡的大臣有三四十人，包括沈炼、杨继盛等历史上有名的忠臣。

刑部官员一致认为，应以“陷害忠良”作为主要罪名，其余罪行为次要罪名，务必置严世蕃于死地。

这样做的好处有三：证据充足，易于获得舆论支持，罪名也足够重大，严世蕃难逃一死。

商议妥当后，三法司官员便向内阁首辅徐阶汇报。徐阶翻阅案卷，问道：“你们给严世蕃定的主要罪名是陷害忠良吗？”

黄光升回答：“陷害忠良，证据确凿，事实清楚。”

徐阶却质疑道：“黄大人是想置严世蕃于死地，还是想为他开脱呢？”

黄光升一时疑惑：“当然是要他死！”

徐阶解释道：“黄大人如此定罪，反倒是在替他开脱。若此结论递交给皇上，严世蕃很可能会轻松脱罪，诸位反而可能遭到牵连。”

在嘉靖年间复杂的政治风云中，徐阶能岿然屹立不倒，实在是得益于他对智慧和狡黠的极致运用。

黄光升们只知道从法律角度出发，徐阶和嘉靖、严嵩父子打了数十年的交道，深知当时律条多是一纸空文。在人治社会，对付严世蕃这个级别的官员，只有抓住那个“人”才是最最重要的。

徐阶为什么对黄光升他们那么说呢？我们看下三法司给严世蕃定下的罪名。

第一条是把持朝政。

明朝是君主专制走向巅峰的一个朝代，内阁、司礼监这些机构权力再大，也都依附于皇权。

但是，任何君主专制体制，对皇帝个人的要求都很高。要想按照理论设计平稳运行，必须有一个精力充沛、能力出众、一心一意扑在政务上的皇帝。

嘉靖皇帝聪明有能力，却是个甩手掌柜，整天躲在深宫修道，没心思去推动君主体制高效运转。

这些大家都知道，但谁也不敢说。

好了，现在你说严世蕃把持朝政，就等于在说嘉靖不理朝政、荒废政务，等于在批评皇上没有能力、没有心思好好工作，等于是说当朝的政治体制失灵了。

你说，嘉靖愿意听到别人告诉他大权旁落吗？

第二条是巨额财产来源不明。

严世蕃的财产主要来自贪污受贿，但作为工部侍郎，若无父亲严嵩之权，如何积累如此财富？而严嵩的权力又源于谁？此罪名同样隐含嘉靖无力管控权臣的问题。

再说了，向严世蕃行贿的官员，没有上千也有好几百，遍及各个部门。若严世蕃受贿受到追究，行贿的人也要倒霉。万一严世蕃崩溃了，把行贿人名都吐了出来，那还不把嘉靖朝廷上下给一锅端了？

所以，说严世蕃巨额财产来源不明，不仅涉及嘉靖，还牵扯到难以计数的当朝官员。这第二条罪名也不适合。

第三条，最重要的一条——陷害忠良。

严世蕃害死了许多忠臣，但诛杀大臣的最终决定权在皇帝手中。这些忠臣之死，均有嘉靖的诏令。这样定罪，等同于指责皇上误杀忠臣、眼光不明。

你说，嘉靖皇帝会高兴吗？

如此看来，这几条罪名实际上都在触碰皇帝的权威。三法司的结论若提交，恐怕不仅无法治罪严世蕃，反而会让黄光升等人遭受牵连。

听徐阶这么一分析，黄光升顿觉自己太愚钝：徐大人明见，那依阁老之见，这个案子该怎么判呢？

徐阶提起笔，给严世蕃写了一个新罪名：谋反。

嘉靖虽然懒于朝政，却绝不允许任何人威胁皇权。以谋反之名定罪，足以置严世蕃于死地。

黄光升脑子还是转不过来：林润奏严世蕃谋反，只是风闻，没有证据，如何定罪？

徐阶有主意：黄大人，只要有心，证据不怕没有。

他拿出一份早已写好的奏章：诸位大人，你们只需誊写一份上交，世藩必死。

徐阶这份奏章只有一条主要罪名，证据倒有三条：严世蕃在“王气”之地建府第，纠集亡命之徒，并与倭寇勾结，图谋不轨。

徐阶解释，严世蕃在江西老家挑了一块据说是有王气的土地，盖了一座“制拟王者”的府邸，这是僭越礼制，有据可查，是过分高调的严世蕃主动送来的把柄。

纠集亡命之徒，指的是严世蕃曾经有个叫牛信的亲随，后来在山海关担任军官，弃职北逃了。亡命之徒就是牛信，徐阶指出，牛信逃跑不是孤立事件，是受到了严世蕃的授意，后面还有大动作。

什么大动作呢，那就是勾结倭寇。徐阶接着搬出了严世蕃的亲信罗文龙，罗文龙与大海盗汪直有亲戚关系。牛信、罗文龙都是严世蕃里通外国的重要人物，他们一起组织了五百名死党，日夜与严世蕃密谋造反。

这些证据充分显示出徐阶办事细致、城府很深。他很留意搜集信息，同时把这些似是而非的信息与自己的目的联系起来，形成了一条证据链。

听他讲完，官员们在佩服的同时还有个疑惑，你说严世蕃私通倭寇可以，说他准备靠五百人造反，是不是太看得起他了？

徐阶接着搬出了另一条重磅证据：严世蕃与宗室朱典楧私底下交往密切，且训练私人武装，密谋造反。

朱典楧，明代第七代伊王，朱元璋小儿子伊厉王朱㰘一系，封地在洛阳，以当地的伊水得名。时任伊王朱典楧因僭越礼制，且对朝廷出言不逊，已被革除三分之二的俸禄，正等待朝廷的最后处理。

徐阶把严世蕃和朱典楧这么一个敏感人物联系到一起，以嘉靖皇帝的心思，不会不怀疑两人不清不楚、图谋不轨。这样一条证据链一摆，即使有人心存怀疑，也不敢为严世蕃辩解。这个办法叫：巧立名目，声东击西。

徐阶走的是帝王心理学的路子。严世蕃死不死，嘉靖都能接受，关键要有个合适的罪名，底线是不能牵扯他，也不宜打击面过大引来反弹。

徐阶的特点就是在没有把握之前，一定不会轻举妄动，但一击必须致命，罪名要大到足以置严世蕃于死地。

黄光升按照徐阶拟的草稿，报给了嘉靖。严世蕃在狱中听说后呆若木鸡，半晌说：这下死定了。

严世蕃准确预测了自己结局，嘉靖很快批准了三法司的报告，御笔亲批，判决严世蕃等人斩首，严嵩没收家产，削官还乡。不可一世二十多年的严嵩父子就这样倒台，再也不可能翻身了。

徐阶智斗严嵩的故事是明代官场的一桩著名事件，徐阶凭此口碑逆转，许多原来骂他的人，转而称赞他忍辱负重，能为人所不能为，将他称为一代名相。

可是严嵩真的是被徐阶打败的吗？

夏言被杀后，严嵩大权独揽，这二十多年来政务混乱、贪污成风、国库空虚、边事废弛、倭寇作乱，这一切怪谁？

怪严嵩吗？可又是谁给严嵩的权力？

封建时代的传统就是为尊者讳，只要大明还在，皇帝就总归是好的。朝政乱了，事情搞坏了，都怨下面那帮奸臣。好比说杀岳飞的命令是赵构下的，最后在岳王庙前面跪着的却是秦桧；杀于谦的命令是朱祁镇批的，大家骂的却是徐有贞、石亨、曹吉祥。

在封建专制时代，所谓的政治智慧，往往被解读为揣摩上意。

没有任何人敢骂嘉靖，大家只敢骂严嵩。

严嵩曾经也是个腹有诗书的青年，可能在一次次碰壁后，他终于悟出一个道理：改变不了环境，那就改变自己。

严嵩清楚地知道皇上想要什么，痛恨什么。他不惜戴上皇上赏赐的那顶道冠，换来另眼相看；他抓住嘉靖讨厌夏言的心理，自己登上权力之巅。

严嵩黑化的过程，可以看出嘉靖朝政治生态如何一步步改变一个人。严嵩的政治态度，就是迎合嘉靖的一切爱好，满足嘉靖的一切需求。二十多年来，他都很自觉地替嘉靖挡枪——骂名我来担，黑锅我来背，千万不要打扰皇上修仙。

可是一块抹布用了二十年，到底还是太脏了。天下苦严嵩久矣，皇上把他的官给免了，这叫顺应民意，说明皇上英明啊！

所以别以为严嵩是被徐阶打败的，只是这条狗太老了，太糊涂了，他的政治使命已经完成了。身上剩下的最后一点价值，就是让嘉靖罢免他。

罢免严嵩，嘉靖一得了名，二得了钱。干活的人多的是，还怕找不到第二个严嵩？

嘉靖驾崩

嘉靖四十一年（1562），跨越了无数人的尸体，徐阶终于站到了那个一人之下、万人之上的位置。

徐阶打倒了严嵩，用的是不怎么光明正大的手段。要除掉一个奸臣，有时候要比奸臣更“奸”，但一旦用奸臣的方式打倒了奸臣，那只是打倒了人，而不是打倒了“奸”。

在目睹了诸多前任的结局之后，徐阶很清楚自己是怎么当上内阁首辅的，更清楚他接下来该怎么做。

在嘉靖朝担任首辅的四年多时间里，徐阶的许多做法与严嵩并无二致。严嵩整死夏言，徐阶搞死严世蕃、胡宗宪；张璁、夏言勇于任事，敢于抗旨不遵，徐阶不敢；嘉靖喜好服用丹药，徐阶就炼药以进；嘉靖对青词的需求日益见长，徐阶就推荐青词好手户部尚书严讷、礼部尚书李春芳入阁。

严嵩之后，徐阶能久居要职，根本做法与严嵩一模一样，就是对嘉靖的绝对服从。

两人在其他方面也有很多相似之处。比如在对财富的追求上，徐阶要比严嵩有过之而无不及。严嵩贪的以金银珠宝、古玩字画等浮财居多，徐阶就很有投资意识，他最喜欢贪的是土地。到最后，徐家在松江占有土地数量达到二十四万亩（一说四十万亩），这里是大明王朝最富庶、人口最密集的地方，这份家业十个严嵩也抵不上。

有很多例子说明，徐阶对财富有着疯狂的追逐行为，真要追究起来，贪污这个罪名就足以让他粉身碎骨。

在朝局方面，整个形势也没什么太大好转。徐阶这个首辅当得碌碌无奇，大臣们对他很失望，批评他“玄文入直，伛偻献谀”。更有人讽刺他是“容悦顺从”，只能算作一位“甘草阁老”。意思说徐阶为人处世非常圆滑，不办难办的事，谁也不得罪。

他们说得都没错，只要嘉靖能多活个十年，徐阶这个首辅一直当下去，怎么看，怎么像另一个版本的严嵩。

可嘉靖毕竟还是死了，没来得及多消费徐阶。

嘉靖四十五年（1566）十二月十四，病情加重的嘉靖离开居住二十四年的西苑，回到大内乾清宫。当日午时，这个皇帝告别了寒风凛冽的冬天，割舍了世间一切恩怨，寿终正寝。

他追求生命的永恒，并把它视为至高无上的目标。他尝试过很多方法，采阴补阳，炼丹服药，穿道家衣物，拒绝朝见大臣，还不肯见儿子。

但他还是死了，享年六十岁。

根据后人研究，嘉靖服用的丹药里重金属严重超标，长期服用这样的丹药，其中铅和汞的毒性就会发作，从而导致慢性中毒，影响寿命。重金属中毒还会影响性格，比如喜怒无常、情绪暴躁、无缘无故发怒等，这些都与记录中嘉靖的晚年性格对得上。

嘉靖驾崩，最忙的是徐阶。他的第一件事便是召来门生张居正一起写遗诏和登极诏。

遗诏名为遗诏，实际基本由内阁主笔。如果一位内阁首辅的任期恰好在两位皇帝之间，那么拟写遗诏绝对是他政治生涯中最重大的使命，这份诏书是对前任皇帝一生的总结和新任皇帝的施政纲领。

比如杨廷和代写的正德遗诏，长一万数千字，对朱厚照一生进行了彻底的批判，在历史上相当著名。

徐阶代写的遗诏怎么样呢？

字数很少，还不到五百字。

内涵相当丰富，让大家怀疑是不是出自徐阶手笔。

这份短小精悍的诏书，以朱厚熜的口吻，简短回顾了他执政四十五年的是非功过，承认自己犯了沉迷修道、大兴土木、杀戮谏臣三大过失，原因是“过求长生”。

遗诏说，这些行为有损圣德，无益于中兴大业，影响了一代士气、政风，危害匪浅。

在讲究“为尊者讳”的古代，要写出这样一份遗诏，不但要有清醒的头脑，更要有非凡的胆识和勇气。

徐阶硬是做了，丝毫没给已故皇上留情面。

讲完过失，诏书还进行了“拨乱反正”，将大礼议中因反对嘉靖而获罪的大臣全部恢复名誉，为直言进谏获罪的言官平反。存者招用，死者优恤，并提出下一步要做的事：处罚道士，停止斋醮，提拔贤才，裁减冗员。

听到这份遗诏，朝堂上下哭成了一片，有人直接就哭晕在了大殿上。

大臣们的痛哭，绝非哀痛于嘉靖之死，而是对嘉靖时代结束的一次总控诉。

几十年过去了，被杀大臣墓地前的树苗已长成参天大树；被贬的官员许多已终老流放地；就连当年正当壮年的那些官员，也已鬓发须白、垂垂老矣。

数十年来正气抑制，政风日下，一两代人就这样毁了，当年那个有作为的群体已不复存在。

朝局如此，他们几乎已放弃了希望，没想过还会有这么一天，更没想到这天来得如此之快。

遗诏名为遗诏，但大家都清楚这是谁的意思。徐阶口碑一夜逆转，他的做法得到朝中上下拥护，人们把他比作杨廷和再世。

徐阶这个人很复杂，复杂到他不亮出最后那一下，所有人都不知道他在打什么牌。

徐阶的长处亦在于此，他的聪明就在于能认清形势，该忍时一定要忍，不迂腐，不拘泥，正所谓“君子藏器于身，待时而动”。

很久以前，他也是一个能够仗义执言、孤胆陷阵的正直之士。那时候，他以为这个世界上只存在两种颜色，一种是黑色，一种是白色。

他更认为黑色终将覆灭，白色将会涂满世界。

随着年龄渐长，当年白色的徐阶变成了黑色，而此时的黑色占领了胜利的高地，代表着白色的大臣们反而逐渐褪色，消失不见。

不过他明白，白色的失败并不能代表黑色的胜利，因为无论是黑色还是白色，都无法长久地立于不败之地。

正义能够战胜邪恶，邪恶也能击败正义。

看来，做人不能泾渭分明，也不能非黑即白。做人，要做一道精致的灰。

徐阶懂得变通，明白官场的潜规则。他有政治家的精明，也有政客的狡黠。不管徐阶私德如何，为人怎样，仅就斗倒严嵩和拨乱反正这两件事，就已够得上“名相”之称。

纠错归纠错，皇上的面子还得照顾，遗诏最后强调，朱厚熜对痴迷道教的错误已有所反省，所以他还是个好皇帝。嘉靖的谥号，被定为钦天履道英毅神圣宣文广武洪仁大孝肃皇帝，庙号世宗。隆庆元年（1567）三月，葬入北京昌平永陵。

经常有人会问，明朝什么时候由盛转衰的？或者问，大明究竟是亡在哪个皇帝手里？

我的回答，下降通道在宣德时期就开始了，只是曲线比较平缓，看起来不那么明显。要说真正让这条曲线走出一个大弧线，就是在嘉靖执政这段时间了。

嘉靖一朝不是没有机遇，更不是缺少有能力匡扶社稷的大臣，但嘉靖没有把握历史给他提供的机遇，反而是让许多昔日社稷功臣变为了朝廷罪人。

不夸张地说，嘉靖执政四十五年，毁了两代人。他是聪明没用到正道上。前期他整天琢磨怎么操控大臣，让大臣们内斗，给大臣留下天威难测、威柄在御的绝对权威形象。后期他用严嵩当手套，开启大明诛杀首辅之恶劣先例。严嵩专权下人人自危，官员开始结党避祸，给政治生态带来恶劣影响。

这不是大臣们个人的悲哀，是嘉靖之治的悲哀，是嘉靖本人的悲哀，是时代的悲哀，是大明的悲哀。

呜呼！其真无马邪？其真不知马也！

俺答封贡

嘉靖四十五年（1566）十二月二十六日，朱厚熜之子裕王朱载垕举行登基大典，即皇帝位于皇极殿，次年改元隆庆。

这位皇帝在历史上存在度不高，因为他的执政时间很短。其间并没有轰轰烈烈的对外战争，朝堂也没有前朝那般你死我活的政治斗争。与嘉靖长达四十五年的年号相比，隆庆这个年号只有短短六年，简直是默默无闻。

但这并不等于说，隆庆皇帝没有什么政绩。相反，隆庆朝可以说是政绩斐然。

隆庆皇帝任内，最重要的是很有针对性地解决了两件事。一是俺答封贡，二是隆庆开关。

俺答是蒙古土默特部酋长，与大明打打杀杀好几十年，“庚戌之变”时更曾兵临北京城下。在明朝人眼中，俺答是蛮夷，是敌酋，是大明的死对头。

但是数十年来，俺答率族人冒着生命危险，孜孜不倦地这么做，是为了什么？

答案很简单，抢劫只是手段，俺答的最终目的是封贡。也就是求得与明朝进行贸易的途径。

由于草原部落的游牧经济有着先天性的缺陷，蒙古方面历来对中原的茶、酒、糖、布匹、陶瓷等生产生活物资的需求极其迫切，而大明对草原上物资的需求却没有那么强烈。利用这种贸易上的不对称，大明官方经常会通过经济手段，迫使游牧民族通过朝贡的方式，对中原王朝表示名义上的政治臣服，换取官方“赏赐”和经济利益，来保证北方边境的安全。

从永乐到弘治，明朝与蒙古关系时好时坏，朝贡断断续续，马市基本还在维持。双方就在这种边打架边做生意的奇怪局面中相处了上百年。

成化晚期，达延汗崛起，弘治初期蒙古部再次占据河套，双方关系开始恶化。弘治十二年（1499）起，明朝与蒙古诸部之间的朝贡互市基本断绝，进入了一段以相互攻战为主流的历史时期。嘉靖时期，双方关系恶化到了顶点，朝贡自然也不可能实现。

但是在古代，北方游牧民族对中原农业民族存在着一种必然的物质依赖，对蒙古各部来说，这是刚需。无法通过正常贸易手段取得，他们就抢。

俺答强盛时，可以挥师南下，甚至牧马京郊。但俺答也会衰老，蒙古部落也会衰落。唯有正常贸易，是实现长久和平的唯一途径。

俺答也意识到了这一点，正如《明实录》所载：虏自壬寅（1542）以来，无岁不求贡市，其欲罢兵息民，意颇诚恳。

在嘉靖朝，这是不可能的事。嘉靖皇帝极端保守，南倭北虏，很大程度要归咎于他顽固的偏见。和他父亲比，隆庆没那么聪明，也不够高调，但要说外交水平，朱载坖领先朱厚熜十个身位都不止。

他也一直在思考：和蒙古部落这样打下去，真的是唯一的出路吗？

机会在隆庆四年（1570）出现，俺答之孙把汉那吉与俺答闹矛盾，一气之下跑到大同请求明朝收留。俺答追至，要求明朝交人。

要照以往，要么将把汉那吉赶走，要么把他扣下当人质。但是这次不同，时任宣大总督王崇古和大同巡抚方逢时都以事务练达、才略出众闻名。他们俩就合计了，俺答年年求贡，态度一年比一年诚恳，苦于没有突破口。能不能把这次事件作为一个契机，通过正常外交手段，来达到实现明蒙和平的目的呢？

按这个思路，王崇古上疏，向朝廷提出，应当优待把汉那吉，通过外交手段来和俺答接触，创造双方和平解决争端的机会。

此论当然招致朝议哗然，若是按照以往的逻辑，明朝内部对于与蒙古部落作战的意志是异常坚决的。这次的把汉那吉事件，不过又是蒙古人的“求贡诡言”而已，许多大臣是这么想的。但是当时主理朝政的阁臣高拱、李春芳、张居正并不这么认为，他们坚决支持王崇古的主张，使得把汉那吉事件得以和平解决。明蒙双方也对对方有了新的认识。

王崇古大受鼓舞，再上《确议封贡事宜疏》，得到内阁的鼎力支持，最后由隆庆拍板，封贡终于得以实现。

明朝封俺答汗为“顺义王”，开放十一处边境贸易口岸，漠南蒙古大部分地区实现了同明朝的和平往来。明朝每年节省的军费不下百万银两，边疆贸易亦由此兴盛。

历史证明了，封贡对明蒙是双赢之事。诚如史料所言：“故虏使于乞和之初，即有求讨锅布之恳。必须许以市易，以有易无，则和好可久，而华夷兼利。”（《皇明经世文篇》）

隆庆开关

隆庆和议带来明朝西北向压力减轻，那么东南呢？这个问题，早在隆庆即位初期就解决了，

嘉靖年间倭乱的爆发，有个不被人注意的时代背景，即 16 世纪的世界大变局。

15 世纪末到 16 世纪初，欧洲人开辟了横渡大西洋到达美洲、绕道非洲南段到达印度的新航线，并成功进行了第一次环球航行，新航路的开辟一直延续到 17 世纪。

这段时间，世界各地尤其是欧洲，发起了广泛的跨洋活动，带来地理学上的重大突破。这些远洋活动促进了地球上各大洲之间的沟通，形成众多新的贸易路线。

随之而来的，是殖民主义和自由贸易主义开始抬头，也是东西方之间的文化、贸易交流大量增加，这段历史被称为大航海时代或地理大发现，是人类文明进程中最重要的历史之一。

在这场重大历史运动中，欧洲人发现了新大陆，其中又是葡萄牙人与西班牙人最早开始活跃，因而地理大发现一度演变为葡萄牙和西班牙瓜分世界的殖民战争。具体到东南亚，与中国最先发生直接联系的是葡萄牙人。

正德五年（1510），银川发生了安化王朱寘鐇叛乱。也是在这一年，葡萄牙人占据了马六甲继而来到东南亚，此后西班牙人也跟进。这些欧洲人通过贸易使中国商品的市场需求从东南亚迅速扩大到欧洲，直接刺激了中国走私贸易势力的壮大。

正德十二年（1517），葡萄牙外交特使皮莱资首次来华，受到正德皇帝的接见。双方就通商、贸易等事宜进行了驴唇不对马嘴的会谈，并没有达成共识。

自由贸易的需求是与大明王朝的传统相悖的，明朝满足于自给自足的小农经济模式，没有对外贸易的需求和动力。

嘉靖即位，葡萄牙人又燃起希望，但嘉靖正忙着大战杨廷和，哪有空搭理这些外国人，他发布了禁止佛朗机人入境的诏令，无奈葡萄牙人不肯离去。嘉靖十六年（1537），嘉靖下令武力驱逐，双方船队在屯门（今广东深圳西南山区附近，一说在香港九龙屯门）大战一场，明军艰难取胜，随后嘉靖就颁布了著名的海禁诏书。

众所周知，海禁政策违背历史潮流，尤其是在西方已开始领先东方、东西方文明交流加剧的历史时间段。固守小农经济时代的古老政策没有意义，只有交流才能缩小差距，才能让中国跟上世界发展的步伐。

抛开发展不谈，海禁直接就断了沿海居民的生路。从宋到元，海民一向是靠海吃海。政策虽然能从官府角度禁海，却禁止不了民间的走私贸易，反而助长了沿海盗匪与倭寇勾结，嘉靖年间倭乱大盛，海禁是诱因之一。

葡萄牙人和西班牙人各自通过新航路，先后于16世纪初来到东南亚，使中国商品的市场需求从东南亚迅速扩大到欧洲，直接刺激了中国走私贸易势力的壮大。

因此“嘉靖倭乱”的发生，也是明朝海禁政策导致的全球化与中国市场需求之间相互矛盾和冲突的结果。

嘉靖驾崩后，谭纶、涂泽民等有见识的大臣就一再奏请开海。朱载垕和大臣们通过“嘉靖倭乱”了解到“市通则寇转而为商，市禁则商转而为寇”的关系，顺应了有识之士要求适当开海的呼声，“准贩东、西二洋”。

自朱元璋时代起实行的海禁政策正式废除，从而形成隆庆开海的局面。

必须承认，隆庆开放海禁，使晚明时期的中国市场与世界市场顺利衔接并相互促进，具有非常积极的意义。

而它带给朝廷的实惠，更远非可以增加税收、活跃经济那样简单。从货币角度上看，它可以说是给大明打了一针强心剂。

中国历来不是产银大国，元朝的国际背景，又使得在蒙古统治期间，大量白银作为国际贸易支付工具，经由中亚和中东商人之手流向海外。

洪武时代，朱元璋建立起了纸币制度（大明宝钞），当然他的经济知识是很堪忧的，大明宝钞的币值不过稳定了二十多年，就成了扔在大街上都没人捡的垃圾。而数量有限的金银和铜钱根本无法满足民间流通的需要，老百姓已自发开始以物易物。

显然，这种原始的交易方式会对经济发展起到相当大的抑制作用，白银存量和产量都无法满足需求，就形成了银荒。

没有一个稳定的货币政策和国家财政运作形式，对经济发展相当不利，钱币荒成为明代中期财政危机的因素之一。

货币白银化已成为明朝的迫切需求，为这一需求带来些许改善的，首先是日本人。

日本境内在战国时期发现多处银矿，相当于白捡一大笔钱。当时的日本是比较落后的，非常需要海外的各种商品，他们便开始大量用白银采购国外商品，其中主要是中国商品。

这个时间大致是在1530—1540年，当时大明禁止与日本直接贸易，通过走私和以葡萄牙人为中间商，大量日本白银流入中国。

日本毕竟是个岛国，资源有限，阔绰了一段时间后，银矿产量下降，加上德川幕府也实行闭关锁国的政策，直接流出日本的白银数量明显下降。

但是流入中国的白银非但没有变少，反而暴增。

原因就在于大航海时代开始后，欧洲殖民者在美洲陆续发现了几处巨大的银矿。其中最大的三个——波托西、萨卡特卡斯、瓜纳华托银矿，先后在1545—1558年开始开采，这些银矿的产量能占到当时全世界白银产量的百分之六十以上。

这个时间点恰好赶上隆庆开海，中国正面临白银需求与自身白银供给的不平衡。

随着全球航运贸易能力的大幅提升，各国商人为弥补贸易逆差，将美洲、日本等地出产的白银运到中国，换取丝绸、茶叶、陶瓷等中国商品，最终形成了海外白银持续流入中国的局面。

从这一时期起，民间海商获得了梦寐以求的合法地位，明朝随即成为全世界最为强大的吸金机器，巨量的白银流入大明，成为明朝货币白银化的直接原因之一。

倭寇进行的说到底是一种抢劫行为，如果正常开展贸易，以商业化手段解决贸易不对称而带来的暴利，必然能够让抢掠行为失去意义，就像大禹治水，疏通有时候比堵更有效。

隆庆顺应民意，“准贩东、西二洋”，批准开海，这是个巨大的进步。

“隆庆开海”也由此写入史册，成为中国乃至世界贸易史上的一大重要事件。

开海后带来的好处显而易见，中国的市场可以和世界市场衔接了，各种商品源源不断出口，带来的收益是流入中国的白银不断增加，为明朝货币白银化提供了重要条件。

当然，除了民间经济的活跃，官府还能收税，明朝能收取“引税”“水饷”“陆饷”“加增饷”等几种税收。有正经生意可做，一样能赚钱，谁还愿意冒着杀头的危险去当海盗呢，商人也愿意交税做正规生意，这是个良性的循环。

至于其他好处，那就更多了，比如红夷大炮类武器装备的引入、仿造，以及几何学、天文历法、地理学等学科著作的译介。明人已翻译了《几何原本》《同文算指》《测量法义》《圜容较义》等西方数学史上的著作，极大地影响了中国原有的数学学习和研究习惯，是中国数学史上一件大事。

这些比单纯的财政影响更大，先进的装备和较之中国学科更为完备的知识传入，能带动中国社会和科学发展。

可惜，这种开放终究未能持续下去，到了明末，随着时局的混乱，海禁再次开始收紧，直到清朝彻底闭关锁国。

话说回来，隆庆皇帝比较低调的原因之一，是在他任内，“抢风头”的是高拱、张居正、谭纶、戚继光等名臣。隆庆皇帝完美诠释了什么叫作用人不疑、疑人不用。

对于徐阶、高拱、张居正等人，早在还是裕王时，朱载坖就非常了解也非常信任。他登基后，对他们放手使用，并给予坚定支持。高拱等人是台上的主角，隆庆则是幕后的大佬，舞台下的观众把目光聚集在主角身上，却忽略了幕后的人物，这正是隆庆用人的成功之处。

这个皇帝很低调，很务实，尤其是他还具有相当开明的视野。他让百姓得以休养生息，让明朝有了一个自我内部优化的环境。这样的时代注定不是很热血，注定不亢奋，所以他在历史上的存在感很低。

隆庆一朝，只有六年。但其间人才辈出，在徐阶、张居正、高拱等阁臣的主持下，隆庆一朝颇称大治。

隆庆皇帝极大地解决了明朝中期以来的外患问题，隆庆一朝短短几年的政绩，比他父亲（在位四十五年）和儿子（在位四十八年）都好，说他帮大明延续了几十年的寿命，丝毫也不为过。

可惜，他太短命，隆庆六年（1572）五月二十六日，朱载坖驾崩，时年三十六岁，庙号穆宗，谥号契天隆道渊懿宽仁显文光武纯德弘孝庄皇帝，葬于十三陵之昭陵。

张居正的考成法

隆庆驾崩，十岁的太子朱翊钧即位，次年改元万历。这个年号是明朝所有年号中使用最长的一个，长达四十八年。

皇上年幼，无力独自处理政事。在万历朝的头十年，实际处理帝国政务的是内阁首辅张居正。

张居正，字叔大，号太岳，湖广江陵（今湖北荆州）人。他二十二岁中进士，入翰林院，成为内阁重臣徐阶的门生。彼时正是嘉靖年间，严嵩为夺首辅之位，进谗导致夏言被杀。在严嵩一家独大的日子里，血气方刚的张居正也曾上《论时政疏》，直指大明王朝五大痼疾。这个小小六品翰林有扭转颓政的抱负，有弃身为国的舍身精神。但在当时，他离政治核心还相当遥远，这样的政见根本不会引起当权者注意，甚至根本到不了嘉靖那里，也就没有引发任何政治争端。

自此以后，张居正似乎明白了什么，他有匡时济世的才干，却无意于清名，不想作无结果的牺牲，这使他能够理智地驾驭自己的感情。终嘉靖一朝，除了例行的奏章和必要的应酬之外，他没有再说什么。在政治的风浪中，他模仿老师徐阶的“内抱不群、外欲混迹，相机而动”。

嘉靖四十三年（1564），张居正晋官右春坊右渝德兼国子监司业、裕王府侍读学士。

这是徐阶送给他的未来，安排张居正当裕王朱载垕的讲官出于深远之虑。嘉靖百年之后，裕王继承大统，老师自然就进官大学士，预定内阁一个位置。

嘉靖四十五年（1566）嘉靖皇帝驾崩后，徐阶起草遗诏，引张居正与之共谋。不久张居正便升任礼部右侍郎兼翰林院学士。月余，与裕王潜邸故讲官陈以勤一起入阁，而张居正为吏部左侍郎兼东阁大学士，正式进入权力核心，彼时张居正四十三岁。

在隆庆朝，徐阶与高拱是政治对手，两人一度闹得不可开交。按理说，张居正是徐阶器重和提拔的，应当完全支持老师才对。实际上徐阶当政后，张居正与他的政治理念并不完全相符。

徐阶的政绩主要是确保了皇权的平稳交接，并对嘉靖朝的弊政进行拨乱反正的工作。效果不错，可就这时的大明而言，光拨乱反正是不够的。

张居正觉得，老师太胆小，政策偏于保守，大明的问题不是光靠修修补补就能解决的。恰好高拱也是这样的想法，在执政大方向上，高拱才是张居正的同路人，而不是徐阶。因此在徐阶和高拱的政治斗争中，张居正保持了沉默，既没帮着老师，也没偏向高拱。

由于与朱载垕的亲密关系，前裕王府首席讲官高拱胜出，接替徐阶成为内阁首辅，与张居正联手实现他们的政治抱负。隆庆开海和俺答封贡都是在此期间实现。当群臣激烈反对俺答封贡时，是高拱、张居正坚定地支持了王崇古，让这件大事得以实现。

可以说，高拱、张居正当政期间政绩斐然。等到隆庆皇帝驾崩，他的老师高拱便不再吃香。加之高拱本人有揽权专横、性格暴躁等缺点，因而为朱翊钧生母李太后所斥，罢官回籍闲住。

隆庆六年（1572），四十八岁的张居正登上了首辅之位。二十多年的官场沉浮，他早已看清了许多。这一次，他终于登上了顶峰。

严嵩、徐阶、高拱，那些身影都已远去，一直掩藏锋芒的张居正，将从此开创属于他的十年。

张居正很清楚他要什么，嘉靖二十八年（1549）他写的那篇《论时政疏》，其中就明确指出朝政有宗室骄恣、庶官瘝旷、吏治因循、边备未修、财用大匮五大弊病。二十三年过去了，首辅从严嵩、徐阶、高拱换成张居正本人，这些问题依然没有解决。

还能解决吗？张居正相信一定能。

在《论时政疏》最后，他写道："五者之弊非一日矣，然臣以为此特臃肿痿痹之病耳，非大患也，如使一身之中，血气升降而流通，则此数者可以一治而愈。"

局部臃肿，不是大毛病，血气通畅就能痊愈。

怎么治？五种毛病里，两种都指向吏治，必须先从吏治开刀。

张居正解决这个问题的办法是考成法——考，就是考核；成，就是成效。所谓的考成法，就是专门考核官员办事成效的方法。

之前，大明官员的考核权主要掌握在六科给事中手里。这样就带来一个问题，六科给事中不过是七品官员，权力却极大。

理论上说，六科给事中直接向皇上汇报，官员的最终考核权在皇帝本人手里。但在实际操作中，很少有皇帝会亲自去考核官员。如此一来，给事中遭到权力围猎是必然的事，随之也就带来吏治败坏。

针对这种情况，张居正的考成法规定，今后凡六部官员所上奏之事，皆由六科进行考核后交给内阁，内阁每年按照考核的结果来决定官员的去留。

简简单单一招，撬动了吏治的根本。张居正的考成法将最终裁决权收归内阁，大大削弱了六科的权力，这一举措改变了明朝承袭两百年的官员体制。

效果很明显，万历元年（1573）十一月，考成法正式施行。开始大家很不习惯，以为张阁老不过是新官上任做做样子而已。然而张居正的决心让他们始料未及，执行到万历九年（1581），因考核没通过而被裁撤的官员就有一千三百多名，接近当时大明官员总数的三分之一。

整饬边备

整顿吏治大见成效，张居正第二步要做的是整饬边备。

他为此制定的是“西怀东制”战略。

当时明朝在北方边境的主要防范对象有两个，东北的土蛮、女真和西北的蒙古鞑靼贵族俺答。张居正东西两个方向配置的都是当世名将，一个是戚继光，另一个是李成梁。

戚继光不用多说，隆庆三年（1569），时任福建总兵的戚继光录平倭之功，晋封为右都督。二月，调任蓟州总兵。戚继光率三千浙军北上，镇守蓟州、永平、山海关等地，开启了他在北地的一段传奇。

这一守就是十六年，在戚继光担任此职以前，蓟镇“十七年间，易大将十人，率以罪去”，边防并不巩固。戚继光镇守蓟州后，“在镇十六年，边备修饬，蓟门宴然。继之者踵其成法，数十年得无事”。戚继光证明了他既能抗倭，又能抗蒙。也因此被加封为太子太保，又晋升少保，后世所称呼的“戚少保”，即由此而来。

西边安稳了，东边呢？

在张居正为相期间，辽东同样稳如泰山。因为在辽东，他重用的是另外一个将领——李成梁。

李成梁，辽东铁岭人。李家有世袭的铁岭卫指挥佥事（正四品）官职，但李成梁父亲李泾因事获罪，导致家道中落。直到四十岁，李成梁才由贵人相助得以入京袭职。

剽悍的人生，从四十岁开始。嘉靖四十五年（1566），李成梁以险山参将出道从军，第二年就升为辽阳副总兵。三年后，他又被提拔为辽东都督佥事，充任总兵官，驻节广宁，镇守辽东。

李成梁用了四年多，完成了别人四十年都不一定能完成的升迁。需要说明，他的晋升不是靠拉关系走后门，而是因为屡建战功。张居正尝言："世必有非常之人，然后有非常之事。有非常之事，然后有非常之功。"在他眼里，李成梁有成为非常之人的潜力。李成梁出任辽东总兵，正是出于张居正的力荐。

李成梁也没有辜负张居正的期望，镇守辽东期间，其军锋所指，所向克捷。辽东盘子很稳，只有他招惹别人，别人绝不敢来招惹他。

怎么做到的？

李成梁与戚继光是不同类型的将领，擅长指挥骑兵，艺高人胆大，运气还一直不错。这家伙四十岁加入军队后，几乎天天打仗，年年打仗。每战他都是亲自领兵，还能做到每战每胜。

在作战思想上，李成梁也和戚继光截然不同。戚继光打的是防守反击，李成梁信奉御敌于塞外、制敌于巢穴。

在他治下有一支极为精锐的骑兵，就是大名鼎鼎的"辽东铁骑"。这支队伍以李成梁的家丁为骨架，一改辽东旧军队的面貌，战斗力极强。李成梁纵横北方边塞四十余年，前后镇守辽东近三十年，屡破强豪，强力压制了东北各部。他打服蒙古酋长，斩杀女真首领，李将军马首瞻处，虏敌动辄闻风丧胆。到后来清人修明史，对李成梁打压女真各部颇有贬低之词，但也不得不承认，"然边帅武功之盛，两百年来所未有”。

总之，万历初年，张居正为相，制定了“西怀东制”的边防政策，取得巨大成功。蓟州总兵戚继光很好地贯彻了张居正的思想，守得密不透风。辽东总兵李成梁以攻代守，打得女真胆寒。“南戚北李”两大当世名将，在蓟辽筑起了一道坚固的屏障。从此“戎马无南牧之儆，边氓无杀戮之残”，每年“所省征调费不啻百万”，长城沿线出现了“六十年来，塞上物阜民安、商贾辐辏，无异于中原”的兴旺景象。

因此可以说，在万历初期，边事是颇有成效的。

一条鞭法

做完这些，张居正并不满足。对照他《论时政疏》中提出的五大痼疾，前四个他正在逐步着手解决。不过第五个痼疾才是最关键的，才是让大明王朝重焕青春之根本。

第五个痼疾是“财用大匮”。

“财用大匮”就是钱不够花了，财政收入与支出严重倒挂。这个问题是老问题，明代中期就已出现，经过朱厚照、朱厚熜两任皇帝的折腾，大明财政早已不堪重负。隆庆时期的开海与封贡，让大明有了喘息之机，但终究还是财政亏空。

这个问题已不是修修补补能够解决的，治沉疴须用猛药，大明需要一场重大的改革，来扭转经济不断下行的颓势。

这剂猛药叫作“一条鞭法”，也就是张居正的经济改革措施。

说起来，一条鞭法并非张居正首创。早在成化年间，就有一些地方政府自行实施推广了一条鞭法。嘉靖十年（1531），大学士桂萼也提出了一条鞭法，由张璁主导在许多地方进行试行。嘉靖后期，大学士徐阶任内，南直隶也实行了一条鞭法。

一条鞭法由历朝许多人加以完善和施行，这是一个长期的过程与实践。但是把一条鞭法归功于张居正也是没错的，因为他推行得最彻底、最有成效。

一条鞭法是什么呢？

“鞭”又作“边”或“编”。一条鞭法，泛指化繁为简，一条编派的一切之名。后专指明后期改革赋役制度的措施。

封建时期，历代王朝的税制多有变化，但万变不离其宗。农民们最沉重的赋役主要有三种：土地税（田赋）、人头税（口赋，丁税）、徭役。此外，还有五花八门、时多时少的附加税。

明代继承了这些税制，税收以实物的方式征收，包括本色（米、麦、粟等）和折色（绢、布、丝、钞等）。

明代徭役大致可分为三种，一为里甲役，即一里的事务；二为均徭，即官府经常性的差役；三为杂泛，为临时派遣的一切差役。

这三种徭役具有不排他性，不是说你今年挑一种就完事了，很可能是三者兼承担。男子要从十六岁（成丁）开始服徭役，到六十岁才能免除。原则是配户当差，以户供丁，父死子继，役皆永充。

徭役才是古代最可怕的东西，劳动人民被强迫从事无偿劳动，对生产力造成了巨大伤害。许多人想方设法逃籍，就是为了逃避繁重的徭役。

万历九年（1581），在张居正主持下，一条鞭法推行于全国。内容各有不同，包括：赋、役内各自款目部分或全部合并，或赋与税全部款目并为一条；合并后，量地计丁，以旧为主，按丁田不同比例，或计亩征银；里甲轮派徭役改为逐年编排；赋税等项折银交纳后，所需由官府雇募或买办；征收和解运由官府负责。

张居正的一条鞭法，精髓有两条：

一、把徭役和杂七杂八的各类税收，摊到土地税和人头税里合并征收。官府只管查人头和土地，谁家人头多、土地多就多交税，反之则少交税。

二、除苏、松、杭、嘉、湖地区供应京师宫廷的漕粮以外，其余地区的赋役，一概折算白银，解运方式上由民运民解改为官运官解。

以往各项科目征收时间不一，还有繁重的劳役，大家全年都要应付，农民要交一大堆乱七八糟的产品，还要负责物流和损耗。现在都不用了，改为统一征收期限、统一征收管理。以后不收东西了，也不要你干活，统一改为收钱。国家把钱收上来，需要什么东西自己去采购；有什么劳役，雇人去干。

总的来说，一条鞭法是合并各类征收或解运方式。其特点是：合并编派、合并征收、用银缴纳、改变解运制度。

用现代的税制来理解，一条鞭法可以理解为部分取消人头税，分摊到田赋里，是征收财产税的一种改革。到了清代雍正时期，干脆把丁税也摊入田税内征收，即所谓摊丁入亩。

所以说，一条鞭法上承唐代的两税法，下启清代的摊丁入亩，是中国历史上具有深远历史影响的一次税制变革——确实是没错的。

需要说明，张居正的一条鞭法，立场是朝廷，出发点是富国强兵，为了将收税、征劳役化繁为简，并不是为了减轻百姓负担。

不过在客观上，由于改为统一征收、统一管理，确实大大简化了行政流程，减少了中间流通环节，上下官吏能插手的环节相对机会大为减少。同时，一条鞭法改革了劳役，使长期以来因徭役制对农民所形成的人身奴役关系有所削弱，农民获得较多的人身自由，相对起到了减轻百姓负担的作用。

因此可以说，一条鞭法算得上利国利民的好政策。

将一条鞭法推向全国是一个长期而艰巨的过程，这个过程是与清丈田地同步进行的。由于大批流民的存在，里甲制、户籍制早已形同虚设。太祖高皇帝制定的“赋役黄册”已成一纸空文，想靠鱼鳞皇册来统计人口数量，不靠谱。

张居正想要改变这个局面，他真正需要干的事，是清丈全国土地，找出隐匿的土地和人口，确定税基。张居正的武器还是考成法，手握考成法，张居正不怕地方官不作为。在首辅大人的严厉督办下，清丈工作得以在全国艰难推行。

万历四年（1576），张居正开始在家乡湖广试行一条鞭法，然后一个省一个省逐步扩大范围。在推广过程中，他也允许当地官员根据自己辖区情况，制定各自的实施细则。

直到万历九年（1581），清丈田地基本结束，一条鞭法才差不多在全国铺开。

清丈田地引起轩然大波，一条鞭法更是触动了不知多少人的利益，上至王公贵族，下至官僚地主，核心利益受到触动，引来反弹是在所难免的事。

仅万历九年（1581），就有松江知府阎邦宁、汝州知府郭四维、安庆知府叶梦熊、徽州府掌印官李好问等高级官员，不是清丈田粮迟缓，便是对一条鞭法的推广抱有抵触情绪。

张居正听说，只是吩咐按考成法来办，该停俸停俸，该记过记过（“戴罪管事”），谁说话也不管用。再不行，撸掉他们也在所不惜。

惩办官员还容易理解一点，毕竟以首辅之尊，没有官员能当其锋芒。对于另一类人，张居正也是毫不留情。一些勋贵或宗室试图阻挠，一样遭到惩办，不是被革禄米就是革去封号，废为庶人。

总之，谁来也不为所动，谁说话也不给面子，一切看业绩。

效果如何呢？至万历十年（1582），张居正改革的成果已相当丰硕，全国可征收赋税的田地增加到七百万顷。大明王朝此时一年的税收，从隆庆时每年的低谷，增到八百万两。考虑到两百多年来的纸币贬值、钞法不行，再结合当时白银的购买力，这一数量不但远高于大明建国时期，也远高于清朝康乾盛世，这可以说是中国封建王朝历史上税收最高的一段时间。

失败的老师

张居正的改革任务完成得相当出色，但是另一项非常重要的任务，他完成得很糟糕。

这项任务就是教导皇上。

从张居正成为太子老师的那一刻起，他殚精竭虑，誓要将朱翊钧培养成中兴之君。等到朱翊钧即位，成为万历皇帝，他也从来不敢懈怠。

张居正这个老师是非常严格的，在学习上，他从不允许学生有任何侥幸心理。有一次，小皇帝读《论语》，读到一句“色勃如也”，将“勃”字读作了“背”字。读书读错个字，本来也不是太大不了的事，但在张先生眼中，这是不能容忍的错误。他当即断喝一声：当作“勃”字！

万历悚然而惊，在场人也无不失色：皇上已经十几岁了，张先生您这一嗓子，是不是有点失人臣之礼？

万历对张先生逐渐产生畏惧心理（“帝甚惮居正”）。李太后又利用这种心理，每每万历做错事，她就抬出张居正来吓唬他：这事要让张先生知道了，要你好看！

久而久之，张先生在万历心里成了惧怕的代名词。

李太后的本意是以张居正为严师督促万历，然而这不是一般的学生，万乘之尊所害怕的、感到压制的东西，他迟早都会推翻。但这时的万历，还没有这种明确的意识，就是李太后，也不知道她种下的祸根。

万历六年（1578），十六岁的朱翊钧大婚，曾经的少年天子已然成年，渐渐露出了对独立行使皇权的渴望。这个曾经无比依赖张居正的小小少年，竭尽全力想要成为大明王朝真正的统治者。

成婚之后，万历不再受母亲李太后的管束，花钱渐渐开始大手大脚起来，内廷库银一年五六十万两都不够他与皇后挥霍。为了能继续享受皇帝“应有的”生活，万历下令，从户部拨取二十万两白银用于内廷的开销。但是，旨意刚刚下达到户部时，就被张居正拦下了。

张居正入宫面见皇上，情急之下，直接质问起来：内廷的库银都用到哪里去了？

张先生的严厉质问，让万历心生不快，却也不好发作。

张居正一再坚持，户部的银子只能用在国事上，后宫的用度只能从内库支取。万历见张居正不松口，便提议，如果户部的银子不能支取，自己便铸造铜钱使用。

这个建议再次遭到张先生的严词拒绝：钱，那是能瞎造的吗？

这件事后，万历越想越生气，越想越窝囊。碍于张居正的身份和威严，他不敢发作，内心却禁不住想：“我贵为堂堂一国天子，居然连铸造一枚铜钱的权力都没有，何其可悲？张先生居然连天子的命令都敢驳回，这天下哪有臣子做天子主的道理？”

自此，万历在表面上，表现得对张居正依旧尊重，事事都会询问他；但在行动上，渐渐显露出乖张难测的一面。

万历八年（1580），出宫游宴，喝得酩酊大醉，万历命两个内侍唱曲助兴，小太监推说不会。万历生气了，拔剑就砍，左右侍从连忙拉住。万历还不肯罢休，下令鞭笞二人几乎至死，最后又坚持割下他们的头发，以示“割发代首”。

这件事被太监冯保捅到李太后那里，李太后想不到儿子会做出如此荒唐的举动，便想要重重责罚。她将万历召来，当着张居正的面，命他长跪地上，数说他的过失，并威胁说再这样做，就要废掉他的皇帝之位。

万历吓得泣不成声，请求李太后原谅。李太后气恼未消，叫取来一本《汉书》扔到他面前，命令道：你翻到《霍光传》，大声读一遍，读给你的张先生听听。

霍光，历史名人，汉武帝托孤重臣，大汉江山多亏了有霍光这样的人镇守，才能保得一时平安。

李太后的意思，是叫万历以史为鉴，叮嘱他要多听张居正的教导，今后切勿再出现此等荒唐行径。

但霍光做过另一件有名的事是废立皇帝，废刘贺立刘询，被许多人称为权臣。

万历当然知道霍光的典故，他读着读着就读出了不一样的味道：刘贺被废，不就是因为霍光？如此来看，张先生倒像是自己身边的权臣。

李太后这么做也无非是想吓唬一下不懂事的万历，哪会真的废了他？万历的感受却不是李太后所期望的，他产生了一种受压抑的敌意，一种威胁。

读完《霍光传》，李太后说：这还不算完，你既然认错，就要有个知错的样子，再写一份罪己诏吧。

所谓罪己诏，相当于皇帝的检讨书，它通常是在三种情况下出现：一是君主犯错后自责，二是天灾造成灾难，三是政权危难之时。每到这些时候，皇帝就会自省或检讨自己过失、过错，写成诏书，向天下公布。

万历心想：我不过就是处罚了两个宦官，怎么闹到要写罪己诏的程度了？扭扭捏捏不肯写，李太后看出他心思，冷笑一声：你不写，叫张先生代你写。

张居正冷眼旁观了整个过程，自然明白自己的角色是什么。轮到他上场了，张先生吩咐研墨铺纸，挥毫泼墨，片刻即成。整个过程如行云流水，万历看得目瞪口呆。

张居正的公文水平肯定是极高的。遗憾的是这份文件的原文我没能找到，史书上记载了万历看到这份诏书的反应："词过挹损，帝年已十八，览之内惭，然迫于太后，不得不下。"

"词过挹损"——太不给皇上面子了，万历根本不想公布这份诏书，但迫于太后的威严不得不下发。太后毕竟是亲妈，万历不能恨亲妈，自然就把账记到了张先生头上。

身为皇帝的母亲，李太后是一个颇具政治眼光的聪明女人。她明白，若想要匡扶社稷、中兴大明，只能依赖眼前的张居正。她希望张居正能帮助他们母子俩护住大明江山，她更希望儿子能在张居正的教导和辅佐下，稳坐皇位，因此，李太后一直都全力支持着张居正。

不得不说，母亲的眼光比儿子看得更加长远，如果万历能听从母亲的告诫，平心对待张居正的劝说，大明王朝或许真的可以再延续百年。

然而，李太后虽然聪明一世，却始终忽略了儿子的心理变化。她对张居正的肯定与对万历的打压，激化了万历与张居正的矛盾。

张居正生前曾经说：事长君易，事幼主难。他的话竟不幸言中。

惨遭清算

万历九年（1581）五月，张居正病了，病情日加沉重，直到卧床不起。其间张居正多次乞求致仕，万历就是不准。

无奈，张阁老只得带病上朝，边看奏章边吐血，边吐血边批复奏章。如此缠绵病榻一年多以后，张居正以这种他不希望看到的方式走完了一生。

万历十年（1582）六月二十日，大明太师兼太子太师、吏部尚书、中极殿大学士张居正病逝，终年五十七岁。

张居正去世前九天，万历加封他太师衔。这是文臣中至高无上的官衔，在明朝二百年的历史中，从未有人在生前得到这项荣誉。

张居正病将不起时，万历频频派人问候，“闻先生糜饮不进，朕心忧虑。国家大事，当一一为朕言之”。

王朝柱石轰然倒塌，举国悲痛。万历为他的张先生辍朝三日，赠上柱国，谥“文忠”。谕旨特批子孙扶棺千里回籍，风光大葬，极尽哀荣。

看上去万历正在兑现承诺，只是当时，所有人都没有想到，一场针对张居正家族的清算正在逼近。

张居正在世时，与宫内大太监冯保一内一外教导万历。两人互通声气，把小皇帝管教得浑身不自在。张居正去世不久，冯保即以“欺君蠹国”被抄家，冯保本人被从宽发落，贬到南京（“故从宽，着降奉御，发南京新房闲住”）。

张居正与冯保的关系尽人皆知，这下“变天”的信号再明显不过。张居正的改革自然触动了无数人的利益，他在世时近似无敌，无人敢轻举妄动。冯保倒台，弹劾张居正的奏章雪片般飞来，张家的命运也就此注定。

万历十一年（1583）三月，万历命追夺张居正赠官，将其子张简除名；八月，追夺张居正“文忠”谥号。

皇上的态度无疑是鼓励，清算张居正进入高潮。四月初九，张居正在京府邸被抄，又加张居正“侵夺王府金宝，又占王坟”罪名，命人前往张居正湖广老家查抄。

听闻此事，许多大臣都觉得过分。大学士申时行、许国，左都御史赵锦等朝廷大员先后上疏，劝谏皇上适可而止。他们说，张居正一切荣誉、官职都被剥夺，连他兄弟、儿子的官职也被革掉了，已经相当严厉，并且以嘉靖朝严嵩为先例，希望不要牵连过广。

对于为张居正求情的奏章，万历一概置之不理，决心把张家一撸到底。

钦差大臣还在路上，地方官员已得到命令。为防张氏族人转移财产，江陵知县将张府封门，对其断水断粮，以至于最后开门时，张家已经有十余人饿死。

封门时，阖家上下之惨已是令人不忍直视，钦差来到开门后，侥幸活下来的，人人还被搜身，“其妇女自赵太夫人而下，始出宅门时，监搜者至揣及亵衣脐腹以下”，官宦人家妇孺的尊严，荡然无存。

查抄结果如何呢？共得黄金万余两，白银十余万两。

如果出自普通人家，这自然属于巨额财产。张居正可是柄国十余载的首辅，他本人也从来不以清廉出名。这点钱，实在不算多。或者说，张居正才贪了这么点钱，大出人们意料。

万历很不满意，下令严刑拷掠。张居正长子张敬修不堪凌辱，自缢身亡。他死前留下血书，极尽凄惨。三子张敬懋两次自杀未遂，侥幸留下一条命。

因为查抄张居正的府邸，已经出了十几条人命。现在就连张居正的子嗣也保不住，如此对待老师之后，未免太过凉薄，一时朝野为之震动。以申时行为首的内阁大学士，纠集六部九卿大员，争相上疏，请求从宽处分。

到此，查抄家产一事只能收手。但万历还不打算放过张家，下诏榜示张居正罪状于天下，“诬蔑亲藩，侵夺王坟府第，钳制言官，蔽塞朕聪，专权乱政，罔上负恩，谋国不忠”。本当断棺戮尸，仅仅因为他多年效劳“故准恩免，将其弟及子孙多人，俱发往烟瘴之地”。

就在不久前，万历还红口白牙，口口声声说要照顾张先生子孙。老师尸骨未寒，学生就这样对待他的子孙，真是令人齿寒。万历的最后一丝皇恩，体现在顾念张居正效劳多年，恩准免于开棺戮尸的说辞里，何其冰冷无情！

世间再无张居正

回过头说，张居正真的能挽救大明吗？

我的回答是不能。

人们称他为“救时宰相”，这是褒奖，也是事实。心力交瘁的张居正曾无奈地说：“奈何积习成风，因循难振”，“欲一起而振之，而力不从心”。

张居正是救时能臣，不是大明的救星。救时者只能救一时，不能救一世。大明积弊已深，不是张居正以外科手术所能救活。张居正打过一个比方，说自己是“补以孤焰，耿耿于迅飙之中”，一个威权盛极一时的当权者，力图推进一些改良，其处境竟然像是迅飙中孤独的火焰，摇摇欲灭。

然而，即如孤焰置于风口，仍然要以那微弱的光芒，照亮历史前进的通途，这就是张居正锐意改革的精神。

张居正不惜摩顶放踵点燃的革新之火，已是当时人们所能作出的最好选择，他也一度为衰败的王朝赢得一丝光华，为这个衰败的大明续命。

张居正遭到清算，考成法自然被废，清丈田亩全面停止，迂腐陈旧的做派卷土重来。张居正用十年心血构筑的中兴势头，仅两年时间就被砸个稀烂。

朝政又陷于无尽的纷争与腐败之中。

张居正生前应该明白，自己撒手人寰后，改革必不能持久。只是他可能没料到，自己身后遭到清算，会对大明的走向产生什么样的影响。

万历的反攻倒算让诸臣出了气，也寒了心。

万历是皇帝，你清算张居正，不是不可以，但是能不能不要用这么极端、冷酷的方式？

还是你勉为其难，张居正才落了个免得开棺戮尸的下场？

皇上，您这是打破了两百多年来不成文的规定，大明从太祖以来，可从没这个先例啊！

前有嘉靖杀首辅在先，后有万历清算老师兼首辅在后，这爷孙俩算是一再打破了大明皇帝的底线。他们让朝臣知道，就算你当了首辅，就算你死了，还有的是办法对付你，对付你的家人！

没错，雷霆雨露皆是天恩。可是人毕竟是有感情有思想的生物，张居正可能对不起很多人，唯独没有对不起万历！

这样对待老师、重臣，大明哪还能再有愿意为皇帝尽忠的臣子？

张居正的遭遇在大明几万名官员心中留下深深印记。谋身如严嵩，也就是勒令致仕还能领俸禄；谋国如张居正，反倒祸及子孙三代。

一心一意给朝廷卖命就得到这么个结果，朝臣们记住了。

谁还愿意谋国？谁还敢提改革？

张居正去世迄于明亡的六十多年中，各种社会矛盾急剧地发展，一发而不可收拾，再也没有一个能人志士力挽狂澜。

崇祯十七年（1644），李自成大军兵临北京城下，在那个虫声唧唧的夜晚，心力交瘁的崇祯皇帝想到了张居正，无限感慨。

“思陵之季，抚髀思江陵，而后知：得庸相百，不若得救时之相一也！”

只是，世间已无张居正！

可惜，世间再无张居正！

万历的三个标签

万历这个皇帝，身上有三个最明显的标签：贪财、怠政、喜好军事。

第一个标签贪财，从查抄冯保和张居正家族等事情上，已经早早就表现了出来。

第二个标签怠政，是几年后才出现苗头的。

亲政之初，万历也像每位刚上任的前辈一样，富有朝气，敢作敢为。他表现出了惊人的精力和体力，每天处理政务的时间长达五个时辰。大臣有本要奏，哪怕已经下朝他也是立即接见，而且当天就批阅审理，绝不消极怠工。

然而万历这副大展宏图、勤政的姿态只持续了四年多，自万历十四年（1586）秋起，大臣们发现见不到皇上了。从开始的不上朝，发展到后来，连新年朝贺、祭祀先祖这种宗法大事也见不到他老人家的身影。

按万历自己的解释，他是“奏对次数太多，不耐劳剧”，意思是朝务太繁忙，身体吃不消了。

此时的首辅是申时行。申时行处世圆滑，按他的说法，皇上既然身体不好，那就好好休息。等他身体好了，自然会出来工作的。

申老先生时年五十一岁，一直等到他七十九岁寿终正寝，也没等到这个机会。

为什么万历会几十年不上朝呢？

首先，万历的身体确实有些问题。

据当代定陵考古发现，万历存在两个方面的身体缺陷。

一是他的脑袋与常人有所不同，明显能看出左边和右边不一样大小，一高一低，左边牙床还明显缺少牙齿。专家分析，万历应该是存在天生的龋齿缺陷或是严重的牙周病，常年受到牙疼折磨。

二是万历遗骸的左腿骨长，右腿骨短，相差足有七厘米，从医学证据上说明了万历确实如传说中患有足疾，而且比较严重。

其次，万历亲政的这股热情，不可能得到他期望的回报，他自然也就懈怠下来。

原因很简单，万历亲政以后，主要工作是否定张居正的改革，否定他的用人及政策。既然张先生的新政是正确的，那万历的一番努力就等于对着空气挥拳，全是白费力气。相反，只能使朝纲法纪恢复到以前，陷于混乱的境地。

朝堂自张居正之后，就再也没有一个强有力的首辅，大臣和大臣之间，清流和循吏之间，争论不休。大家你说你的，我说我的，谁也说服不了谁，吵得一地鸡毛，真正去落实去做事的人却极少。

毕竟有了张居正的前车之鉴，朝臣都心照不宣：吵架可以，做事不可；少做少错，不做不错。

另外一方面，自嘉靖朝内阁首辅拥有专决权以来，首辅的权力肉眼可见膨胀，阁臣们不再满足于当次辅、群辅，都要争当首辅，经常互相争得头破血流。

张居正死后，出于对摄政的憎恨和对首辅权力膨胀的害怕，万历决定将这帮大学士打回原形，收回自张璁以来首辅获得的一些权力，将阁臣重新定位为一帮秘书。

而出于对张居正遭遇的恐惧，阁臣更是众口一词，始终坚持大学士不是宰相。毕竟，谁也不想被皇上当成记忆中的张居正。

为什么张居正之后再无张居正？从制度上说，万历中期以后，内阁职权回归到嘉靖之前，再也不可能出现张居正这样的宰相了。

然而，清流们可不是吃干饭的。他们除了与同僚互相攻讦，对皇上也毫不客气。比如大理寺左评事雒于仁上《酒色财气四箴疏》，批评万历帝嗜酒、纵欲、贪财、斗气，主要原因是不上朝，您只要多到朝堂上处理政事，这四种病就好了。

万历可以把雒于仁打板子，也可以把他革职流放，架不住朝堂少说还有七八十个雒于仁。对于这种名为进谏、实则暴风雨式的谩骂，万历实在是头疼不已。

万历心想：我忍着牙疼，拖着瘸腿去上朝，不光要听这帮大臣吵吵嚷嚷，还要被言官骂；不光被言官骂，关键是我的决策好像都是错的。

大明王朝非但没有如他所想那样发展下去，自己也离明君标准越来越远了。

这岂不是证明，张先生都是对的，我才是错的那个？

如果上朝的结果是这样，那还不如干脆不上朝，反正万历也不领俸禄，也没人把他废黜。既然臣子们不听我的，那么我就不上朝，我不去见你们，看你们怎么办！万历就这样选择了沉默与逃避。

总之，万历已不想再伪装成一个胸怀大志的明主，他明确表示了对朝政的厌倦。万历新政已是陈年旧事，皇上早就躲在深宫中，下诏广采民女充掖后宫，推说“圣躬违和”，一门心思研究他的“酒色财气”，再也不肯上朝。

不上朝未必代表不工作，他爷爷嘉靖皇帝也曾长期不上朝，好歹他还能躲在西苑批阅奏章、亲自主持礼仪活动。大明有什么大事，他也会找内阁商量。

万历的不上朝，是真的不工作，主要表现为：长期不接见大臣，不亲行时享太庙，长期不搞经筵日讲，不及时处理大臣奏疏等。

长此以往，必然导致行政效率降低、国家政务瘫痪、机构混乱。

第三个标签喜好军事，前期看是振奋人心的，整体看是悲剧的。

从万历二十年（1592）到万历二十八年（1600），明朝对国内外三次大规模用兵，史称“万历三大征”。首先是万历二十年（1592）的宁夏之役。致仕宁夏副总兵哱拜于二月占据镇城（今宁夏银川）发动叛乱，杀地方官，攻取河西四十七堡，并得到蒙古部落相助，全陕震动。明朝先后调麻贵、李如松统兵平叛。前后历时七个多月，以宁夏镇城被攻破、哱拜阖门自尽告终，是为宁夏之役。

第二次是朝鲜之役，这次规模更大、时间更长。起因是当时掌握日本大权的丰臣秀吉派兵大举侵朝，朝鲜是大明藩属国，于情于理，大明决定出兵援朝。然而日军多达十几万，并没那么容易击败。这场战争从万历二十年（1592）一直延续到万历二十六年（1598），其间经历了议和、撤兵、战端再起等过程。到万历二十六年（1598）丰臣秀吉死后，日军全部撤退才告终。

朝鲜之役尚未结束，就开始了播州之役。播州土司杨应龙于万历十八年（1590）公开作乱，朝廷对于是剿是抚一度举棋不定。直到朝鲜之役结束以后，才以都御史李化龙兼兵部侍郎，总督四川、湖广、贵州三省军务，征浙江、福建、云南、广东诸省将士，围剿杨应龙。万历二十八年（1600）二月，明军分八路出击，击破杨应龙各处堡垒，于四月齐集其老巢海龙囤（今贵州遵义西北）。六月，明军攻破海龙囤，剿灭杨应龙，平定播州。后将该处改土归流，分为遵义、平越二府，分属四川、贵州。

三大征是万历一朝难得的亮点，付出的代价也是巨大的。仅仅军事开支，这八年间就高达一千一百六十余万两白银。张居正改革好不容易攒下的那点家底，很大部分投入了战争。

而更艰巨的挑战还在等着大明，那就是辽东新崛起的势力——女真。

努尔哈赤的崛起

自永乐—正统年间建州三卫的格局确定以后，建州女真总体上臣服于大明，也经常有越界掳掠的行动。为此在成化年间还招致过朱见深的强力打击，是为成化犁庭。此后女真又安分了一百多年，直到万历年间，建州出了一个强人，名叫努尔哈赤。

努尔哈赤的家族是建州一个落魄贵族，属于建州左卫指挥猛哥帖木儿一脉。努尔哈赤十岁丧母，父亲塔克世再娶后，继母对他很不待见。少年时期的努尔哈赤过得很艰难，不得不出没在长白山深山老林中，采集人参、木耳、松子等，送到抚顺等地马市出售以维持生活。后来，无所依靠的努尔哈赤和舒尔哈齐兄弟二人，干脆就寄居到了建州右卫的外祖父王杲那里。

这个王杲绝非善类，号称“控弦之士凡万余人”，“建州诸夷悉听杲调度”，其为人“黠慧剽悍”，屡犯明边。从嘉靖三十六年（1557）到隆庆年间，死在他手里的明将就有抚顺守备彭文珠、辽阳副总兵黑春和指挥王国柱、开原守备裴承祖和把总刘承奕等。那段时间，建州右卫女真联合蒙古各部，在辽东抢得昏天黑地，史载“扰边无日月”。

随着李成梁镇守辽东，王杲的好日子也就到头了。万历二年（1574），由内阁首辅张居正谋划，万历皇帝饬令辽东总兵李成梁发起一场军事行动。李成梁率六万大军横扫建州右卫首领王杲的老巢古勒城（今辽宁新宾古楼村附近）。往昔建州右卫的兵强马壮，在李总兵手下好似个笑话，“三面壁立，壕寨深设”的古勒城在明军攻击下，迅速土崩瓦解、灰飞烟灭。时年十五岁的努尔哈赤正在古勒城中，城破以后，努尔哈赤被李成梁收入帐下，充任侍卫。这并非李成梁心怀仁慈，而是他的“以夷制夷”之策。如果把当时的女真分为反明派和亲明派，努尔哈赤的祖父觉昌安和父亲塔克世都属于亲明派，努尔哈赤也就是祖传的亲明派。这类人，正是李成梁要高调宣传、树为遵纪守法模范典型的人物。

努尔哈赤在李成梁军营度过了四年军旅生活。万历七年（1579），十九岁的努尔哈赤回到建州结婚，并与父亲分门立户。由于继母从中作梗，基本没分到什么家产（“家产所予独薄”）。他从此独立生活，但仍经常出入李成梁幕府，赞划军务，有战事听从调遣。

王杲败死以后，其子阿台、阿海修复了古勒寨。为报父仇，他们招兵买马又壮大起来，经常骚扰明边。李成梁深感“此逆雏在，辽祸未息”，便决心斩草除根。万历十一年（1583）二月，他兵分两路，亲自带兵直捣阿台老巢古勒寨，以别将攻阿海的沙济城（今辽宁新宾）。

阿台、阿海怎能阻挡李成梁的铁蹄，两处城寨很快被攻破。但在破城时出了点意外，前两天奉李成梁号令入城劝降的觉昌安和塔克世都死于乱军之中。这下李成梁也觉得十分不好意思，可是人死不能复生，只能加大抚恤力度。他送还觉昌安、塔克世遗体，大方地送给了努尔哈赤三十匹马、三十道敕书，随后又奏明朝廷，为努尔哈赤讨得一个龙虎将军的头衔，以及相应的都督委任状（“乃归二祖丧，与敕三十道，马三十匹，封龙虎将军，复给都督敕书”）。

后来人们常说，努尔哈赤统一女真，靠的是祖传的十三副铠甲。但是我们知道，招兵买马是要花大钱的，铠甲这东西只能穿，不能吃更不能当钱花。努尔哈赤本身又没什么背景，靠这十三副破铜烂铁，能有几个人肯跟他出生入死，就想统一强者林立的女真各部？

真实答案就在这笔抚恤金里，其中三十四马可以忽略，关键是那三十道敕书，以及申请到的都督头衔。

所谓敕书，其实就是贸易许可证。女真是个渔猎民族，农业和手工业落后，极度依赖与明朝的朝贡贸易。而边贸历来是朝廷控制各部落的一个重要手段，生意不是人人都能做的，许可证只颁发给那些明朝朝廷认定有资格的女真人。

这就是经济战，对蒙古各部，对女真，大明历来都是用“军事+经济”双重手段加以制约。

敕书归敕书，敕书之间还有等级。就好比你拿着市里的介绍信，还是省里的介绍信，到中央，给你的接待等级是不一样的。

李成梁替努尔哈赤申请到的，就是都督一级的委任状，级别要远高于都指挥使、指挥使等。那些级别只能在辽东马市做做生意，都督级别是有资格到北京去做生意的。

都是做生意，区别可就大了。举个例子，东北出产的上好人参，在开原、抚顺的马市能卖到十六两银子一匣（一斤）。到了北京，就能卖三十两银子，利润相差接近一倍。

所以，不要想象着努尔哈赤的开局靠的是那十三副铠甲，这三十道敕书才是他起家的家底。

李成梁应该是内心有愧，朝廷方面也承认是误杀，事后给到努尔哈赤的物质补偿是非常丰厚的。不过努尔哈赤毕竟有数位亲人在战乱中无辜丧命，这件事对他影响很大，数十年后，他在反明的“七大恨”檄文中，第一条就是：“我祖宗与南朝看边进贡，忠顺已久，忽于万历年间，将我二祖无罪加诛。其恨一也。”

努尔哈赤时年二十四岁，有了这笔钱，就有了启动资金。他逐步吞并了建州一些部落，到万历十六年（1588），努尔哈赤已统一了建州南五部，崛起为女真新一代强势力量。

但也就是仅此而已，此时的努尔哈赤不过是在建州各部中强一点，女真还有更强大的海西诸部，更远的地方还有野人女真。要说他能统一广大女真部落，那还是没边的事。在李成梁眼里，努尔哈赤的实力还不如当初的王杲，这种等级的酋长，是完全可控的，不足为虑。

努尔哈赤自然清楚自己的实力，在征战过程中，他时时保持恭顺的态度，懂得约束部下不犯边，与明朝保持着良好的关系。

那么，他又怎么会成为明朝的心腹大患呢？天时、地利、人和缺一不可。时间来到万历十九年（1591），这一年及次年，发生了三件大事。

一、这年秋天，纵横辽东二十一年的大帅李成梁，致仕了。

二、次年春天，西部发生哱拜之乱。

三、还是次年春天，国外有个叫丰臣秀吉的，指挥着十几万日军，在朝鲜登陆了。

从万历二十年（1592）到二十八年（1600），三大征时断时续持续八年之久，这对女真是个百年难逢的机遇，努尔哈赤抓住了。万历二十一年（1593）九月，他在古勒山击败由海西女真叶赫部集结的哈达、乌拉、辉发、科尔沁、锡伯、瓜尔佳、朱舍里、呐殷等满蒙九部兵马，改变了建州女真和海西女真之间的力量对比。接下去几年，又使用远交近攻的手段，对海西扈伦四部进行分化瓦解。直到万历二十七年（1599），他以背盟为由，出兵灭掉海西哈达部。

至此，除叶赫部外，“各部环满洲而居者，皆为削平”。

注意，这个时间点万历三大征正在进行。努尔哈赤闹得再凶，也不过是建州一个部落酋长而已。这种事，以前出现得多了，优先级根本排不上号。话虽如此，不是没人担忧，有人对努尔哈赤的扩张有所警觉，奈何此时朝鲜战事激战正酣，连辽东总兵董一元都出征朝鲜去了，不是不想遏制，实在是力不从心。

而且另一方面，朝廷的优先策略仍然是“以夷制夷”，另外一个“夷”指的是蒙古部落。

以夷制夷

万历二十年（1592），蒙古察哈尔部图们汗（即土蛮）去世，汗位传其子卜言台周（布延彻辰汗），再传其孙林丹巴图尔（即林丹汗，又称呼图克图汗）。

林丹汗即位时，蒙古察哈尔部汗权不振已经很久，漠南的科尔沁、内喀尔喀、土默特、鄂尔多斯诸部各自为政，蒙古察哈尔部大汗只能支配河套的察哈尔部。大汗仅被奉为名义上的共主，漠西瓦剌仍然与鞑靼为敌。另一方面，东面的女真正在努尔哈赤的领导下逐渐走上统一与强盛之路。

林丹汗早年的处境非常艰难，但他矢志中兴，即位十年后，其威望与实力逐渐攀升。强大以后，林丹汗频繁率军入侵明朝，并不断兼并其他部落。到万历四十三年（1615），内喀尔喀已臣服于林丹汗，察哈尔部已与建州接壤。

林丹汗的尊号为“神中之神全智成吉思隆盛汗”，这不是随便说说。他的理想，不仅仅是加强察哈尔部的势力，更是要恢复成吉思汗的霸业。

女真算什么？历史上一直是给蒙古各部打工的，林丹汗也不客气，他致书努尔哈赤，称自己为“滨海三万女真之主”，意思相当明显。同时他又派人联络叶赫部，打算东西夹攻建州。叶赫部死而不僵，一心想恢复当初的荣光。趁着这个大好机会，叶赫部欲尽起精兵，收复扈伦四部。

林丹汗拥兵十万之众，努尔哈赤兵力处于绝对劣势。但有古勒山一战的经验，他并不惧怕林丹汗。努尔哈赤一面加紧备战，一面通过挖墙脚的方式，以古老的联姻方法与科尔沁、内喀尔喀等部建立进一步的联系。

两个具有同样野心的人，最终是免不了兵戎相见的。

为对抗“神中之神全智成吉思隆盛汗”，万历四十四年（1616）春，努尔哈赤在赫图阿拉（今辽宁新宾满族自治县永陵镇）称“覆育列国英明汗”，国号“大金”(史称后金)，成为后金大汗，年号天命。

努尔哈赤必须直面林丹汗的威胁，以大汗对大汗，意在提升内部凝聚力，做好战争准备。这招确实管用，数月之内，建州以后金大汗名义对蒙古部展开攻势，降服科尔沁与内喀尔喀部，稳定西方局面，将林丹汗势力逐出科尔沁草原。

在此期间，明朝一直保持着观望。这两三年里，朝堂上对建州用兵的呼声不少，但这时出兵未必是最佳选择。

历史上，蒙古部队对明朝的威胁比女真大得多，李成梁镇守辽东时，防御重点就是“北虏”蒙古而非“东夷”女真。故此明朝的辽东总兵府一直设在辽河西的广宁，而不是设在辽河东的辽阳。

随着林丹汗的崛起，察哈尔部重新活跃起来。就在努尔哈赤称汗前一年，万历四十三年（1615）秋，林丹汗亲率数万军队三次劫掠明边，在广宁至锦州长达数百里的战线上频繁出击，声势浩大。

明朝方面惊呼，“虎墩兔憨（林丹汗）为虏中名王，尤称桀骜”。

以女真制衡女真是以夷制夷，以女真制衡蒙古也是以夷制夷。倘若努尔哈赤能与林丹汗拼个两败俱伤，大明不就坐收渔翁之利？就算不行，让他们陷入长期争斗也好，那大明在东西两个方向的压力都能大大减轻。

没想到骄傲的林丹汗败得如此之快，到这时，再迟钝的人也能看出，辽东的防御重点应该由蒙古部转向女真。

拖拖拉拉直到万历四十五年（1617）年底，明朝终于完成伐金准备。林丹汗同时起兵十万兵压科尔沁，叶赫部也尽起精兵讨伐扈伦三部，三面包夹，欲一举荡平后金。

努尔哈赤亦不愿束手待毙，他于万历四十六年（1618）四月发表《告天七大恨》，举旗反明。

同月，努尔哈赤大败辽东明军，袭占抚顺、清河（在今辽宁本溪），大肆劫掠后弃城回师赫图阿拉；五月，亲率大军击破叶赫部；六月，渡过辽河击败林丹部，彻底撕碎对后金的包围网。

至此，朝廷以蒙古制衡女真的希望彻底破灭，讨伐后金的任务还得由明军亲自来完成。

万历的应对

万历四十六年（1618），朱翊钧五十六岁，这位壮年时便已怠政的皇上已年过半百，再称病不朝，群臣也不能指责什么。实际上，他的臣民早已经对他彻底失望了。

但是四月底率部救援抚顺的总兵张承胤全军覆没的消息传来，万历就像换了个人。大臣们一下子发现，皇上几十年不见的兴奋劲儿又上来了。每有关于辽东方面的奏章，他第一时间批复；大臣奏请征讨事宜，万历一一照准；兵部的缺额，也给主动补足了；甚至于，他还亲自批示，悬赏通缉努尔哈赤一家的首级。

十月十一日，委任状出炉，以杨镐为兵部左侍郎经略辽东，到辽阳会集各路援辽兵马，誓师征讨努尔哈赤。誓师结束，杨镐将兵马分为四路：

西路军，由杜松为主将，率兵两万，由沈阳出抚顺关，沿浑河右岸，入苏克素浒河谷，从西面进攻赫图阿拉。

南路军，以李如柏为主将，率兵两万，由清河出鸦鹘关，从南面进攻赫图阿拉。

北路军，以马林为主将，统帅两万明军和两千叶赫军，趋开原、铁岭，从北进攻。

东路军，以刘綎为主将，率一万明军和一万三千朝鲜军，由东进军。

杨镐自己坐镇沈阳居中调度，各路人马总计八万五千余人，号称四十七万，以张声势。

各路明军实力如何呢？

南路军主将李如柏是李成梁第二子，自小从军。你要说他不会打仗，那是假的；你要说他很会打仗，那也是假的。

李成梁九子皆在军中，称得上名将的只有已故的长子李如松一个。其他李如柏、李如梅、李如梧等，最多算绿叶，当不了红花。李如松已经牺牲二十多年，再要从辽东系统中矮子里拔将军，也就只有时任辽东总兵李如柏了。

北路军主将马林，此人“雅好文学，能诗，工书，交游多名士”。他能当上总兵不是因为能打，而是继承父辈的恩荫。

他父亲就很出名了，正是嘉靖年间名将马芳，蒙古人称他为“马太师”。马芳毕生，披坚执锐，大小百余战，胜多败少，尤善以少胜多。在他镇守边塞期间，蒙古军队如惊弓之鸟，闻听他的旗号，便开始打退堂鼓。

《明史》赞马芳曰：“大小百十接，身被数十创，以少击众，未尝不大捷。擒部长数十人，斩馘无算，威名震边陲，为一时将帅冠。”

但是有个很能打的老子，不代表儿子一样厉害。马林喜好文学，交游士林，文艺范儿很足。他当过短期的辽东总兵，后被弹劾，夺职戍边，久之赦免。这次辽东用兵，马林被起以故官从征，不为别的，朝廷看中的是马家在宣府大同军区的影响力。他的北路军，以宣府军队为主力。

南路和北路主将都不算善战的将领，东西两路却大不相同。

东路军主将刘綎，善用大刀，其所用镔铁刀重一百二十多斤，马上轮转如飞，世称“刘大刀”，战功无数，被后人誉为“晚明第一猛将”。

刘綎很出名，不过在时人眼里，最猛的还不是刘綎，而是西路军主将杜松。

马芳被蒙古人称为“马太师”，杜松也有个绰号“杜太师”，光看这个名号，就能想象杜松是个什么样的人物。

此人以舍人从军，累功升为宁夏守备。交锋时喜欢撸起袖子，持着金刀乱砍，因皮肤乌黑如漆，他又被称为“杜黑子”。杜松常年打仗，与蒙古大小百余战，战无不胜，也受了很多创伤，据说其身上脸上到处都是伤疤，面目极其狰狞，令人望而生畏。

杜松勇武过人，脾气更是火爆。在接替李成梁镇守辽东期间，因作战不利，一气之下把部队粮草付之一炬，说：“你们打不赢，就不许吃饭！”这种出格行为引来弹劾，杜松被下狱论处。

万历四十三年（1615），河套的蒙古人入侵，延绥官军不敌，廷议说还是得杜松，允其戴罪起复。杜松到任二话没说，率领轻骑捣火落赤营，斩敌二百余，将敌人赶出防区。

这次征辽，杜松顶着山海关总兵职务，依旧是罪人之身。他正急着立功，活捉努尔哈赤，既能拿赏银又能免罪，故此态度极为积极，唯恐被别人抢了功劳。

表面来看，就是李如柏、马林差了点意思，刘綎、杜松这两路还是足够强悍。但这掩盖不了一个问题——万历四十七年（1619），四大总兵都不年轻了。

不光是不年轻，他们完全称得上是老将。

刘綎六十一岁，李如柏六十六岁，马林和杜松也都是六十出头的老人。一个老头尚可理解，老当益壮嘛；每路指挥官都是老头，这事就有点不太正常。

万历为啥要组这么个队伍？原因很简单，他长期怠政，导致官僚系统运转严重失常，新鲜血液没顶上，实在是无人可用了。

当然，他们的对手努尔哈赤也不年轻了，他是嘉靖三十八年（1559）生人，时年整六十岁。不过努尔哈赤的手下都特别年轻。四大贝勒，代善三十六岁，阿敏三十三岁，莽古尔泰三十二岁，皇太极二十七岁。著名的“五大臣”也都是骁勇善战之人，还在当打之年。

得知明朝出动大军征剿，努尔哈赤自然不敢怠慢，后金迅速进行全国总动员，倾巢而出。

人数有多少？

战前，辽东巡抚周永春在奏疏中说：闻奴兵骁勇贯战者约有五六万，掳掠中国民兵亦有二三万，总之不下八九万。

后金的组织形式是八旗制度，这是种军事和生产合二为一的组织制度，一旦有需要，可做到全民皆兵。哪怕是最低级的八旗兵卒也是奴隶主，手下各有包衣（家奴），这些人也是军事力量（“如军卒家有奴四五人，皆争偕赴，专为抢掠财物故也”）。

以八旗精兵为基础，加上兵将的包衣以及其他所有可以动员的力量。比如，原本在界藩（在今辽宁抚顺东大伙房水库附近）筑城运石的一万五千人也被编入作战序列，直接参加了战斗。基本上除了妇女、幼童，能拿兵器的男性几乎全都上了，总数达到八九万。

你说后金八九万，许多是凑数的。要看到明军也不都是精锐，未必就强于这些后金的包衣、人夫。比如辽东额定的兵力原有六万，能用的机动兵力只有两万多，其他都有防守或其他任务。为这次出征特地新招了两万多士兵，这些人刚换上制服，连手里的三眼铳怎么操作还没弄明白，你说能有多少战斗力。

如此一来，明军人数已不占优势。杨镐坐镇辽阳，实无取胜把握，于是天天召集幕僚开会，想要研究出个稳妥方案。

但朝廷不会允许他拖下去，从万历皇帝到首辅方从哲都非常着急，接连发出红旗，天天催促杨镐进兵，说“你赶紧打啊，快点打啊”，天天催命。

说到底还是不肯出钱，大军多待一天就是数万两银子，军费花光了还不打，万历能不着急吗？

末了，杨镐实在没办法了，再不出兵，恐怕他杨某人就要先去北镇抚司报到。研究来研究去，杨镐研究出个四路进兵、分进合击的战术。

从兵法上说，这个战术很常规，没什么亮点，也没啥大问题。

赫图阿拉，又称兴京，周边群山环绕，山谷之间河流蜿蜒，一路展开不了太多军队。四路人马还有不少仆从军，他们的出发地和补给线路都不一样，合兵一路不现实。

分进合击是明军出塞捣巢的传统战术，杨镐的方案有两种考虑。一是如果后金主力不出，就由杜松西路军和马林北路军进抵二道关（即建州三关中的代珉关，位于苏子河谷的五岭—马尔墩岭）合营，杀人放火一路烧到赫图阿拉。南路的李如柏、东路的刘綎，也将一同进逼后金都城。

二是如果后金出战，二道关的两路人马加起来有四万余人，他们未必要击败敌军，只要扎营死守拖住后金主力，另外两路明军直捣赫图阿拉，努尔哈赤也会失败。

杨镐最终确定的出兵时间为二月二十五日，约定三月初二于二道关合营前进。

努尔哈赤的战术

1619年，万历四十七年，后金天命四年，元旦刚过，这个新兴的政权已全力投入紧张的战斗之中。

努尔哈赤对明朝的进攻一直保持高度警惕，通过各方面收集的情报，他对这次战争有了清醒的认识。

不管杨镐兵分几路，目的只有两个：围歼我的主力，或是攻下我的都城。

这确实是很现实的目标，以后金的体量，没有办法承受一场大败。甚至，努尔哈赤连一场惨胜都无法接受。

打败这八九万敌军，自己损失三四万人？

万万不可！林丹汗还虎视眈眈，叶赫部暗中窥伺，哪怕只是损失一两万人，都足以动摇后金的根基。

杨镐的分进合击并不出努尔哈赤意料，他仔细思考了一下，召集诸贝勒大臣，宣布了抵抗策略：凭尔几路来，我只一路去！

分进合击，建立在明军能拖住后金主力的基础上。假使明军没有这个战斗力呢？假使能迅速分头击破各路人马呢？

以努尔哈赤对敌人的了解，集中主力，全力以赴击破西路军和北路军，剩下两路便不足虑。

三月初一，杜松出抚顺关，越五岭，抵达浑河。看天色将晚，部下说最好扎营，明日渡河。

杜松亲自骑马下水试了试水深，一看“不及马腹”，他连甲胄都不穿，单骑径直冲上对岸。部将赶紧渡河，说“将军请披甲”，杜松豪气大发，仰天大笑：“入阵被坚，不是大丈夫。我从小当兵，现在都老了，尚不知甲重多少斤（‘老夫束发从军，不知甲重几许’）！”说罢他根本不理这一套，挥兵直进。

骑兵和步兵可以渡河，携带战车、火器等大量重装备的车营无法泅渡，他们只得由参将龚念遂率领，被阻隔在浑河对岸。

后人因此常说杜松是贪功冒进，但也要看到整体战略。杨镐的命令是三月初二合营，杜松的西路军因为天降大雪跋涉困难，抵达浑河已经是三月初一，而决定分进合击战术胜败的关键，是在准确的时间到达准确的地点。

杜松也许有贪功的心理，可他面对最主要的问题，还是军令难违：“克期不进，贻误战机，轻则夺职充军，重则军法从事。”杜松一个戴罪之人，他承受不起。

渡过浑河，杜松率领一万几千人长驱直入，击破后金二寨，生擒十四人后又遇到苏子河阻挡。为了赶上计划中的合营时间，杜松再次决定轻装上阵，他分出几千人于萨尔浒（在今辽宁抚顺东大伙房水库附近）山上立营，亲率一万多人渡河围攻界藩城。这座城是出入建州的关口，只要攻下界藩城，赫图阿拉便门户大开。

杜松部事实上被一分为三——杜松自领的主力、龚念遂的车营、萨尔浒山头的大营，彼此间相隔数公里。

努尔哈赤驻马高处，时刻观察着明军的动向。

大贝勒代善建议，我们应该用主力攻打杜松主力，击溃杜松，这路明军自败。

努尔哈赤摇摇头，“如此虽好，未必能竟全功，传我命令，代善领右翼二旗兵监视界藩山，皇太极领六旗兵，仰攻萨尔浒。”

代善愤愤不平：“为何不让我出击？”

皇太极抢答："萨尔浒兵败走后，其界藩之兵自必动摇。"

努尔哈赤赞赏地看他一眼，告诉代善："到时你再出战。"

后金六个旗，兵力达到了四万五千余人，缺少重装备的萨尔浒大营明军迅速被击败，总兵王宣、赵梦麟战死。围攻界藩城的明军回头看见大营被攻破，军心大动。努尔哈赤再命代善带领右翼二旗，会同界藩城上守军自山头掩杀而下，山下已经得胜的皇太极，亦率军从下而上倒卷而来。

此时天色已晚，咫尺难辨，明军点燃火炬照明以便进行炮击。金军利用明军点燃的火炬，由暗击明，集矢而射，杀伤甚众。然后乘着大雾，越过堑壕，拔掉栅寨，攻占明军营垒。

杜松虽竭力奋战，但事已至此，个人的勇猛已无济于事。努尔哈赤叫人劝降，杜松全然不理，鏖战许久，猛将身被数创，终于不支落马。贝勒赖幕布看得真切，弯弓搭箭，一箭正中杜松心窝。

名震西北的杜太师，只是哼了一声，就此倒在了辽东的冰天雪地中。

隔了一夜（三月初二上午），努尔哈赤指挥渡河，击溃浑河另一边的车营，龚念遂战死，西路军宣告被整建制歼灭。

"铁背山前歼杜松"，此战明军死者漫山遍野，军器与尸体在浑河漂泊如解冰旋转而下。因为在萨尔浒这个地方打得最为激烈，历史上称这次整个战役为萨尔浒之战。

杜松部为何如此轻易被击溃？那就要问问马林了。

杜松率部奋勇争先，拼命想着克期并进。事先该在三月初二与杜松会合的马林，却很不地道地迟到了。

按照计划，马林的北路军先于西路军出发，他们本该走在杜松前面，最迟不超过三月初一先行抵达萨尔浒。结果马林姗姗来迟，迟至三月初二上午，北路前锋才抵达萨尔浒战场六公里处。在那里他们遇到了龚念遂派来报信的哨骑，报告杜总兵战殁，西路军覆灭。

马林一听吓坏了，杜松的西路军中，不但有宣大、延绥的精锐，更有戚继光训练出来的车营，是四路明军中战斗力最强的一路。西路军没了，再按原计划进攻赫图阿拉，必败无疑！

可是没有主帅命令，不战而退，也是要以军法处置的。马林想了又想，决定马上退回昨晚扎营处尚间崖固守，等待杨镐的撤兵命令，或是撑到其他部队赶来支援。

北路军遂退回尚间崖，环营挖掘三层堑壕，将车营和火器部队列于壕外，骑兵继后。马林又命部将各率一部人马，分屯大营数里之外以成掎角之势，并环列战车以阻挡敌骑兵驰突。

说马林不懂军事是不对的，从这个决定来看，马林还是从马芳身上学到了点真东西。扎营坚守的决定没有问题，防御手段也比较完备，只是马林的机会，在他迟到那一刻已经永远失去了。

最能打的西路军没了，后金军人数占优，士气正盛，马林纵然竭尽全力，也无法挽回失败的命运。

在八旗人马围攻之下，马林所部连一天也没撑过去。三月初二，北路军大营就被击破，自马林以下，包括他两个儿子在内，总兵麻岩、游击丁碧、葛世风等高级军官悉数阵亡。马林仅率数人逃走。

其实马林这一路还应有两千叶赫军助战，谁知这些女真人比马林走得更慢，还没和北路军会合，他们就收到马总兵战败的消息。叶赫军大为惊恐，遂不战而退，连战场的边都没摸到。

杜松跑得太快，马林却走得太慢，杜松刚刚战败身死，马林就送上了门，西、北两路明军连合兵的机会都没有，就这么被努尔哈赤打垮了。

两路明军失败的消息很快传到辽阳，杨镐明白完了，急忙传令南路李如柏、东路刘綎的部队停止进攻。李如柏是停下了，他在收兵撤退时被后金哨探发现，后金军将计就计，在山上鸣锣，大声鼓噪，假装发出冲击信号。南路军以为是后金主力发起进攻，惊恐溃逃，自相践踏，死伤一千余人。

受到一些损失，好歹李如柏算是拉回了主力，但是刘綎来不及了，他已深入后金地盘太远。

东路军的覆灭

刘綎于二月二十九日出发，他这条路最难走，山险道狭，荆棘丛生，马不成列。刘綎兵力最少，还有一半是朝鲜兵，他们来得非常不情不愿，行军也是磨磨蹭蹭，严重拖慢速度。

东路军并不需要去合营，刘綎按计划直捣赫图阿拉，一路上相继与小规模后金部队发生了三次交战。三月初一，东路军抵达董鄂路（宽甸境内），三月初四进至深河，连克后金十余寨挺进到董鄂城下，围而攻之。这里由牛禄额真托保、厄里纳、厄黑乙三人率后金兵五百人把守。刘綎大破敌军，厄里纳、厄黑乙二人战死军中，托保率残军逃走，与埋伏在山隘的扈尔汉的伏兵会合，以待刘綎军来。

此时刘綎已率部深入三百余里，连战连胜，军队士气很高。但是刘綎养子刘招孙感觉有点不对劲，说："怎么杜总兵、马总兵那两路全无消息？咱们孤军深入，粮饷匮乏，最好是往后退一退，以待虚实。"

刘綎不愿意听，说："我们进兵顺利，想必是赫图阿拉空虚，正好直捣黄龙，怎能无功而返呢？"

刘招孙苦谏道："哪怕不退，我们稍事休整一下，等等西路和北路的消息，总是有益无害。"

刘綎还在考虑，一名传令兵促使他下定了决心。

攻下董鄂城当天，一名明军手持杜松令箭来到刘綎大营，向刘綎禀告："杜将军已到建州，深入敌境，担心后援跟不上，请将军赶快进军会师，对建州进行夹击。"

此人身穿明军服饰，其实是后金兵，手里拿的令箭却是货真价实缴获来的。

刘綎沉思半晌说："我和杜将军是一样的官职，他怎么能用令箭向我传达命令？这是把我当作偏裨将官，难道我是他的部下吗？"

假传令兵说："令箭虽是命令部下偏裨将官的，但现在军情紧急，用令箭不过是表示凭据罢了。"

刘綎大声叱骂："出兵时约定以烽火、传炮声为信号，现在兵既已达建州，为什么没看见烽火，没听见传炮声？"

假传令兵脑子很灵活："这地方没有烽火，用骑兵代替斥候；这里距离建州城五十里，跑三里传一炮声，不如骑马快速。"

刘綎有晚明第一猛将之称，用兵从来是有进无退。刘招孙的建议本就不为他所喜，得到这个假情报，刘綎信以为真，遂决定速战速决，誓不返旌。假传令兵跑回军营告知，后金军即命令传炮。刘铤听到炮声，唯恐杜松独得头功，便急命拔营东进。

后金四大贝勒早已设伏等候多时，他们勒兵在高处观察，看到刘綎进入包围圈，代善便要飞奔而下。皇太极拦住他说："哥哥统兵留在后方，相机而下，我先领兵从冈上居高临下冲击明兵。"

代善同意："我领左翼兵从西面攻打，你引右翼兵从上面冲下，不过你可在后面督阵，不要轻易冲进去。"

皇太极率右翼首先攻击，明军不停地放枪放炮，皇太极并未占到便宜。急不可耐的代善亲自率左翼加入战团，明军两面受敌，开始动摇。刘綎亲自督军与后金军殊死作战，明军且战且退，退到一个名叫洼子沟的地方，埋伏在这里的阿敏和扈尔汉率伏兵杀出，将东路军前后截为两段。

刘綎仓促迎战，左臂被流矢射中，裹创再战，又伤右臂，犹奋战不止。这场激战一直从白天杀到晚上，刘綎至死不降，厮杀中，面部中刀，被削去半边面颊，犹左冲右突，力竭，倒在血泊中挣扎至死。

刘招孙前来救援，见刘綎已气绝，遂下马要背刘綎尸体，被一箭射中心脏而死。

刘綎之死还不是东路军的最后结局，除了刘綎率领的主力，还有参将康应乾率领的明军、朝鲜军一部，以及游击乔一琦的明军、朝鲜军。

三月初五，在富察之野，代善击溃康应乾部，康应乾仅以身免；同日，阿敏进攻乔一琦部。

朝鲜军队有一万三千人，刘綎军中有六百人，他们随刘綎败亡；还有一营跟着康应乾战死，和乔一琦一起作战的有两营三千多人。这三千人表现得非常英勇，他们在乔一琦和朝鲜将领金应河带领下以火器轰击后金军，打得很有章法。乔部非常硬气，以弱势兵力死扛阿敏三天，就算在局势危急的时候，也没有出现大批倒戈、投降的官兵。

直到实在不支，乔一琦才率残部退入朝鲜军营，打算依靠朝鲜元帅姜弘立部继续作战。

但不是所有朝鲜人都如此英勇，姜弘立本就战意不坚，首鼠两端，眼看部下相继覆灭，他决定放下武器，叛明降金，并要捉拿乔一琦作为投名状献给后金。乔一琦不肯当战俘，跳崖殉国，乔一琦残部被执送后金，这些士兵全部都被杀死，姜弘立不战而降。

至此，东路军才宣告全军覆没。

复盘这场战役，杨镐的指挥没有根本性错误。各路明军有这样那样的小错误，也不至于影响战局胜负。失败的主要原因，还是技不如人。

此战之前，明方的所有准备、推演，都是基于一个前提，即明军的战斗力强于后金，至少也要不相上下。

打个比方，后金战斗力为九十，明军就算达不到九十五，至少也要有八十五。再不济，八十总要有吧，如此才能有一搏之力。

然而明军在战场实际反映出的战斗力，普遍只有六十上下甚至更低。

杜松、刘𬘩乃至马林都使出了看家本领，确实扛不住，杜松主力半个晚上全灭，马林主力一天全灭，这还怎么打？

战斗力差距是明摆着的，就算让杜松和马林成功合兵，李如柏上去支援刘𬘩，也很难击败努尔哈赤的七八万人。

四路明军只有李如柏一路保存了下来，李总兵得以全身而退的原因也很雷人，是他行动迟缓，才逃过一劫。

更让人唏嘘的是萨尔浒之战李如柏始终未遇敌，但在战役之后数日即被言官弹劾。一年半后辽事更坏，此事再被提及，李如柏遂自杀以明志。

大家打得都很英勇，就是打不过，你有什么办法？事实就是，大明帝国已垂垂老矣，不复当年之勇。女真也早非吴下阿蒙，实力此消彼长，大明再想实现成化年间的犁庭扫穴已无可能。

更悲惨的是，明军主力伤亡惨重，后金损失却不大。此战结束之后，后金军的活跃程度达到了一个新的高度，从三月下旬到七月，他们在多个方向频繁出击，对明朝、叶赫部、朝鲜、蒙古各部、野人女真等对手连战连胜，大有席卷辽东之势。直到是年冬天，天气转寒，后金的活动才渐渐稀疏下来。

朱常洛：当了一个月的皇帝

萨尔浒战败，万历顿时成了一只泄了气的皮球，奏疏大量留中的情况又出现了。

此后一年多，大臣们一再奏报辽事恶化，除派出熊廷弼经略辽东，以及增加辽饷以外，其余奏疏万历一概留中不报。

万历四十八年（1620）四月初一，首辅方从哲奏请临朝召对时政，被拒绝；初九，方从哲到思善门外大哭一场，万历才勉强将他召入弘德殿叙话。

方阁老见到万历后，照例要求增补阁臣，继而谈到辽东的紧张局势。万历卧在榻上，缓缓地应了一句：知道了，国家多事，先生可尽心辅理。

接着他便双目紧闭，不再说话。

大约万历也是实在没有精力了，一个月前他已患病，病势逐渐沉重；七月，病情愈加恶化。万历四十八年（1620）七月二十一日，万历驾崩于弘德殿，终年五十八岁。二十二日发丧，二十三日颁布遗诏，命皇太子朱常洛嗣位。九月初十，尊万历谥号神宗范天合道哲肃敦简光文章武安仁止孝显皇帝，庙号神宗。

十月初三，闲置三十年之久的定陵终于盼来了他的主人。持续长达四十八年之久的万历时代，结束了。

毋庸讳言，万历留给儿孙的，是一个封疆残破、危机四伏的烂摊子。这是一个倒退的帝国，他的子孙们，有没有能力力挽狂澜呢？

八月初一，皇太子朱常洛在文华殿即皇帝位，大赦天下。

三十天后，皇帝朱常洛驾崩于乾清宫，终年三十九岁。他本人身体虚弱，加上即位后更加纵欲无度，病发后又服用了大臣进献的红丸，导致他过早地结束了生命。

这位皇帝执政时间太短，短到连母亲王氏都没来得及追封，更别说施行任何实质性的政策，当然也就无所谓功过可言。

本来朱常洛宣布次年改元泰昌，这下好，他儿子朱由校即位，必须也在第二年改元。如果照此逻辑，朱常洛这个当了一个月的皇帝，就没有一个属于自己的年号了。

大家就争论了，后来没办法说折中吧，将万历四十八年（1620）八月至十二月称为泰昌元年，次年为朱由校天启元年，这才保住了泰昌皇帝的年号。

天启党争

万历四十八年（1620）九月初六，朱由校在乾清宫即皇帝位，定次年改元天启。

这位天启皇帝，是明朝历史上著名的木匠皇帝。他自小就喜爱木工活，当上皇帝后玩兴不减，整天待在后宫里捣鼓那些木头。记载中，他的木工作品有很多，比如他曾按比例制作出一座乾清宫的模型，梁柱、琉璃瓦、门窗都特别别致，可以自由组装拆卸，就是现在的专业设计师看完都自叹不如。

木匠皇帝朱由校师傅，是如何治国理政的呢？主要是靠的一个太监：魏忠贤。

魏忠贤，本名魏进忠，北直隶肃宁（今河北肃宁）人。家贫，混迹于街头，染上了赌博恶习，最后把家底都输光了，他连女儿都给卖了。魏进忠在家乡实在混不下去，后来跑来京城也混不下去，干脆一狠心一咬牙自宫后改名李进忠，混入宫中当了一名火者（最低级的宦官）。

入宫以后，李进忠先巴结上了甲字库（内府仓库）的太监孙暹，又走孙暹的路子，巴结到了地位更高的太监魏朝。通过魏朝，他结识了一个重要的女人——客氏。

客氏是朱由校的乳母，十几年来，一直在朱由校身边照顾他。但是客氏是个不甘寂寞的人，入宫以后，她很快和魏朝结为对食。

所谓对食，是指深宫中寂寞的太监和宫女相互结伴，形似夫妻，一则生活有个照应，二则在别人面前也有点面子。

问题是，太监和宫女对食不奇怪，客氏可是皇上的奶妈啊，找个太监对食，这让皇家的面子往哪儿搁？

直到天启元年（1621），朱由校大婚，立张氏为皇后。群臣再次提起客氏这茬，御史毕佐周、刘兰上疏，说既然皇上已大婚，客氏就不能再留了，请皇上为声誉着想，让客氏马上离开皇宫。

这次天启皇帝答应了，风风光光送客氏出宫。可群臣刚轻松没几天，宫内传来消息，皇上又把客氏召回去了。

原来天启皇帝十几年来习惯了有这么个人在身边，一天看不到客氏，整个人就像丢了魂一样，整天食不甘味、睡不安寝。这次召回客氏，天启皇帝说什么也不肯让她走了，还封了客氏一个“奉圣夫人”的名号，赐给她四爪龙钮金印。

意思很明显，客氏不是奶妈了，是有封号的夫人，群臣别想再赶她走。

李进忠旁观着这一切，他看到了客氏身上的巨大能量。巴结上客氏，不就成了皇上身边的红人了？

可是客氏也不是那么好巴结的，她不缺人，不缺钱，也不缺权，简直是什么都不缺。

除了一样东西，她缺爱。

这方面，李进忠有优势。与魏朝早年入宫不一样，李进忠入宫之前已娶妻生女，又长期浮沉于市井，颇通风月。与一众自小净身的宦官比起来，李进忠简直是个风月老手。

尽管魏朝对李进忠有恩，但在利益面前，这些算不了什么，李进忠决定横刀夺爱，把客氏从魏朝那里抢到自己手中。

这事魏朝确实不是对手，在李进忠的热烈追求之下，客氏很快就沦陷了，她一脚踢开魏朝，专心与李进忠厮混到一起。魏朝当然很生气，于是请求皇上为自己做主。听说手下太监争风吃醋，天启觉得很有趣，他也不便直接下决定，便问客氏自己属意于谁。

此时客氏早已不屑于魏朝，根本懒得再看他一眼。天启见状哈哈大笑，随后亲自为李进忠和客氏主持婚礼，宣布他们是合法“夫妻”。

顺便，他还命李进忠改回本姓，并赐名为“忠贤”。从此，李进忠成了魏忠贤。

傍上客氏的魏忠贤，事业果然进入了快车道。他的地位火速上升，先后挤走魏朝、王安等老资历的太监，升为司礼监秉笔太监。

虽说司礼监在秉笔太监之上还有掌印太监这座大神，但魏忠贤有客氏加持，掌印太监王体乾空有“掌印”之名，只敢依附魏忠贤。因此在魏忠贤得势期间，司礼监的真正老大就是秉笔太监。

客氏和魏忠贤分工明确，一个主内，一个主外，相互协助。天启很喜欢玩，魏忠贤颇好此道，他每天引导天启皇帝沉溺于倡优声伎、骑马射猎之中，让天启皇帝感觉越来越离不开他。

趁着皇上干木工活的时候，魏忠贤就经常递上大臣奏本，天启皇帝正忙得满身冒汗，哪有兴致搭理这个，总是挥手说：“没见朕正在忙吗，啥事都来烦我，要尔等作甚，你看着办吧！”

有时候，天启皇帝也会加一句：好好办事，别欺骗我（“勿欺朕”）！这既是对魏忠贤的信任，也算是对他的警告，但到底能有多大用处，只有天知道了。

把权力交给宦官，显而易见是容易坏事的。魏忠贤本不是什么好人，他与客氏两个人，一个淫毒凶狠，一个阴毒残忍，简直就是天生的一对。取得皇上信任后，魏忠贤胆子慢慢大了起来，开始擅自做主处理朝廷大事。

可是内廷的太监与外廷的大臣，天然互相看不顺眼。此时外廷掌握话语权的大臣是刘一燝、叶向高、赵南星、杨涟、左光斗等人，由于他们在万历晚期形成同盟对抗以浙江籍首辅沈一贯、大学士方从哲为代表的“浙党”，又由于领头的是江南籍官员，其中以兴起于无锡的东林书院学派人士为核心，时人便将他们称为“东林党”。

东林人士在万历年间的争国本、三王并封和三大案中坚决支持朱常洛父子，他们遭到了万历皇帝很大打击，但在天启皇帝登基后，也迎来了政治回报。由于皇帝的支持，大批东林官员得以重新起用，尤其是到了天启初年，形成号称“众正盈朝，天下欣欣望治”的新局面。

概括起来，东林党有如下特点：以清流自视，反对横征暴敛，要求撤回矿监税使，减轻民众负担；讲学诸人多议论朝政，品评人物，参与政治，反对空谈；主张改革朝政，任用贤能，澄清吏治，因而遭到朝廷权贵的猜忌与攻击；和而不同——遇到事情，内部观点并不一致，你说你的，我说我的，自己往往先争论起来；一旦大明有难，能抛弃成见，能联合起来一致对抗。

所以很难准确定位东林人士，他们毕竟不是一个组织严密的近代政党，只是古代的朋党，有这些自我矛盾的情况实属正常。

也正是因为有这样那样的缺点，东林党容易得罪人。天启三年（1623），京察之年，政绩考核工作主要由东林官员负责。此时朝中与他们唱对台戏的主要有浙党、楚党、齐党，结果这场京察下来，三党党首全部被免。

这就有点一网打尽的意思了，为了自保，也为了自救，三党官员不得不联合起来对抗东林党。

齐党由山东省籍官员组成，是北方各省的第一大派别；楚党包括湘鄂两省官员，是朝堂中的第五大势力，比齐党人还多。三党元气大伤，光靠他们并不能扳倒东林。因此浙、齐、楚三党官员低下了他们高傲的头颅，向魏忠贤为首的宦官势力低头献媚，与魏忠贤联合对付东林党。

魏忠贤虽识字不多，心思却极灵活，他意识到言官在政治斗争中的重要作用，要打击东林党，必须拉拢一批言官。此时魏忠贤开始掌控朝局，一些言官如崔呈秀等投靠了他，东林党在无形之中为自己树立起了庞大的对立面。

就这样，以浙党为首的朝堂势力，和以魏忠贤为首的宦官势力相互勾结在一起，便组成了阉党。阉党和东林党一样，也是政治势力的联盟，并不是明末的一个党派。东林党众人行事过于认死理，不知变通，不能不说是一大失误。

眼看魏忠贤俨然形成一家独大之势，东林党人决定出手。天启四年（1624）六月初一，左副都御史杨涟上奏疏弹劾魏忠贤二十四条罪状，请求皇上“大奋雷霆，集文武勋戚，敕刑部严讯，以正国法”。但是杨涟的全力一击，却被接近皇上的魏忠贤轻松化解，随之而来的是天启皇帝的“严旨切责”。

在这场政治斗争中失败的东林党人只能辞职以自证清白，但魏忠贤绝对不会放过他们。

天启五年（1625），魏忠贤以万历—泰昌年间的“梃击”“红丸”“移宫”三案为理由，辑《三朝要典》，开始大规模迫害东林党。就在这一年，被称为“东林六君子”的杨涟、左光斗、魏大中、袁化中、周朝瑞、顾大章都被逮捕，受到残酷拷打后死于牢中。接着又是“东林后七君子”高攀龙、李应升、黄遵素、周宗建、缪昌期、周起元、周顺昌先后被迫害致死。两年多时间里，魏忠贤对东林党的镇压达到疯狂的地步，东林党官员被害的有数十人，被下狱遣戍者百人以上，其他被革职、贬黜者在千人以上。

至天启七年（1627），魏忠贤已彻彻底底成了一人之下、万人之上的大明二号人物。宫外他所到之处，士大夫遮道拜伏，欢呼九千岁，一些人干脆叫他“九千九百岁”。天启皇帝毫不介意，他对魏忠贤和客氏照旧倍加宠信，还赐给他俩各一枚重三百两的金印，给魏忠贤的印文是“钦赐顾命元臣忠贤印”，给客氏的印文是“钦赐奉圣夫人客氏印”。

当其时，名义上魏忠贤除了司礼太监和提督东厂太监职务以外，还进上公（太师、太傅、太保三公之上），加恩三等，实际权势还远不止这些。不管魏忠贤在外面离京师有多远，凡朝中奏疏，均得由他的心腹、司礼太监李永贞派人加急送到那里，他读过之后授意，才能批示。他出行的时候，羽幢青盖，铁骑簇拥，东厂番子、锦衣卫缇骑夹驰于左右，铙鼓鸣镝之声，随着轰隆而过的车轮，隐没在飞扬的黄土之中。所过之处，百官追随，声势浩大，人人都以为是皇上驾临。

魏忠贤达到了权势的顶点，不过并没能持续多久。天启七年（1627）八月乙卯（二十二日），天启皇帝朱由校驾崩于乾清宫，终年二十三岁。

早在天启五年（1625）五月十八日，天启皇帝在客氏、魏忠贤等人的陪同下，带着几名亲信太监游玩西苑。他们在桥北浅水处大船上饮酒，又与王体乾、魏忠贤及两名亲信小太监去深水处泛小舟荡漾，却被一阵狂风刮翻了小船，全船人员尽数落水。两岸随从大惊失色，急忙跳水营救，天启皇帝和掌印太监王体乾获救，两名小太监溺亡。

皇上落水实乃大事，魏忠贤专门找人日夜作法祈福，希望万事平安。然而天不遂人愿，天启皇帝就此落下病根，身体每况愈下，后来尚书霍维华又向他进献了一种名为“灵露饮”的药物，这种药清甜可口，估计也是春药等虎狼之药。天启皇帝天天饮用，逐渐就得了肿胀病，浑身肿胀，卧床不起，眼看就时日不多了。

挨到天启七年（1627）八月，二十三岁的天启皇帝预感自己命不久矣，终于想起了他还有皇帝这份工作，同时也惊讶地发现自己还没有儿子。按照“兄终弟及”的顺序，朱由校在世的兄弟只有五弟信王朱由检了。

天启皇帝在谨身殿召见信王，身体虚弱的他也不绕圈子，直截了当地说：来，吾弟当为尧舜。

天降皇位，旁人八辈子也修不来的福气，其实这不见得是好事，从最终结果来看，也确实不是好事。但朱由检没有理由推辞，除了答应，他别无选择。

宣布完继承人没几日，天启皇帝便两腿一蹬去了，留下一个凌乱的江山。

天启一朝短短七年，混乱度在明朝十六帝中首屈一指，它对朝局和整个国家的伤害几乎是毁灭性的。

历任皇帝，甭管后来怎么样，上位之初都有一段勤政的时期，短则三五年，长则十几年。就连万历皇帝那样没有明显勤政期的皇帝，也总算还有点军事眼光。

天启皇帝有什么拿得出手的政绩吗？

抱歉，政治、军事、经济，一样没有。

那天启皇帝最大的优点是啥呢？

翻来翻去，我只能如实回答：木工活极好。

如果他是个木匠，确实是个优秀的木匠，可是他偏偏是皇帝。他是一个匪夷所思的皇帝，他对明朝最大的“贡献”就是重用了魏忠贤来治理国家。

我一再强调过，如何评价一位皇帝，关键看他给下一任留下一个什么样的江山。

——委太阿于逆阉，受炀灶于淫姆，天下至崩坏而不可收拾。（傅维麟《明书》）

这就是黑暗而又混乱的天启时代，这就是天启皇帝留给弟弟的江山。不客气地说，天启皇帝就是明朝十六帝中最差的一位。

朱由检的决心

天启七年（1627）八月二十四日，朱由检在皇极殿即皇帝位，内阁拟定四个年号——乾圣、兴福、咸嘉、崇祯，朱由检选择了崇祯。

“崇”有高贵、兴盛之意，“祯”则象征着吉祥。不光是寓意好，“崇祯”谐音“重振”，正与朱由检的治国理想符合。在他看来，爷爷、爸爸、哥哥三代人留下的烂摊子必须好好整顿，自己正是要重振大明王朝的天选之子啊。

朱由检这位信王此前没什么存在感，他也没想过会继承大统。当这副担子真的压到身上，他不得不思考，如何才能中兴大明。

朱由检与哥哥朱由校是完全不同的人。少年时代，朱由校就是个淘气的熊孩子，朱由检却从小就喜欢读书，而且不苟言笑。他读书时，陪读的内侍不敢读出声，朱由检就呵斥：“读书是好事，倒害羞；若唱曲儿，倒不害羞耶？”

朱由校临终前，曾对朱由检嘱托后事，主要有两件事：一、要善待中宫，就是要保证他的张皇后有个好的待遇；二、继续信任魏忠贤，对他也要好一点。

当时朱由检没有什么讨价还价的筹码，只得点头答应，但他心里只答应了一半。善待皇嫂，那是应该的；善待魏忠贤，还要继续信任他？皇兄抱歉，我做不到。

崇祯认为，他的中兴之路上有两个敌人，一个是阉党，一个是后金。只要搞定内政外敌，不愁天下不定。要搞定辽东问题，就必须先清理内政。

他要干的第一件大事就是铲除魏忠贤和依附于他的党羽。这件事他干得很漂亮，朱由检八月二十四日即位，十月，攻击魏忠贤的弹劾奏疏出现，且一发不可收；十一月，魏忠贤被发往凤阳（今属安徽）安置，途中崇祯派锦衣卫追捕押回审判。魏忠贤自知难逃一死，行到阜城（今属河北）时，与同伙李朝钦在旅店痛饮至四更，一起上吊自杀。朱由检诏令将魏忠贤肢解，悬头于河间府。十一月十七日，客氏被笞死于浣衣局，在净乐堂焚尸扬灰。

这事有难度吗？还真没有。

魏忠贤的阉党集团，是有先天劣势的。魏忠贤并不像王振、刘瑾这些太监，他们从小服侍皇上，确实有感情联系在里面。魏忠贤婚后进宫，要论和天启的感情，他远远不及王安、魏朝这些老太监。魏忠贤能得到天启信任，靠的是客氏的路子，这就决定他在宫内必须依赖客氏。而这位客氏为人歹毒，小肚鸡肠，与以张皇后为首的后宫妃嫔关系一直很差。

朱由校的临终嘱托本身就是矛盾的，善待张皇后，那么客氏在宫里还能待得下去吗？魏忠贤在内廷又去依靠谁呢？

外廷就更别提了。血腥迫害东林党，阉党的名声早就彻底臭了。虽说在天启末年，阉党人士自己看来，恍如全盛，其实天下已经苦阉党久矣。不管是对大明的士人俊秀，还是在朝堂上蛰伏隐忍的官员，投机阉党早已不是个快车道，反而是干倒阉党更有一步登天的机会。

朱由校的死，恰好给了两方机会。

魏忠贤本就是个无才的混混，靠着向皇上奶妈出卖色相才一步登天。所谓的权倾天下，在真正的皇权面前不值一提。太监得势乱政这种事，在明代历史上绝非一两回，结果如何？皇帝要他三更死，他就活不到五更。

搞定魏忠贤算不得多大事儿，接下去崇祯要面对的才是大事。

五年平辽

崇祯上台第一件大事，铲除魏忠贤，清算阉党，干得很漂亮。

第二件大事他也很着急，辽东用兵十几年，军费成了个无底洞。只有止住这个不断流血的伤口，才能中兴我大明啊。

其实在萨尔浒之战之后这些年，战争几乎就没断过。区别只是，后金从战略防御转向了战略进攻。天启年间，辽阳、沈阳、广宁等重镇相继失守，明军一败再败，已退守辽西。直到天启六年（1626）正月，才在宁前道袁崇焕指挥下取得了宁远大捷，稍稍稳定了局面。但取得宁锦大捷的指挥官袁崇焕，却因得罪魏忠贤而去职。

而在后金方面，彼时努尔哈赤已于天启六年（1626）四月去世，新任大汗是皇太极。

皇太极，努尔哈赤第八个儿子，少年时就跟随父亲征战，立下过许多战功，位列后金四大贝勒之一。在努尔哈赤晚年，皇太极凭借其卓越的政治手腕和军事才能，成功调解了诸贝勒之间的矛盾，稳定了后金政权。努尔哈赤去世后，皇太极在激烈的汗位争夺中脱颖而出，于天命十一年（1626）继承汗位，改元天聪。

皇太极是个难缠的对手，选谁去跟他过招呢？

崇祯元年（1628）四月，兵部左侍郎吕纯如上疏，极力推荐旧辽抚袁崇焕。吕侍郎对袁崇焕评价很高，说他“不怕死，不爱钱，曾经打过”，有这十个字足以胜任。

正所谓“文官不爱财，武将不怕死，则天下太平”。袁崇焕一人身兼两大优点，还曾经击败过努尔哈赤父子，岂止达标，简直是超标。崇祯一激动，批了。

四月初三，崇祯免去王之臣蓟辽督师之职，复用袁崇焕，任命其为兵部尚书兼右副都御史，督师蓟州、辽州、登州、莱州、天津军务，移驻山海关，并令他即刻入京觐见。

七月，袁崇焕到达北京。十四日，崇祯于平台（建极殿云台门外，通往乾清门的一块平地）召见袁崇焕及诸臣。

崇祯先对袁崇焕大加慰劳，然后询问道：辽事一坏再坏，不知督师对于辽事，可有良策？

袁崇焕意气风发，当即回答：臣期五年，为陛下肃清边陲！

崇祯欣喜道：恢复全辽，朕必不吝惜加爵封赏，连督师之子孙，均受福荫。

在场的还有大学士刘鸿训、李标、钱龙锡及四部尚书等，这些人听了也大感欣慰。崇祯于是赐茶果瓜饼，袁崇焕亦不失时机请兵械转饷，崇祯一一答应。君臣共进午餐，气氛被推向高潮。

吃完了众人告退，出至午门，兵科给事中许誉卿趁机悄悄问袁崇焕：督师用何计策，五年可以复辽呢？

袁崇焕不假思索回答：我看皇上面带忧戚，想必是为辽事焦虑，想先宽慰圣上，增其信心，具体再作计议。

许誉卿被吓得不行：敢情您是忽悠皇上？许誉卿赶紧说：圣上英明，如此大事怎能随口许愿？若过了期限不能实现，如何交代？

袁崇焕听许誉卿这么一说，心里也不由得一紧。可是话已经说出去了，如何能反悔？不管行不行，硬着头皮先上了再说。

翌日，袁崇焕带着崇祯的重托，佩尚方宝剑离京出关，履行新职。

第二次上任，袁崇焕先干了一件大事，不是对后金，而是对自己人。

崇祯二年（1629）五月二十八日，袁崇焕率谢尚政、袁升高等部将，带领一支亲兵从宁远抵达双岛（东江镇辖地）。六月初一，东江总兵毛文龙前往谒见袁崇焕。六月初五，袁崇焕请出尚方宝剑，将毛文龙处斩。

此事称为“东江斩帅”，乃明末一件争议极大的事。袁崇焕是督抚，毛文龙是他手下总兵，但是袁崇焕并没有权力处斩毛文龙，哪怕他手持尚方宝剑也不行。总兵是一品大员，全国也没有多少，要斩总兵，必须持有皇帝的旨意。

有了旨意，一个小宦官就能砍了总兵；没有旨意，没人杀得了总兵。

袁崇焕为什么要杀毛文龙呢？

毛文龙，原名伯龙，字振南，浙江仁和（今杭州）人。毛文龙年少时不喜读书，唯喜兵事，有领兵封侯之志。他早年承袭其伯父毛得春在辽东海州卫的世职，后历任鞍山百户、辽阳千总、叆阳守备等职。后金兴起后，他在辽东抗金。天启元年（1621），他得到辽东巡抚王化贞的任用，以练兵游击的身份率近两百人奇袭镇江（今辽宁丹东东北九连城），生擒后金守将佟养真，远近震动。

后金迅速反扑，毛文龙转进朝鲜，在林畔被后金击败。天启二年（1622）十一月，毛文龙入驻朝鲜皮岛，开东江镇，成为该镇总兵，获赐尚方宝剑。他不时袭扰后金，接纳从后金逃来的辽民，并练兵、兴学、通商、屯田，搞得热火朝天。

毛文龙曾经是个战斗英雄，但是时间一长，孤悬海外的毛文龙有割据一方的迹象，且越来越明显。他因为粮饷问题与朝廷屡生矛盾，遭到朝臣弹劾，认为他骄纵不法，虚功冒饷，难以有效牵制后金，因而倡议移镇。

封疆大吏，托付不效，净想着当自己的岛主。袁崇焕有足够的理由弹劾他，但没有权力杀他。毛文龙可以死，但不该用这种方式擅杀。袁崇焕再牛，也只是个臣子，怎么敢代替皇上发号施令？这种行为，往轻了说是专权僭越，往重了说是目无皇权。

此事震动朝堂。崇祯听说也是大惊失色，史载“帝骤闻，意殊骇”。

可是人死不能复生，他还指望袁崇焕五年平辽呢，如果处理了袁崇焕，找谁平辽去？崇祯只好安抚袁崇焕，没有追究他的责任。

袁崇焕所倚仗的也正是这点，他非常相信所做的事是对的，只是方法极端了点。但只要五年平辽，这些都不是大事。就算平不了，平一半也行啊，收复个辽阳，收复个沈阳，谁还敢有话说？

五年说长不长，说短也不短，其间很多情绪都可以被抹平，袁崇焕和崇祯的棋局还能再博弈数个回合。谁知袁崇焕千算万算，算死了崇祯和毛文龙，却失算了另一个重要人物。

一步差，步步差，命运的车轮不会停止，直朝着前面每一个人压去。

皇太极的决策

崇祯二年（1629 年，后金天聪三年）十月，皇太极作出了一个决定：亲统八旗主力出征。

这次出征，原本的意图是与依附于后金的蒙古各部合兵，扫除蓟北、宣大的林丹汗察哈尔部落力量，使后金与蒙古诸部的关系更加稳定。

皇太极大集诸部，以为察哈尔仍停留在蓟镇以北，结果扑了个空——当年八月，林丹汗已离开宣大边外，其前锋已抵达延绥地带。

直到抵达蒙古诸部最西的喀喇沁，皇太极才确认失去原定目标。

继续西进征伐察哈尔，已经不可能了，路途太远，变数太多。摆在皇太极面前的是两难选择：是就此回师，还是索性南下向明长城进发？

据《清史稿》记载，在青城，后金统治集团对下一步如何动作，爆发了激烈的冲突。

二十日当夜，诸贝勒来到皇太极帐外，大贝勒代善、三贝勒莽古尔泰进帐入见，岳托等诸贝勒想要跟进，被制止（“止诸贝勒帐外”）。

可以想见，夜入汗帐、止诸贝勒于外，代善和莽古尔泰必定有极为紧急和机密的事要单独和皇太极商议。

是什么事呢？“密议班师”。

在下一步行动路线上，两个贝勒与皇太极产生了激烈冲突。代善、莽古尔泰提出几个问题：劳师远征，粮匮马疲，如果遭到强烈抵抗，我们怎么回来？就算进去了，明军各路环攻，前后堵截，我们寡不敌众怎么办？

是夜，汗帐中争论的声音不绝于耳，皇太极很不高兴，双方争执到子时（晚上十一点到一点）还没得出统一意见。

有必要再说明一下大贝勒代善、三贝勒莽古尔泰有多大的权力，竟敢于和皇太极顶牛。

后金没有汉人立嫡立长的继承制度，它也不像蒙古部落那样幼子守灶、继承人由八旗旗主共推。皇太极能以努尔哈赤庶出第八子继位，表面上是出自代善、岳托、萨哈廉父子的倡议，并由三大贝勒共同推举，实则彼此间达成妥协：皇太极放弃天命年间与济尔哈朗、德格类、岳托等诸小贝勒的结盟，令其“听命于（各自）父兄”。

即皇太极承认三大贝勒对于其子弟诸小贝勒的管辖权，此事见诸皇太极即位典礼各方誓词中，可谓信誓旦旦。

皇太极继承的后金国体，来自努尔哈赤所定国体：以八和硕贝勒为旗主，分治其国，由八家公推一人为主，军国大事由诸贝勒等人共议裁决。如果这位公推出来的大汗办事让诸贝勒不满，大家可以商议易之。

当时四位小贝勒要么年龄幼小，要么影响力不够，实际上是由四大贝勒——皇太极、代善、阿敏、莽古尔泰议政。皇太极登位之初，依旧按照之前的制度，保有四大贝勒共治的局面。临朝时，另外三大贝勒与他并坐“南面而尊”，一起接受臣属朝拜，共同执掌后金大权。

皇太极虽有汗名，但仅拥有正白旗和其长子豪格镶白旗名义上的监护权，且不得干涉各旗内部事务。而代善两红旗五十五牛录、阿敏镶蓝旗六十一牛录，各占全国牛录约四分之一，加上莽古尔泰正蓝旗二十二牛录，对皇太极具有压倒优势。

因此，皇太极这个大汗和皇帝是有很大区别的。用今天的话说，四大贝勒相当于后金集团董事会，皇太极与另外三大贝勒是合伙人的关系，要做什么决定，得和三大贝勒商量着办，要是反对意见占多数，事情就不一定办得成。

好了，代善、莽古尔泰反对，皇太极骑虎难下，攻打大明的想法眼看要黄。在这个关键时刻，岳托等诸小贝勒站了出来。

岳托，代善长子，当时是镶红旗旗主。因其自幼丧母，继母和父亲代善对待他都非常刻薄，故侧妃孟古哲哲（皇太极生母）受命将岳托、硕托兄弟与皇太极一同抚养。岳托、硕托和皇太极关系极好，可以说名为叔侄，实则情同手足。此外萨哈廉（代善第三子）、济尔哈朗（舒尔哈齐第六子）等亦与皇太极关系非同一般。

岳托是代善的儿子，镶红旗本来也是代善负责监护。岳托等诸贝勒甘冒违抗父兄管辖权的风险，毅然站出来支持皇太极，这才使得他强行压服代善和莽古尔泰——“岳托、济尔哈朗众贝勒劝上决计进兵。是夜子刻（方与两大贝勒）议定，上遂统大军前进”。

我为啥要花费如此宝贵的篇幅来解释这个问题呢？因为这不是件

小事。以皇太极的抱负和才干，绝不甘心只当个名义上的大汗。他要成为名副其实的大汗，必须削弱其他几大贝勒的地位。

尽管皇太极手段高明，并有诸小贝勒支持，但亦需要时间和机会。而此前后金国的一系列征战，似乎并未朝着有利于皇太极的一面发展。

下定决心入关，是皇太极登位后最重要的一个决定，事关后金、明朝的政治走向，以及随后的天下大势。

几个争议

二十一日，后金军抵达布尔噶苏台（今平泉市附近）。

二十二日，皇太极驻跸喀喇沁部上都河（滦河上游）。

二十三日，后金从平泉向西，绕过明朝重兵驻防的喜峰口，进入今承德县上都河畔。这段路很难走，需要翻山越岭，明军骑兵根本无法通行，故沿途没有任何防备。但女真士兵都是从东北老林子出来的猎手，爬山能力相当强悍，这些明军认为无法通行的路段，对他们根本不在话下，翻山越岭，如履平地。

二十四日，金军抵达柳河口（今河北兴隆大杖子乡柳河口村），距离长城防线已经只剩两日行程，明朝方面还毫无察觉。

二十六日，大军到达黑鸽顶，走到这里连金军都已相当疲惫了，想到长城就在眼前，还是咬紧牙关连夜越岭（大军及疲惫人马，连夜越岭）。这段路不长，但非常难走，后金大军的行军能力真是极为惊人。

“二十七日，汗入边，攻克洪山口城，汗及大军入城驻营”。

洪山口城，即松棚路路城，今河北省遵化市小厂乡洪山口村。

同一天，右翼济尔哈朗、岳托攻克大安口城，左翼阿巴泰、阿济格攻克龙井关，斩杀前来救援的明军参将王遵臣、副将易爱，尽歼其众。

至此，后金军彻底击破蓟镇长城防线。从沈阳出发开始计算，到破口入关，共计日程二十五日，实际行军十九天，平均每天行程均在五十公里左右。

明朝的京畿核心区域，已处在后金大军的兵锋之下。而在明朝方面，对皇太极的突然决定完全没有防备。按他们的理解，皇太极只是凭借兵威，对喀尔喀、喀喇沁部趁火打劫（“建虏驻兵河上，邀截降夷难民”），和将要入寇是两码事。

直到十月二十七日龙井关、洪山口、大安口接连失守，大明才如同一个熟睡的巨人从梦中惊醒。

关内警讯大作，平辽将军、山海关总兵赵率教带四千精骑策马狂奔，三昼夜行三百五十里抵达三屯营（今河北迁西）。

三屯营西接遵化通北京，北接宽城通承德。戚继光担任蓟镇总兵时重修和扩建营城，使之成为蓟州镇府驻地、名副其实的军事重镇。

事态很紧急，但不是没有希望，只要守住三屯营，皇太极就不敢深入。否则就如代善、莽古尔泰所言：且我等既入边口，倘明兵自后堵截，恐无归路。

赵率教曾担任蓟镇总兵，深知后金从大安口南下，非得拔除三屯营这颗钉子不可。他紧赶慢赶，赶在皇太极之前到了三屯营城下，不料，驻守三屯营的蓟镇中协总兵官朱国彦却紧闭城门，拒绝放赵率教入城。

赵率教无奈，只得领兵西趋遵化扎营。十一月初四，暴露在外的赵率教部遭到阿济格统领的左翼后金军围攻，战斗中赵率教中箭坠马，力战阵亡，所部全军覆没。

初五，遵化陷落，巡抚王元雅自缢而死，城中军民反抗者皆被杀死；初七，三屯营被攻破，总兵朱国彦偕妻张氏自缢殉国。

明朝就此丧失了将后金堵在三屯营的机会。

从城破后朱国彦的表现来看，他是位有气节的将领。他既然也是个忠臣，为何不放赵率教入城呢？四个字：体系不同。

赵率教是山海关总兵，隶属袁崇焕的辽东系统。袁崇焕名为蓟辽督师，在关内的辖区实际只有山海关、一片石、永平等数路。蓟镇真正的领导是刘策，"崇祯二年（1629）夏，起故官，兼右佥都御史，总理蓟、辽、保定军务"。

也就是说，后金突入的地段其实不归袁崇焕管，那里是蓟辽总督刘策防区。没有刘策的命令，朱国彦不敢放辽镇兵马入城。从结果上来看，朱国彦做错了；从程序上讲，朱国彦并没有错。真正错的是崇祯，既有蓟辽督师，又设蓟辽总督，导致事权不一，无法协同作战。

袁崇焕后来被杀，原因历来有许多争议，我以我的理解，一一来解释一下。

争议一：后金破塞入关，袁崇焕有没有责任？

答案很明确：没有。

非但没有，还应表扬袁崇焕的眼光。在各种史料中，都有提到袁崇焕建议加强蓟镇防御，而且不是一次两次。

袁崇焕说：皇太极被我打怕了，绝不敢往宁远来，只有遵化防守薄弱（"寇被臣创，决不敢侵犯臣界。只有遵化一路守戍单弱"），恳请在遵化添设王威为团练总兵。

兵部回复：王威刚被弹劾，不能起用，以后再说。

袁崇焕又说：蓟州兵力薄弱，万一蒙古为向导引后金入犯，其祸未可知也，宜驻守重兵。

蓟辽总督刘策不置可否。

九月，袁崇焕察觉到后金军可能西进，便派参将谢尚政领兵前往遵化协守。谢尚政风风火火赶到遵化，巡抚王元雅见关宁军来援，不胜惶恐道：贼在何处？

谢尚政回答：尚未出动，督师预见，即将来犯。

王元雅不以为然道：虚惊而已，何足惧哉！况我遵化城固若金汤，不劳督师挂念。

谢尚政只好打哪儿来回哪儿去。

要是袁崇焕真能管到蓟镇，皇太极就进不来了，悲哀的是，名为蓟辽督师的袁崇焕管不着蓟镇防务，出了问题他还得负领导责任。袁崇焕不得不再次上疏："蓟门，敌以窃窥，严饬蓟督峻防固御，为今日急着。"

还没等到回复，皇太极真的就大举入关了。二十九日，袁崇焕从宁远往山海关途中得知后金入寇消息，他一边调动兵马，一边派人告诉驻于蓟州的刘策：密云危险了，我替你驻守这里，你速速驰援密云（"密云危矣！我驻此，公速守密云"）！

刘策回复：这是我的防区，我怎么能离开呢（"此吾地也，奈何去之"）？

十月初六，袁崇焕集结九千兵马，督率总兵祖大寿、副将何可纲赶到永平。得知遵化陷落，赵率教阵亡，料定三屯营必不可守，他当时的想法是在蓟州截住后金军，拱卫京师。

十一日，袁崇焕率关宁军赶到蓟州，此时京师早已戒严，人心惶惶。得知袁崇焕带兵入卫，崇祯极为高兴，下旨褒奖，发内帑犒劳将士，命袁崇焕统领勤王诸军。

崇祯对袁崇焕的信任无以复加，袁崇焕亦为之感动，他随即作出部署：勤王各镇，大同总兵满桂驻顺义；宣府总兵侯世禄驻三河；昌平总兵尤世威还镇，护诸陵；蓟辽总督刘策守密云。

蓟州是横在遵化与京郊通州之间的屏障，距离通州约一百四十里。皇太极此行逢城必攻，确保道路畅通。按军事常识判断，皇太极必须打下蓟州，才能打开通往京郊的道路。

十一月十一日，后金攻陷石门驿；十二日，后金前哨到达离蓟州不远的马伸桥，与关宁军遭遇，小败一场。

袁崇焕估摸着差不多了，“此必系前哨，大队定在后”。十三日，关宁军列阵于城外，北风飒飒，吹得旗帜猎猎作响，近万名将士严阵以待，静候八旗军的冲击。

半个时辰过去了，后金兵没有出现；一个时辰过去了，后金兵还没出现；终于，他们来了，分四队出现在明军东南，每队五十余人，加起来二百人左右。

袁崇焕下令沉住气：皇太极就在后面。

两百多金兵没有进攻，他们就这样远远地与近万辽兵静静对峙，战场仿佛凝固了一样。

又过了一个时辰，还是不见后金大军影子，袁崇焕下令发炮，炮声一响，四队金兵排成一字，飞速退去，明军追之不及。

十三日当天，再没有一个金兵出现。第二天才探知，皇太极玩了一手暗度陈仓，带领大部队“潜越蓟西矣”。

争议二：后来处理袁崇焕时，许多人攻击他消极抵抗，故意放皇太极过蓟州。果真如此吗？

我不是袁崇焕，无法得知当天他是怎么想的。不过我们可以推导一下：假使你有九千人，背后有城池，对手是有五万多人的野战王者，你会怎么选择？

袁崇焕不是李成梁式的将领，他也没有戚继光那么高的战术素养。历来他的战术思想就是稳守为上，即便占据优势，也绝不会贸然出击。

稳妥的想法应该是固守蓟州，以逸待劳。皇太极再大胆，也不敢冒着被关宁军截断后路的危险直扑京城吧？

袁崇焕失算了，谁能想到皇太极会如此孤注一掷，此举让袁崇焕的布置落空，对后金军动向研判失误，御敌于蓟门之外的计划又落空了。

就算如此，袁崇焕还有机会把皇太极堵在京郊以外。蓟州以西，京师东、北还有三道屏障——三河、香河、顺义，其中最重要的是三河。三河在蓟州与通州之间，守住三河，后金无法进犯通州、逼近京师，明军也可防其南下香河，包抄京师南翼。

三河由宣府总兵侯世禄防守，侯士禄只要挡住皇太极，要不了一天袁崇焕就能带兵赶到，在三河截住后金军。

然而侯世禄已经不在三河，他以城小不方便就食为由跑去了顺义。

十四日，后金军到三河，未遇阻击，皇太极分兵攻击顺义的宣大军；十五日，后金主力抵达通州。

此时袁崇焕正在衔尾急追，得知三河失守、后金即将进抵通州，他没有再顺路追下去，而是昼夜兼程，抢在皇太极之前到达了通州东南方向的张家湾。

争议三。打个比方，从蓟州到京师有两条路，一条是弓弦，就是皇太极走的那条；另一条是弓背，就是袁崇焕走的这条，两者不交叉。后来攻击袁崇焕的人说，袁崇焕不取两点之间最近的距离走，却绕远路跑到张家湾，是为故意放水，让皇太极更加畅通无阻。

这个争议我解释如下。

张家湾，北距通州十一里，至元三十年（1293）通惠河于张家湾入潞河，使张家湾先于通州成为重要的码头和物资集散地。

永乐年间，通惠河水势浅涩，张家湾便成了运河水运的终点。水运至张家湾的粮食和大批物资，暂存于此，再转运至北京。成化七年（1471）以后，漕粮全部改由这里运输，运河漕船数量大增。就是在嘉靖七年（1528）御史吴仲修浚通惠河后，张家湾仍然是水路咽喉，是极为重要的漕运集散地。

张家湾以南五十多里，是另一个重要的水陆码头河西务（今属天津武清），因紧靠运河西岸得名。码头的形成与发展完全起源于运河，隆庆以后始建砖城，因其繁华，素有“京东第一镇”之称。朝廷在湖岸设立管理漕运的衙门，并建有大明仓储基地。

请问皇太极入关的目的是什么？

抢劫啊。您不会真以为，他能打下北京吧？

别看后金气势汹汹，他们的攻城能力还是小学生水平。北京是首屈一指的大城，后金没有红衣大炮，没有携带攻城器械，拿什么去攻北京城？

那就行了，张家湾本身就是重点防御对象，屯于张家湾有两个好处：第一是阻止后金袭击张家湾，或南下袭击河西务码头；第二是关宁军轻装追击，经过数天急行军后，他们也没粮食了，需要从通州军粮城、河西务码头得到补给。

北京很安全，先守粮草重地，确保不让劫匪得逞，没什么好指责的。相反可以说，袁崇焕这个决定很聪明。

在袁崇焕军营，一场军事会议也正在召开，讨论是到京师与后金决战，还是就地与后金野战。

诸将都说士兵马匹都很疲惫，野战恐怕难以取胜，最好是背靠京城，倚仗城头弓箭大炮与后金决战。

副总兵周文郁提出：“我军宜向敌军逼近，不宜进入都城。敌我相距仅十五里，我们就食于河西务，敌人有破绽则迅速出击，敌人防备严密则另寻战绩，此乃万全之策。”

周文郁说得不错，外镇之兵未得谕旨不得入京，袁崇焕之前驰入京畿已经很冒失了，怎么能一错再错，带兵跑到京城门外呢？

袁崇焕回答：周君说的是，我只怕敌人太狡猾啊——万一他们像在蓟州一样，虚晃一枪不与我们交战，潜袭北京，京师人心动摇，事情就麻烦了。

诸将还在争论，敌情又发生新的变化。

很可能，皇太极确实有打劫张家湾、河西务的想法。占据这个地区，后金能封锁通往北京的粮道，就能逼迫明军在他们选择的平原战场，和后金进行打不赢的战斗。

但是得知袁崇焕屯兵张家湾后，皇太极决定绕过通州，取顺义袭击京郊。

已经没有选择了，袁崇焕向部下说了这么句话："君父有急，管不了许多了，苟得济事，虽死无憾。"

会议结束，九千关宁军即刻出发由间道急奔，一昼夜行一百二十里，抢在皇太极之前，于十七日抵达北京外城广渠门外。同时，在顺义被击溃的满桂、侯士禄宣大军也退至京师，驻于德胜门外。

后金军于十一月十七日到达京郊牧马场，皇太极传令休整，二十日拔营起行，到达城北土城关东隅，大战一触即发。

血战京师

明朝勤王军与后金军在北京城外主要进行了大小四次会战：德胜门之战、广渠门之战、左安门之战、永定门之战。

德胜门之战最先打响。二十日临近午时，皇太极亲率代善、济尔哈朗、岳托等诸贝勒，统领右翼四旗以及蒙古兵，向满桂和侯士禄的宣大军发起猛攻。

后金军先是发炮轰击，炮停后，蒙古兵与正红旗护军从西面突击，正黄旗护军从旁冲杀。明军迎战，两军相遇，搅在一起，喊杀声一片。城头的京营士兵也瞄准后金兵，放箭的放箭，放炮的放炮。

据时人记载，后金军的冲锋非常猛烈，“如黑云万朵，挟迅风而驰，须臾已过”。侯世禄首先撑不住了，看到后金兵来势凶猛，他不敢硬拼，竟然引兵避敌，手下士兵随之溃散。所幸满桂凶悍，率所部纵马上前搏战，才压住阵脚。然而满桂毕竟兵少，一场恶战下来，满桂身受重伤，血染征袍，所部仅存三千人。

这时后金兵已杀到城下，城上守军赶紧发炮放箭，后金支撑不住暂时退去。离谱的是，城头不分敌我的射击同样误伤了宣大军，连满桂也被大炮误伤，手下仅残余一百多人，退入关帝庙休整。

同一天在广渠门外，皇太极派三贝勒莽古尔泰及阿巴泰、阿济格、多尔衮、多铎、豪格等，带八旗左翼兵与蒙古骑兵向袁崇焕的关宁军扑来。

后金军分为六路，前锋直扑东南角。祖大寿率部迎击，奋力击退敌军。后金改变战术，转而进攻北面的王承胤所部。王承胤不敌，率部向南溃散，后金也不追，合兵一处往西面的袁崇焕部冲来。眼见督师受到围攻，王承胤又来了勇气，杀回来与袁崇焕一同拒敌。双方爆发激烈混战。

袁崇焕亲自督阵，明军将士奋力鏖战，逐渐占据上风。一名后金骑兵看到袁崇焕在阵中指挥，驱马直冲而来。两马交错的一刻，金兵挥刀向袁崇焕狠狠砍去。材官袁升高紧随大帅左右，见状“呔”一声一刀递出，两刀相对而折，袁崇焕才不至于当场殒命。

战斗中两军都是箭如雨下，后金贝勒阿济格被射下马，身负重伤。周文郁、袁崇焕甲胄上布满箭镞，如刺猬一般。这时南面的祖大寿率兵冲杀过来，后金军支撑不住开始退却。袁崇焕派游击刘应国、罗景荣、千总窦浚等人乘胜追击，至通惠河边，后金兵仓皇拥渡，冰陷，大约有一千骑兵连人带马跌落到护城河里，连冻带淹，死伤惨重。

据周文郁记载，此战自午时战至酉时，鏖战五六个小时之久，“杀贼千计，我兵亦伤亡数百”。在袁崇焕指挥下，明军终于克敌获胜，皇太极军队“退奔三十余里，屯兵南海子”。

广渠门一战大捷，使京师人心振奋。观战的朝鲜使者李忔也按捺不住惊喜，当即向朝鲜国王奏报：“袁军门、祖总兵等，自午至酉，鏖战十数合，至于中箭，幸而得捷，贼退兵三十里。贼不得贡献京城者，盖因两将力战之功也。”

这天的战斗到此为止，崇祯命令打开德胜门瓮城，让满桂残部入内屯驻。

老实说，这次野战胜利是出乎上下意料的。明军多少年没在野外打赢过八旗军了。后金那边打了败仗，一片狼藉。皇太极当夜召集诸将，处理怯战将领，分析失败原因，他慨叹道：十五年来，我军野战争锋还从未遇到如此劲敌！

攻城没戏，野战打不赢，那就只好议和了。二十二日，皇太极释放被俘的王太监回城，带书给崇祯，表示愿意议和。崇祯不予理会。

关宁军取得广渠门大捷，自然是件值得高兴的事。二十四日，崇祯命于平台召见袁崇焕、祖大寿、满桂等将领。此时崇祯对朝廷大员的问责已经开始，兵部尚书王洽、工部尚书张凤翔下狱论罪，负责城防工事的官员多人被罚廷杖，三人直接杖毙。一些谣言也早已开始在京师传播，说金兵是袁崇焕招来的，袁崇焕没能御敌于国门之外，反而勾结皇太极，诱敌深入，等等。

听闻这些风言风语，再想到自己也对皇上说过大话，袁崇焕不禁有些惴惴，特意换了一身青衣玄帽进城。崇祯倒是表现得和颜悦色，大加慰劳，看到袁崇焕穿得单薄，崇祯还解下身上貂裘给披在他身上。

袁崇焕一看，圣眷犹在，有点飘飘然，提出了一个让崇祯和朝臣都想不到的要求：手下将士累了，能不能让他们入城休整（“以士马疲敝，请入休城中”）。

这个要求非常不合时宜。边军进入京郊已是大忌，须得格外谨言慎行。之前周文郁就劝过无旨不要入京，现在入也入了，还要求带兵进城。

这种要求是能随便提的吗？崇祯怎么可能同意？这么多人怀疑你通敌，朕还选择相信你。你给朕提个这样的要求，朕还怎么继续信你？万一你带兵来个清君侧，朕岂不是……

袁崇焕怎么会想起让军队入城呢？以我个人认为，己巳之变中袁崇焕身上种种争议，并没有什么复杂的原因，都是他的性格使然，是临时起意、自以为是的结果。军队确实是累了，亟须休整。再看看满桂部下也被放进城了，一冲动顺嘴就提了，但他没有想想：满桂只有一百多残部，他手下可是八九千人，那能一样吗？

袁崇焕的政治敏感度太差了，他完全没有意识到身为辽军统帅，一举一动都会有人盯着，说错一句话，都会授人以柄，最后成为他的罪状。

皇太极等了四天，不见崇祯回复，于二十七日进攻左安门。袁崇焕和祖大寿命令竖起栅栏阻拦敌军，城上炮矢齐发，协同作战。广渠门大捷令关宁军信心倍增，后金军几次发起冲锋都被击退，不得不收兵回营。

二十八日，双方休战。

二十九日，袁崇焕采纳向导任守忠的建议，选派五百名火炮手，悄悄潜往南海子，在离后金营地一里左右的地方炮击军营。南海子里顿时鸡飞狗跳，“贼大乱，随移营出海子”，京城外围渐趋平静。

此时第二批入卫的关宁军已不断赶到，袁崇焕手下增加到近二万人。京畿诸城都有辽兵驻防，其他各镇勤王军又正从各地赶来，金军虽然勇猛善战，毕竟是孤军深入，处境相当不利。

正如入关前大贝勒代善和三贝勒莽古尔泰在青城向皇太极指出的那样：“此行深敌境，若粮匮马疲，何以为归计？纵得入边，若明人会各路兵来围，为之奈何？倘从后堵截，致无归路，何由返国？”

两大贝勒的担心正在变为现实，形势对明朝来说，明显朝着有利的一面发展。

可惜这个有利的局面，保质期也就两天不到。十二月初一，崇祯以议饷为名，于平台召见袁崇焕、满桂、黑云龙等。

上次平台召对以后，崇祯就对袁崇焕起了疑心，这几天城里疯传的“款奴谋和”传到他耳朵里，听起来就不像谣言而像是在旁证他的疑心了。而朝中不少官员更是乘机上书弹劾，其中温体仁的奏疏最有杀伤力。“东奴入犯，皆系袁崇焕以五年灭奴欺皇上，而阴与华亭（内阁首辅钱龙锡）奸辅、临邑罪枢密谋款敌，遂引之长驱，以胁城下之盟。”

边帅与大臣勾连，这是大忌，崇祯惊疑不定。这次召见，再也没了前两次的礼遇，见了袁崇焕，崇祯劈头盖脸就问：前杀毛文龙，今何逗留也？

袁崇焕惊异之下没有回答。崇祯愈加心疑，命锦衣卫将其抓入诏狱听候处理。东阁大学士兼礼部尚书成基命劝阻道：“临敌易将，兵家所忌。”他请求皇上慎重考虑。

崇祯还是太年轻，并没有意识到他如此情绪化的后果，断然拒绝。

成基命再次顿首叩拜，曰：敌在城下，非他时比。

崇祯不作理会。

崇祯或许以为，皇太极连受挫折，勤王军云集北京，有没有袁崇焕，后金只能灰溜溜滚蛋。这只能说他缺乏军事常识。边军和京营是两个概念的部队，京营将领他可以随便换，边军不行。能有效指挥他们的，只有他们自己的统帅，换谁也不行。

大敌当前自毁长城，恶果马上就来了。

督师之死

袁崇焕下狱当天，皇太极的军队就向北京城南郊伸展开来，此后接连数天在京城附近攻掠，明军无力阻止。

为何无力阻止？人心散了，没人打仗了。

袁崇焕下狱，崇祯以满桂代理袁崇焕，总理关宁兵马。满桂是宣大系将领，如何统帅得了辽东系兵马？袁崇焕被逮时，祖大寿从旁目睹了全过程，他吓得浑身战栗，惊慌失措，一个字也说不出来。辽东将士听闻袁崇焕下狱，皆“放声大哭，从此人心惊固，不复有固志矣”。

但是此时，他们还心存着希望，希望这只是个误会，希望他们的督师能被洗清冤屈。三天以后，看到袁崇焕仍未被放回，辽东军全军大哗，祖大寿、何可纲率部东走，毁山海关出，远近大震。

祖大寿为何如此做呢？只能说他是怕了，既是为督师鸣不平，更怕自己也受到牵连。辽军眼看督师蒙受不白之冤，亦是群情激奋，不愿再做无谓的牺牲，这就是崇祯临阵换帅的后果。

袁崇焕被捕，辽军遁走，勤王军再无一个坚强的领导核心。人数虽众，已变得不堪一击，皇太极得以各个击破，逐步扫除京师外围威胁。

十二月十六日，皇太极军至卢沟桥，干掉了副总兵申甫的七千铁甲车营。补充介绍一下，这位申甫不到一个月前还是个和尚，从无军事经验。崇祯病急乱投医，听信庶吉士金声、刘之伦的推荐，居然将申甫火线提拔为副总兵，命他招募车营士兵、训练战车攻防，白白送掉了数千人的性命。

十七日，皇太极乘胜进逼永定门。满桂主张固守，说敌劲援寡，未可轻战。崇祯不听，派宦官一再催战。不得已，满桂、孙祖寿、黑云龙、麻登云四大总兵督率步骑四万出永定门二里列阵，后金兵发起进攻，两军来回冲杀，大小十余战。满桂身先士卒，骁勇无比，但此时金军士气如虹，明军士气低落，在八旗全力进击之下，将士力不能支。满桂中箭阵亡，孙祖寿及参将周旗等三十余将官战死，总兵官黑云龙、麻登云被俘投降。

永定门之战，皇太极大获全胜，仅战马就俘获六千多匹，一扫之前失败的晦气，为自己找回了颜面，也使京师臣民大惧。

皇太极目的已达到，拔营向房山一路东掠而去。二十二日，后金大掠通州，攻克张家湾，放火烧船千余艘；正月初一，克永平，迁安、滦州惊恐，相继投降。皇太极将攻占的遵化、永平、迁安、滦州四城皆留兵把守。大军向山海关移营，于三月二日取冷口关（今河北迁安东北）返回沈阳。

直到崇祯三年（1630）五月，明朝收复永平四城，后金军弃城出关，历经七个月的己巳之变才算彻底结束。

己巳之变结束，对于袁崇焕的处理正式提上案桌，经过三个多月审判，崇祯三年（1630）八月十六日，朱由检最终确定了袁崇焕的十大罪状，判处磔刑。

磔刑就是凌迟，俗称的千刀万剐，顶格刑罚。

据载，袁崇赴刑那天，北京百姓像炸了锅一般，奔走相告，拥向行刑地北京西市。

押解袁崇焕的囚车经过时，怒气冲冲的百姓指着他大骂“汉奸”，向他扔烂菜叶和坏鸡蛋，袁崇焕面无表情，一语不发。

行刑过程中，整个刑场被乌泱泱的人群围得水泄不通。此时此刻，袁崇焕忍受着剧痛，遭受着身体和精神上的双重折磨，悲凉雄壮地大声吟道：

一生事业总成空，半世功名在梦中。
死后不愁无勇将，忠魂依旧守辽东。

这首绝命诗至今读来依然让人感到不胜悲凉。这一年，袁崇焕年仅四十六岁，他的死状惨不忍睹，不忍细述。

《明季北略》这样说："时百姓怨恨，争啖其肉，皮骨已尽，心肺之间叫声不绝，半日而止，所谓活剐者也。"又说："百姓将银一钱，买肉一块，如手指大，啖之。食时必骂一声，须臾，崇焕肉悉卖尽。"

袁崇焕最终连骨头渣子也不剩，仅剩下一个头颅，被传九边，以震慑将领，以儆效尤。

这样的结局实在是太惨了，袁崇焕究竟为什么会被杀呢？

表面来看，是皇太极用了一手反间计，说他靠俘虏的两个管马太监杨春、王成德，仿照《三国演义》中蒋干盗书的桥段，传递出袁崇焕与皇太极有密谋的信息给崇祯，使得袁崇焕被逮下狱。

这很显然不可信，崇祯的智商还没有低到这个地步。这个拙劣的反间计，更像是清人为了拔高皇太极编出来的故事。

真正的原因，隐藏在崇祯的性格里。

我们先看崇祯认可的袁崇焕十条大罪，包括：托付不效、专恃欺隐、市米资盗、谋款诱敌、斩帅践约、纵敌长驱、顿兵不战、遣散援兵、潜携喇嘛、坚请入城。

这一系列的罪名，大多是"务虚"的。归结起来，真正务实的也就是"斩帅"和"坚请入城"。不管袁崇焕出于什么样的考虑，擅杀毛文龙、冒失请求进蓟州城，确实是不讲政治的冒失行为，是官场大忌。

袁崇焕为什么会这么干呢？

我们看他的官场履历，袁崇焕万历四十七年（1619）才中进士，天启二年（1622）就被破格提拔到兵部任职。在京师没待满一年，就随孙承宗出关，此后一直在辽东扎根。

满打满算，袁崇焕踏进官场只有十年，当京官不到短短一年，其余时间都在地方任职。按官员晋升逻辑，十年只是起步，他入仕时间太短了。官场的门道，他来不及学习；皇上的心理，他不会揣摩。

从一介布衣迅速成为独掌辽东军政的封疆大吏，袁崇焕毕竟只是个军事家，不是政治家。崇祯的性格，他不明白；崇祯朝的政治空气，他看不懂。

崇祯的性格如何？

关于朱由检的性格，《明史》有一句很好的评价："性多疑而任察，好刚而尚气。任察则苛刻寡恩，尚气则急遽失措。"

此般精练语言不仅向后人诠释了崇祯个人之性格，更言明其主政时期之政治生态。性多疑、好刚、尚气看似都是个人性格因素，然而作为大明最高统治者，其性格中之因素势必会作用于其政治思路，进而影响其总体政策。

别看崇祯登基后的一系列组合拳看似开明，崇祯一朝的政治空气是很紧张、很敏感的。

比如说崇祯的"多疑"，他是铲除了魏忠贤，但随即又重用宦官，以厂卫广布眼线，四处监视人们的行为言论。

再如崇祯的"任察"，"任察"表面指充满智慧，明察秋毫，实则就是任意核查、率意审核、办事拍脑袋、不讲客观规律。据统计，朱由检在位的十七年里，先后诛杀两位首辅大臣，撤换五十位内阁大学士，另外又撤换了十四名兵部尚书、十七名刑部尚书。在被撤换的十四名兵部尚书中，有九名被治了重罪，其中斩首者一人，治死者一人，自杀者三人，下狱者两人，革职查办者两人。

“任察则刻薄寡恩。”他对大臣动辄怒斥、问罪、砍头、凌迟，其残忍和冷酷与魏忠贤相比有过之而无不及。

“尚气则急遽失措。”他听不进臣子之言，危急时刻又不切实际地盲目自信，在决策之时常意气用事。

京师流言满天飞，再加上袁崇焕冒失的行为和后来祖大寿的逃跑，从表面证据看，一步步印证着一个阴谋论，更加重了崇祯的疑心。以他的性格，绝不能再留着袁崇焕。

袁崇焕的一生颇具争议，他绝不是个完人，他是个优、缺点同样突出的人。

他没有足够的政治头脑，缺乏政治斗争经验。从擅杀毛文龙就能看出，他也是个刚愎自用的人，说袁崇焕擅权专断，绝不冤枉。

但同样不能否认，袁崇焕是个出色的军事家，他抗击金兵、镇守宁远，任内维护了辽东的稳定。他是明末最后一位能在野战中击败八旗军的大帅，军事能力得到明清两朝的认可。

时势造英雄，这样一位人才，尽管他有种种不足，只要崇祯能知人善任，就算复辽急切不成，守住辽东绰绰有余。

可惜，崇祯用人不存在“人尽其用”这个选项。袁崇焕，即是崇祯性格的最大牺牲品之一，但绝不是最后一位。

天下大乱

崇祯一直以为，他最大的对手是后金，可随着明军一次次吃了败仗，他发觉不对了。

农民军成气候了。

自天启七年（1627）陕西澄县王二举旗造反以来，又有陕北的高迎祥在安塞，王左挂、飞山虎、大红狼在宜川，王虎、黑煞神在洛川，王和尚在延川，王大梁在汉中南部，王嘉胤在甘肃庆阳，周大旺在武都也插旗举反。不过一两年间，农民起义遍及陕西全境及甘肃东部，颇有声势浩大之感。

崇祯并不怎么在意，收复辽东、中兴大明才是他关注的焦点。这些流民、饥民、难民算什么？一群闹出点动静的叫花子而已，这种事，大明见得多了，没什么可怕的。

崇祯错了吗？还真没有。本质上，这些农民起义的规模、实力还远不如正德年间的刘六、刘七大起义。他们流动作战，没有根据地，也没有明确的政治纲领，组织性和战斗力都较为低下。

比如说最早揭竿而起的王二吧，也就仅仅坚持了两年。崇祯二年（1629），朝廷命兵部右侍郎杨鹤为陕西三边总督围剿，没多久王二所部就被包围，王二被俘杀。其部下王嘉胤继续领导余部战斗，也没两年就失败了。

值得一提的是，在崇祯二年（1629）前后，一个前明军士兵，一个失业的驿站服务员先后加入了农民军，他们将在历史上写下自己的名字。

士兵叫张献忠，籍贯陕西延安，万历三十四年（1606）生人，初为捕快，因事革职，进入延绥镇成为边兵。张献忠生性刚烈，爱打抱不平，在军队中犯法当斩。主将陈洪范观其状貌奇异，为之求情于总兵王威，被重打一百军棍除名，从此他便流落民间，不久加入王嘉胤部下。张献忠当过捕快当过兵，作战很勇敢，史载他“临战辄先登，于是众服其勇”，很快就成了一支队伍的领导人，自成一军，号为“西营八大王”。

如果说张献忠造反还是他的个人选择，那个驿站服务员就几乎完全是被逼的。

此人名叫李自成，陕西米脂李继迁寨人，据说有西夏血统。李自成家庭贫困，年幼时当过小和尚，给地主放过羊，十几岁时父母双亡，经历与当初的朱重八惊人地相近。

有所不同的是，天启六年（1626），二十一岁的李自成走运了，他成功到本县圁川驿成为一名驿卒。驿卒虽低微，吃的也是皇粮，远远强于当和尚、放牛。然而安稳饭没吃上两年，朱由检就把李自成的铁饭碗砸了。

崇祯二年（1629），为进一步节约开支，崇祯盯上了驿站。明朝中后期，驿站制度确实受到权力的很大侵蚀，比如官员以及亲朋好友，无论公事还是私事，都可以凭相关驿符去享受驿站服务（免费食宿、免费车马），如此造成的开销也是巨大的。

本来是为了加强朝廷与地方联系的驿站，一时间成为官员们休闲的场所。裁撤驿站对于崇尚节俭的崇祯来说，成为一个很容易作出的决定。于是崇祯二年（1629）五月正式议裁天下三成驿站，任命刘懋为兵科给事中，专管驿递整顿事务。

不得不说，一年下来还真给朝廷节省了六十八万五千余银两。随之带来的问题是，许多以驿站为生的底层民众，一时间沦为流民。

历史的细节就是这样，不经意的一个瞬间都会使整段历史产生涟漪，一个决定往往能够改变整段历史的走向。崇祯下令裁撤驿站，站在官府的角度不能说是错的，但他没有考虑过失业驿卒的安置问题。正是在这些失业的驿夫之中，走出了明王朝的掘墓人李自成。

不过那是以后的事，崇祯二年（1629），李自成、张献忠还是造反新人，不起眼的小角色。总之在崇祯初期，朝廷只要认真一点，剿灭这些义军没啥难度，称呼他们为“疥癞之患”，也不过分。

这一切，在己巳之变后发生了变化。

我们对比一下时间线。

崇祯五年（1632），右佥都御史陈奇瑜巡抚延绥，镇压农民起义军甚力，名噪关陕。崇祯七年（1634）春，陈奇瑜升任五省总督，调集诸将围击各路农民军。高迎祥、李自成、张献忠等部受到凌厉压迫，被迫向山西转移。大同总兵曹文诏仅率千余人击败山西境内农民军，各部逃到河南，被曹文诏、左良玉等多路明军包围，生死已在顷刻之间。

差不多同一时间，皇太极又来了。

后金大军兵分四路，以大同、宣化一带为主攻方向，分别破关口而入，“不攻城池，只在各村堡劫掠”，深入山西中部和河北北部。金兵在明朝州府台堡之间往来穿梭，如入无人之境。诸路兵马会于应州（今山西应县），攻克代州（今山西代县），明军死守大同，坚决不出来对战，皇太极移师攻万全左卫（今河北宣化西），斩守备常汝忠，歼灭明军千余人，从尚方堡出塞，回到沈阳。

这次后金军入塞，朝廷调有“明季良将第一”之称的曹文诏回大同抗金，明军包围圈出现漏洞，被围农民军从总兵王朴处突围。

金军退走，陈奇瑜传檄调陕西、郧阳（今湖北十堰郧阳区）、湖广、河南四巡抚围剿汉南农民军。高迎祥、张献忠、罗汝才、李自成等部误入车箱峡古栈道，再度濒临绝境，不得已采取伪降手段才脱困。

汉中脱险，李自成立即杀安抚官复叛，农民军在崇祯七年（1634）年底大批进入河南。崇祯八年（1635）正月十五攻克中都凤阳，焚毁皇陵，挖掘皇帝祖坟。

祖坟被挖是天大的事，何况这还是老朱家的祖坟。崇祯听说后先是垂头丧气，素服避殿，下罪己诏。接着他暴跳如雷，调洪承畴所统陕西兵出关，又任命卢象昇为五省军务总理，东西夹剿。

崇祯一发狠，农民军又撑不住了。六个月内，最强的一支农民军闯王高迎祥部被击败，高迎祥被俘杀，另两位著名首领张文耀、拓养坤向陕西巡抚孙传庭乞降。

闯王名号被李自成继承，他情况也好不到哪儿去。这年九月，李自成、过天星、混天星等十几支起义军从秦州地区出发向汉中进军，却被总兵曹变蛟击败，不得不转进四川。洪承畴带官军由陕入川围追李自成部不舍，孙传庭则在澄城、延安、三水一带追剿过天星、混天星等部。

当时的情况是，随着高迎祥被杀，农民起义遇到重大挫折，有的战败了，有的投降，剩下的屁股后面都有官军紧追，都在咬牙苦苦坚持着。

然后，后金又来了。

崇祯九年（1636）六月，皇太极命多罗武英郡王阿济格为统帅，率大军分三路奔向冀北，入独石口。八天后，会于北京延庆县，败明军七次，俘获人畜一万三千二百三十。七月初三，京师全城戒严。清军经延庆入居庸关，取昌平，大军直逼西直门下。

崇祯大惊，命文武大臣分守都门，阿济格无意攻打京师，只是在周围不断劫掠，消耗明军实力。清军入定兴，下房山，战涿州，攻固安，陷顺义，再至怀柔，占河西务，屯兵密云，一个月内“遍蹂畿内”。阿济格向皇太极报告“经保定至安州，克十二城，五十六战皆捷，生擒总兵巢丕昌等人畜十八万。”

八月二十日，清军开始撤退。九月初一日，清军携带掠获的十八万人畜及其大批物资从容出冷口（在今河北迁安东北），“俱艳饰乘骑，奏乐凯归”，他们还砍下木头，写上“各官免送”字样扔于路旁，戏谑明朝将吏，浩浩荡荡，用了四天才全部走出关外。

对比时间线，很明显，每当农民起义陷入低谷时，后金就会入关。他们掠夺财富，消耗明朝的经济和军事力量，破坏明朝的战争潜力，客观上一次次挽救农民军于水火。

皇太极的目的是什么？真的只是为了抢劫吗？

抢劫只是目的之一，皇太极还需要兼顾对蒙古各部的打击。

林丹汗西迁以来，虽然取得一些军事胜利，却得罪了大多数蒙古封建主，使他陷入孤家寡人的境地，离统一蒙古的梦想也越来越遥远了。

漠西和漠北原本就不臣服察哈尔，漠南诸部则在林丹汗的打击下纷纷东投后金。林丹汗虽获得富庶的右翼故地，但因为“塞外霜旱，颗粒无收兼厉疫盛行”，蒙古诸部几入绝境。而各部的抵抗也大大削弱了察哈尔部本身的力量：“插（察哈尔部）之疲甚、饿甚、穷甚”，其兵员严重减耗，“有马约备仅收四万，众不满五万”。

西迁的结果，是察哈尔越来越弱，皇太极看准这个机会，决定发动对林丹汗的决战，彻底征服察哈尔。崇祯四年（1631）四月，皇太极就已经准备讨伐林丹汗，在科尔沁部的劝说下推迟。崇祯五年（1632）三月，皇太极第二次远征察哈尔，总兵力约十万。

林丹汗正驻帐于宣府边外，听说后非常震惊，立马率众西奔。皇太极分兵三路穷追四十一天，五月下旬进驻归化城（今内蒙古呼和浩特），得知林丹汗已渡黄河而去，遂停止追击，经宣府、张家口返回，途中收拢了林丹汗所遗部众数万人。

林丹汗亡命青海，逃难过程中部众大量流失，两年后（崇祯七年，1634），林丹汗因天花死于青海大草滩，结束了叱咤风云又比较憋屈的一生。

林丹汗病故，察哈尔部落再也无力与后金抗衡，这些都是宝贵的人口，皇太极不能看着他们流失。因此，他需要一次次发动远征，既能劫掠，又能沿途收纳林丹汗的残余部众。

对比一下时间，不难发现，每次后金军入关，差不多都发生在远征察哈尔之后，也就是回师路上顺便来插一杆，反正出来都出来了，不能空手回去。

至于时间为什么这么巧，每次农民军快完蛋了，他们就来入关了？不清楚，可能只是巧合。但是在客观上，一次次搅得崇祯心神不定，无法集中全力，一口气剿灭李自成、张献忠起义，这是最致命的。

细心的朋友还能看出，崇祯九年（1636）这次入关，后金大军的称呼变成了“清军”。

此前接连的胜利让皇太极威望大增，他准备当皇帝了。

天聪九年（明崇祯八年，1635），多尔衮等平定察哈尔部，统一漠南蒙古，获得故元玉玺。十月，统一族称为“满洲”。十二月，群臣以察哈尔降服及获得“传国玉玺”为由，请皇太极“早正大号”，皇太极假意推辞。

天聪十年（1636），皇太极以“早正尊号”征询汉官儒臣的意见，鲍承先、宁完我、范文程、罗绣锦等都表示赞成。萨哈廉又召集诸贝勒各书誓词，向皇太极效忠。外藩蒙古诸贝勒闻讯也请求上尊号，皇太极同意了。

上尊号的准备活动至天聪十年（1636）三月末大体就绪。四月十一日，皇太极在盛京天坛祭天，然后“践天子位”，受尊号为“宽温仁圣皇帝”，定国号“大清”，改元崇德。

崇祯的豪赌

崇祯十三年（1640），皇太极派济尔哈朗、多尔衮率军直逼明王朝在关外的战略据点——锦州。至于战术，还是老办法，采取长期围困的办法迫使锦州降服。

为达到目的，多尔衮首先派人在距离锦州不远处筑义州城，又挖壕沟围困锦州，并调来大炮对锦州城轰击。驻守外城的蒙古兵本来就没有什么忠诚度，他们在将领诺木齐、吴巴什带领下很快投降，明军退守锦州内城。

而在关内，李自成再起，如猛虎下山，在中原大地纵横驰骋。闯军于崇祯十四年（1641）攻克重镇洛阳，处决万历皇帝的爱子、崇祯的皇叔——福王朱常洵。

恰逢中原大旱，李自成开仓放粮，大量饥民加入李自成军，闯军兵力一下子暴增。张献忠亦在四川攻城略地，整个北方和西南到处是农民起义的燎原之火。

一边是农民军、一边是如狼似虎的清军，焦头烂额的崇祯皇帝，被迫作出了关乎大明国运的战略决策——集合大明最后的、所有的精锐，往援锦州，迅速打破清军对锦州的包围。

崇祯十三年（1640）七月，蓟辽总督洪承畴率领王朴、杨国柱、唐通、白广恩、曹变蛟、马科、王廷臣、吴三桂八大总兵，步骑十三万，在宁远誓师，向锦州出发。

这支部队是整个明王朝最后的军事支柱，崇祯把大明的国运交给了洪承畴，是为松锦之战。

松锦之战持续两年之久，很遗憾，崇祯又赌输了。松锦之战以清军全胜而告终，明朝经此一役，松山、锦州、杏山三城尽没，元气大伤。

据《清太宗实录》记载："是役也，计斩杀敌众五万三千七百八十三，获马七千四百四十匹，甲胄九千三百四十六件。"

松锦大战标志着明朝在辽东防御体系的完全崩溃，崇祯在辽东的最后防线仅剩下宁远的吴三桂部。

崇祯的豪赌失败，时人评价："九塞之精锐，中国之粮刍，尽付一掷，竟莫能续御，而庙社以墟矣！"

同一时期，李自成部在河南迎来大发展。随着原来众多大大小小的义军首领死的死、降的降，坚持下来的力量基本整合为李自成、张献忠、罗汝才三大势力，又以李、张两部兵力最强。

李自成的战力

崇祯十四年（1641）到十五年（1642），李自成的闯军先后向开封发动三次攻坚战。三攻开封的同时，闯军先后在项城、襄城、朱仙镇、郏县和汝宁五歼明军主力。尤其是项城和襄城两战，前后两任三边总督傅宗龙、汪乔年战死，崇祯仅存的陕西三边明军精锐被歼灭。

这批明军投降后被收编，极大提升了闯营的战斗力。此战以后，兵部侍郎侯恂向崇祯直言不讳："李自成一败汪乔年，再败傅宗龙，而天下的强兵劲马皆为其所有，骑兵数万为一队，飘忽如同风雨，所过无坚城。官军只知尾随其后问所向而已。"

崇祯只能摊手。

随着越来越多明军投降，李自成的战斗力极速增长。这时的闯军已发展出一套成熟的步骑协同战术，《明史》载："临阵，列马三万，名三堵墙。前者返顾，后者杀之。战久不胜，马兵佯败诱官兵，步卒长枪三万，击刺如飞，马兵回击，无不大胜。"

到这时，闯军与明军的实力已经逆转了，作战往往是闯军碾压明军。最好的例子，是崇祯十五年（1642）五月的朱仙镇之战。

擒杀汪乔年后，李自成、罗汝才大集诸部，于五月初二第三次进攻开封。崇祯急命督师丁启睿、保定总督杨文岳，带领总兵左良玉、虎大威、杨德政、方国安等率各省军队保卫开封。七月，各部明军在朱仙镇会师，总数达到十八万，号称四十万。李自成亦精锐尽出，率步兵十万、骑兵三万，自开封解围南下，抢占河道上游有利地势。

左良玉长期与农民军交战，他深知此时的李自成已今非昔比，明军拼凑起的各镇联军战力如何，他更是相当清楚。左良玉认为，农民军锋芒正盛，不宜主动出击，最好是相持一下，消耗他们的锐气，寻找他们的破绽。

这番话说得合理，但丁启睿也有难处。崇祯原本中意的人选是侯恂，只因开封情况紧急，侯恂来不及赶到，才连发数道诏书，责令身在许昌的丁启睿督师救援开封。

这个督师，丁启睿本来就不想当，丁某人威信不足，总兵们也瞧不上他。他不情不愿到任后，发现情况比想象中更加严重，为争抢军事物资，各镇明军冲突激烈，再内耗下去，敌人还没进攻，大军可能自个就崩盘了。

没办法了，尽快打吧。一打，明军数战不利，左良玉见势不妙，违令带兵夜奔襄阳。左大帅这一跑，带动各镇兵马纷纷奔逃，也就是俗称的“炸营”。黑夜中明军不辨方向，许多人跑着跑着，一头就栽进了农民军在外围挖的壕沟。

李自成、罗汝才看得都傻了眼，说我们还没打啊，你们这是干吗？马上派骑兵，痛打落水狗！十八万人啊，您想想，实在太多了，俘虏都抓不过来，只能骑着马赶鸭子一样，能抓多少是多少。

这就是朱仙镇之战，真正的大战都没打起来，明军直接就败了。

这是崇祯还能集结十万人以上的主力会战中投入兵力最多的一战，是真正的国运之战，结果成了一场荒唐的闹剧——官军成了“流寇”，“流寇”倒更像是官军。

此战，农民军收得降卒、骡马数万，中原明军一扫而空。此战也实际上宣告，在和孙传庭进行汝州决战前，李自成统领的军队素质已经超过明朝正规军，成为关内最强大的军事集团。

孙传庭的抵抗

最后再说下孙传庭吧，崇祯把最后一丝希望放在了孙传庭身上。

孙传庭，代州振武卫（今山西代县）人，万历四十七年（1619）进士。天启年间授吏部验封司主事，不久升至稽勋司郎中，此时正值魏忠贤乱政，如陶渊明不为五斗米折腰，孙传庭亦不向九千岁屈膝，索性弃官回乡。

这一弃就到了崇祯八年（1635）秋，多事之秋也是用人之时，有人想起了他，向崇祯举荐他出任验封郎中，不久越级升为顺天府重要官职。

孙传庭却不想干这个文职，他说：大明正在危难之时，请求让我外放，我愿巡抚陕西，为朝廷出力平定内乱。

孙传庭自许建功必须有我、功成必定在我，让焦头烂额的崇祯看到了一丝希望。说：那你去吧，不过丑话说在前面，朕只有六万两军饷给你，其余你得自筹。崇祯九年（1636）三月，孙传庭履职，其间积极整顿陕西军政，募得三千劲旅，号为“秦军”。

当时明军的主要对手还是高迎祥，在卢象昇的压制下，高迎祥被围困在郧阳山区动弹不得。他便有了个大胆的主意：三国时魏延有子午谷奇谋，想由子午谷进攻西安，惜乎未被丞相采纳。我能不能用一下，出奇兵甩掉追兵，进攻西安呢?

高迎祥很有想象力，奈何他碰到的是孙传庭。七月十五日，高迎祥在子午谷之黑水峪一头撞上以逸待劳的孙传庭，交战数次，孙传庭“四日三捷”，最终俘获高迎祥。崇祯大喜过望，降旨褒奖。九月十九日，孙传庭遵旨将高迎祥押解京师，凌迟处死，农民军最强的一支就此瓦解。

高迎祥被俘后，孙传庭招抚了农民军领袖拓养坤（蝎子块）、张文耀（张妙手）等，击破张天琳（过天星）、马进忠（混十万）、高见（大天王）等，到崇祯十年（1637）初基本确保了关中地区的安全。孙传庭由此崭露头角，声名鹊起，几乎超过了他的上司洪承畴。

正如前文所述，明军形势一片大好之际，清军就来入关。崇祯十一年（1638），多尔衮、岳托分兵入长城，宣大总督卢象昇督师各路入京勤王之兵，阵亡于巨鹿。

朝廷遂召洪承畴、孙传庭防守京师，升孙为兵部右侍郎兼右佥都御史，指挥各路援军。

按理，洪、孙二人在陕西联手打了大胜仗，此次奉诏勤王，崇祯该接见嘉勉。但崇祯下谕：只见洪承畴，不见孙传庭。

啥道理？孙传庭和兵部尚书杨嗣昌闹起了矛盾。

杨嗣昌是个有能力的大臣，也是崇祯极其看重的人才。崇祯十年（1637）杨嗣昌上“四正六隅，十面张网”战术，崇祯照此执行，效果非常好。没承想遇到崇祯十一年（1638）“戊寅之变”清军入关而毁于一旦。

但是杨嗣昌和孙传庭有矛盾，两人因调兵而结怨，孙传庭为此忧郁重重，以致耳聋。杨嗣昌安排他总督保定、山东、河南军务。孙传庭说我想见下皇上，杨嗣昌不安排，孙传庭引病告休，杨告其是推托，激怒崇祯，将他贬为平民，下狱待判决。

孙传庭入狱三年间，李自成、张献忠复起，崇祯已没有资源维持十面张网，杨嗣昌的战略功亏一篑。李自成攻陷洛阳，处死皇叔福王朱常洵；张献忠攻破襄阳，杀了襄王朱翊铭。崇祯十四年（1641）三月初一，杨嗣昌因无法向皇上交代，忧愤而亡。

这时松锦之战正吃紧，国内已无人可用，崇祯这才想起孙传庭，下令将他从监狱放出，复职三边总督，命他率京营士兵往援开封。但是各边精锐都被调去与皇太极决战了，孙传庭的精锐秦军也没了，他治下的军队都是拼凑出来的二三流部队，其中还有不少利益纠葛。如左良玉、虎大威、贺人龙等主将属管不属调，避实就虚，自保实力。尤其是援剿总兵贺人龙，项城之战、襄城之战，他都是遇敌先溃，导致张献忠坐大以及两任三边总督（傅宗龙、汪乔年）为李自成所杀。

孙传庭怀揣崇祯密旨，处死贺人龙，但亦无济于事。他发现李自成拥兵数十万，实力已非往日可比，只得拊掌叹息道：我思用秦人！

只要能保证军饷，孙传庭深信他还能练出一支精兵。崇祯催战，孙传庭说不可轻易出战，他向崇祯提出练兵两万、给饷百万，可保剿灭李自成。崇祯听了很不高兴，说："这都什么时候了，朕去哪儿拿百万饷银给你。朕给你凑一个月的饷银，拿到钱，你不出关讨贼，朕唯你是问。"

孙传庭无可奈何，只好出师。李自成三围开封，崇祯十五年（1642）十月，孙传庭率主力救援，果不其然吃到个败仗，率残兵奔回陕西。

这回崇祯也不说话了，当时大明还剩下的兵力主要有三个集团：辽东军队比较精锐，但崇祯还顾着面子，不肯移调；左良玉部号称兵多将广，实际上跋扈难用；他能指望的，实际上只有孙传庭统帅的陕西官军。

可是钱呢？确实是没有，崇祯已经穷得叮当响了，他唯一还能给的只有些许权力，允许传庭在当地自筹资金练兵。

孙传庭也不说话，自筹就自筹，国难当头，再苦老百姓不行，只有从权贵豪强身上想办法。平日里以温文尔雅示人的孙传庭，开始雷霆出击。他的办法很有效也很粗暴，用今天的话说，就是宣布陕西进入紧急状态，征兵征饷，一切事宜由他说了算。平日里享有特殊待遇的阶层，特权作废了，该交钱就得交钱，该捐献就要捐献，但凡抗拒者“身家性命不可保矣”。

很多人颇有微词，崇祯睁一只眼闭一只眼，说先看看。孙传庭就这样自筹资金，到处招兵买马、发展生产、置办武器，经过大半年努力，新招募的秦军官兵实力有显著增长。

副作用也很明显，孙传庭驭下严厉，动辄以军法从事，加上长时间的军事管制得罪了无数人，陕西官僚士绅都希望孙传庭能早点开往他省，以邻为壑，并谣传孙传庭按兵不动是养寇自重。

崇祯一听，又动摇了，下手敕催战。孙传庭表示：“臣练兵未成，希望陛下能再给点时间。”

兵部侍郎张凤翔也进谏道：“孙传庭所有皆天下精兵良将，皇上只有此一副家当，不可轻动！”

崇祯想了想，继续催战：你给朕赶紧打，不打就大牢见。

朝廷催促孙传庭出关的使者接踵而至，孙传庭只能顿足长叹，自我安慰：我当然知道打不过啊，但是万一能赢呢，身为大丈夫，我总不能再去忍受狱卒的嘴脸吧！

死就死吧，拼了！临行前，他再次给兵部尚书冯元飙写信，阐明自己“雅不欲速战，见上意及朝论趣之急，不得已誓师”。

崇祯十六年（1643）八月初一，孙传庭在西安关帝庙誓师。初四，他统率总兵白广恩、高杰、牛成虎等部十万众出潼关，同时檄调各路人马夹攻李自成。

看看这个阵容：白广恩、高杰都是农民军降将，摇身一变成了明军总兵。牛成虎是一败再败之将，多次临阵脱逃，还不如高杰、白广恩。明季绝不是没有良将，可惜在崇祯和皇太极的共同努力下，袁崇焕、赵率教、满桂、曹文诏、曹变蛟、卢象昇、祖大寿、洪承畴等或死或降，剩下个实力派左良玉拥兵自保，吴三桂还孤悬宁远。

孙传庭统帅着这么一批人，只能说是“山中无老虎，猴子称大王”。而此时的李自成却是兵强马壮，实力达到了最巅峰。其麾下主力分为五营——中营、左营、右营、前营、后营，为闯军五大野战军，由李自成最信任，也是最能打的陕西嫡系“五营二十二将”统率，实力已达到明军精锐的水准。

实力此消彼长，神仙来了也难啊。

李自成早已得知官军将要出关，他一边源源不断调兵北上，一边故意示弱，让出一些州县。这一招相当老到，孙传庭这十来万人，没有充足的粮饷，多半指望就地解决。在明末天灾人祸时局下，河南已成赤地千里，不要说沿途征发，就算出去抢，也抢不到足够的粮食。他们占地越多，粮草供应就越发困难。

八月上旬，官军占洛阳。九月初，孙传庭先后攻破宝丰、唐县。估摸着差不多了，十四日，李自成率主力与官军接战于郏县。这回李自成失算了，他还是小看了孙传庭，郏县一战明军大获全胜，闯军果毅将军谢君友被俘杀。

崇祯得报大喜，兴奋地喊道：贼灭亡在旦夕！

兵部尚书冯元飙却忧心忡忡指出：李自成狡猾得很，我担心，他这是引诱我军深入，不得不防啊。

冯元飙的担心是正确的，郏县之战不能说是李自成送人头诱敌，但在大战略上，李自成的计策正在生效。官军孤军深入，距离后方越来越远。又值大雨滂沱，道路一片泥泞，粮车运不上来，前线的士卒与马匹已经饥瘦不堪。

最稳妥的办法是回师就食，稳扎稳打，但在一片催战声中，这是不可能的。孙传庭只得硬起头皮，下令就地取食。

郏县只有几百匹骡马，几万人吃一顿都不够，周围早就被李自成坚壁清野，一粒粮食也找不到。本来孙传庭指望等粮车运上来，就能暂时解决粮草问题。哪知连下七天大雨，李自成又分出大将刘宗敏率骑兵穿插到汝州白沙地方，切断官军粮道。

明军饥疲不堪，后军于汝州发生哗变。孙传庭闻讯大惊，为解决粮饷，他将全军一分为三，分别由白广恩、高杰、陈永福统领，回撤迎粮。

这就是李自成等待的机会。趁明军移营之机，李自成集中两千余精锐骑兵分为三队，每队七百二十人，向屯于郏县东南的明军发起轮番冲击。

明军高杰部首先接敌，接战不利，损失三四千人。高杰登岭观望，发觉靠他这部分确实撑不住，干脆撤吧，与督师合兵再作区处。高杰损失了一部分人马，好歹把主力拉了出来，渡过黄河与孙传庭会合。

此处再提一下高杰。此人也是陕西米脂人，与李自成是老乡，又同时起事，一度是李自成信任的心腹。高杰绰号“翻山鹞”，对明军作战凶猛，这样一个人，怎么会摇身一变，成为明军总兵呢？

实在是没办法，高杰干了件不甚光彩的事。李自成常年领兵在外，妻子邢氏独守空房，一来二去，就和高杰好上了。

李自成可不是善男信女，事情迟早败露，高杰人头必定不保。想到这点，高杰很麻利地在崇祯八年（1635）带着邢氏投降了明军，被分配到总兵贺人龙手下任职。贺人龙被孙传庭诛杀后，高杰被提拔为总兵，统领贺人龙旧部。

数数孙传庭部下几个总兵，反倒要算高杰部最肯打。毕竟他给李自成戴了绿帽，是不可能再投降闯军的。其他几个人就不同了。孙传庭出师，曾檄调平贼将军左良玉、河南总兵陈永福出兵夹攻。左良玉不动如山，陈永福倒是来了，与孙传庭会师于洛阳。但他的豫兵不是嫡系，看着陕兵回撤迎粮，豫兵不肯当后卫，拒绝服从命令。陈永福虽斩杀数人，仍无济于事，只好随部众北撤。

战至此时，孙传庭败象已露，但主力尚存。李自成又怎肯轻易放虎归山？他亲率主力追到南阳，想将陕西明军一网打尽。孙传庭仔细盘算了一下：按皇上的性子，拉回队伍，我大概率还得回去蹲监狱；大丈夫要死，也死在沙场上，我孙传庭怎能再受此辱！

孙传庭也是豁出去了，不管粮草随时可能断绝的风险，下令会同撤回的诸部人马，返身于汝州与农民军决战。

汝州之战打得相当激烈，孙传庭指挥的官军在不利局面下，表现出惊人的战斗力。高杰指挥骑兵狂呼驰骋，闯军列出“三堵墙”战术，一度被冲破两堵，阵形险些就要崩溃。

凭着一口气，闯军硬是挺了过来。等两军陷入相持，将领素质差距就体现出来了。决定胜败的，就在于此！

战局不利时，李自成有绝对可以信任的五营二十二将统领部下死撑。明军不行，孙传庭部下总兵，十个有九个只能打顺风仗，僵持阶段，正是另一位总兵白广恩的火车营首先招架不住，高喊：“师败已！”引发阵线崩溃，闯军趁机发起进攻，官军全线溃败，丧师四万，损失兵器辎重无数，连督师大纛也被闯军缴获。

汝州一败，孙传庭退保潼关，再也无力抵挡李自成。十月初六，闯军内外夹击攻破潼关，孙传庭战死沙场，尸骨无存。五天后，西安失守，孙传庭继室张氏率三妾二女投井自杀。

至此，李自成完成五杀神迹，放眼关内，无人是他对手。

孙传庭所部覆灭，亦宣布崇祯丧失了最后的本钱，这个朝廷几乎已经没有兵力阻挡闯王了。

传庭死，而明亡矣？

明末有这么句话，“传庭死，而明亡矣”，流传甚广。

是真的吗？

孙传庭是能生擒闯王高迎祥，打得李自成带着十几个人上山当了野人的牛人。他并非没有戡乱救国的真本事，多给他一点时间，或许真能将李自成暂时赶走。

但是那又能怎么样呢？

真正的问题从来不是军事，而是经济，是政治。袁崇焕、洪承畴、孙传庭这些人，其实都是很能干的人。只要给足钱，给足人，后金和农民军都得被消灭。

问题不是没钱嘛。

崇祯即位的头两年，已经是他任期内财政状况最好的两年。到了崇祯二年（1629）己巳之变，天下勤王兵马云集京师四周，粮草军饷供应成了严重的问题。勤王军入京畿，是需要安家银的，不光要安家银，还要衣装银，工部要给兵器、给建窝铺，兵部给犒赏，太仆寺给马价，户部给军粮、给军饷、给盐菜银。

上十万勤王军，士兵月薪最高达到一两八，每兵每月还要一斛米，盐菜银一天三分。这样一算，一个士兵每月费用不下三两银，十万官军，一个月一百万两打不住。朝廷拿不出来这笔钱，地方说可以，那先欠着，下一年的税我们就提留了，作为给军队的安家银。

这还不算，蓟镇的窟窿要填吧，损失的军队要补充吧？云南的奢崇明、安邦彦还在闹呢，得平吧？这样一来，军费飞速上涨，仅蓟辽两地军需，一年军费就达到八百七十多万两。

一方面是越花越多，另一方面是越收越少，到崇祯三年（1630）年底，突然发现，各省欠征的辽饷只征收不到三分之一。崇祯的办法简单粗暴，辽饷征不上，那就加派加派再加派，但是他没想过，辽饷本来就欠征，反正都是欠，只是欠多欠少的问题，欠得更加厉害，杂项也开始各种不认账了。有的实在推不过，定额五千，只认两千，缴纳的时候给个几百两意思意思，有的干脆就不理睬朝廷的征收，拖着不办。

于是到了崇祯四年（1631）发现，加征之后，反倒收得不如原来多了。在这种情况下，户部尚书毕自严上呈“条上十事”，提出补救措施，请崇祯注意百姓已到了家家悬釜的境地，请酌减天下赋税，以使小民有升斗之蓄。

当然，他的意见崇祯无法接受。

之后的日子就再也没好过，中原腹地农民军翻江倒海，京师周边被后金蹂躏了一遍又一遍。得用兵吧，用兵要军费吧，军费不够？再加，加剿饷、练饷，问题是加了也征不上啊。朝廷财政实际征收率越来越低，根据苏新红博士在《明代太仓库研究》中的论证，到崇祯十六年（1643），征收率已低至可怜的9.3%。

这还怎么办？没办法了。

财政好的话，李自成还是朝廷的吏员，张献忠还是明军的小兵，他们是怎么造反的？

财政好的话，没那么多人造反；财政好的话，农民军坐不大；财政好的话，足粮足饷的官军见了清军也不虚。

是不是这么个道理？

孙传庭表面死于崇祯好急功、催战不休，死于明将内部各为私利、互丧大义；实则死于财政崩盘，朝廷再维持不起一支精锐。

没钱，就算是徐达转世，领着几万未经训练、装备不齐、粮草更是没有的“军队”，面对李自成十几万人的主力，一样得死。

你说这是经济问题？对不起，还是政治问题，一切问题都是政治问题。往大了说，土地兼并无法消灭，农民从勤勤恳恳的小自耕农，变成失去土地的流民，是中国古代农业生产方式和政体社会形态相结合的必然产物。往小了说，制度导致贪污腐败，不得民心，财政枯竭通货膨胀，免不了会有人揭竿而起。

封建时期，只要没有实现社会制度和经济生产方式的突破性进步，悲剧总会周而复始地上演。这种苗头在后来的清朝表现得更加明显，只是清朝到了中后期，多出来一大块关税收入，这才稳住了盘子。

崇祯的问题

政治问题，另一个原因就是当政者的问题。

说到中国历史上最有名的亡国之君，崇祯入围三甲毫无悬念，甚至可以这么说，在大多数人眼里，他就是当仁不让的冠军得主。

可是我们不看结果，光看崇祯工作的努力程度。他的勤勉程度直追太祖朱元璋，在整个明朝数一数二。

他不好色，私生活不仅检点，而且简朴。他终日勤勤恳恳，可以说是日理万机。要论勤政程度，也可以入围史上皇帝前三名。

但崇祯是皇帝，我们对他的要求不能太简单了。如果仅仅不好色、勤奋就是一个好皇帝，那么这未免太可笑了。

崇祯的性格，我们已经知道了，“性多疑而任察，好刚而尚气”，在崇祯手下干活，官员皆有朝不保夕之感。崇祯手下干得最长的首辅，一个是干了三年的周延儒，一个是干了四年的温体仁，就这两人还被明人认为是误国辅臣的典型代表。“任察者下求善以事上即弊”，察到最后，以至于无人愿报国也无人敢报国，最后大家都是故意报喜不报忧了，于是隐瞒欺诈这些事全来了。

这说明，上政失道以后都会有各种各样的弊端。上道不明，下道必不昌，这是必然的。

“传庭死，而明亡矣”。传庭不死，明就不会亡吗?

以崇祯性格与能力，即使孙传庭这次牛到打垮了李自成，崇祯下一手昏着也会把孙传庭坑死。一而再，再而三，周而复始，最后再也没人给他填坑了，一样得完蛋。

区别在于，什么时候完蛋。

唯物主义史观从不说一切都是天注定，而是强调“历史必然性”。

例如王朝更迭，每几百年后就无法阻止大规模的土地兼并，然后导致农民破产、造反、王朝覆灭，循环往复。任凭你再多能臣武将都无力改变这一事实，这就是历史必然性。

王朝更迭是必然，王朝能活多少年就是另一回事了。这就不归历史必然性管了。

能臣改变不了王朝更迭，个人的努力确实可以延缓王朝更迭的速度，最好的例子是张居正。

唯物主义史观告诉我们，大明必亡。怎么亡？不确定。

换一种说法，我们知道人都是要死的，但是正常人在哪一天死，怎么死，谁能知道？大明是个病入膏肓、积重难返的病人，但也不是明天就一定死了吧？

历史告诉我们，清军到大明亡了都没打进关，所以清军入关不是历史必然，而是偶然。坏就坏在崇祯太多疑，太会搞事了。数数他折腾过的那些破事，简直就是个臭棋篓子，生生把一手好牌给打得稀烂。

崇祯的失败可以归结为一句话：方向错了，再怎么努力也是徒劳。

这种局，你就说派谁来吧？农民军源源不绝，官军呢？打一个少一个，钱花一分少一分，被拖死就是个时间问题。

这仗怎么打？

不是孙传庭不行，是换谁都不行。这中间存在一个关键问题，即崇祯瞎指挥加速死亡，这就是政治问题。假使崇祯是个正常水平的皇帝，明朝不可能让李自成给灭掉。

再举个例子，议和。

杨嗣昌建议崇祯通过外交手段解决皇太极的威胁，说白了就是议和。

可是对朝廷大多数人来说，天朝上国的概念根深蒂固，不到清兵的刀真正架到脖子上，他们是断然不会赞成议和的。

议和向来被斥为“顿忘国贼”“沮师养寇”，主持议和者无不背恶名。袁崇焕终以“谋款通敌”之罪被磔，支持袁崇焕的阁臣钱龙锡以“密谋王款”之罪不赦。阁臣杨嗣昌主持议和，弄得举朝哗然，攻之者甚众，兵部尚书卢象昇亦讽其“闪灿奸欺欺”讽其不“尽忠”。

到了松锦之战结束后，崇祯不得不考虑议和问题。

当时环境下，明朝在松锦战场精锐尽丧，国内流匪纵横驰骋，地方不断告急，总督傅宗龙、汪乔年出讨都兵败被杀，形势已极其严峻。

崇祯既无能力、更无实力在多线同时作战，在此情况下，议和是合乎局势的选择。

崇祯召来兵部尚书陈新甲，授意他秘密与清议和（“以和议委新甲”）。陈新甲受命，派遣职方郎中马绍愉携崇祯敕书至沈阳与清议和，皇太极“报书许，以书授绍愉，遣人护送”，议和大门事实上又重新开启了。崇祯先后手写书信数十封，交与陈新甲同皇太极联系（“手诏往返者数十”），皇太极甚为礼待，双方你来我往，谈得有模有样。

一次马绍愉回京，带回最新塘报，陈新甲深夜看完后忘了收起来，就放在了几案上。

第二天早晨，陈新甲家童误以为几上是老爷要发出去的塘报稿，便按惯例将其交给各部门官员传抄。可以想见这份议和报告传出去引发的轰动，朝堂一片哗然，怎么可以议和呢！议和主款，损威辱国，是“祸胎”，将“酿无穷之衅”也！

谁干的？陈新甲怎么会有这么大胆子！

崇祯十分尴尬，下旨让陈新甲解释。陈新甲不当回事，认为议和之事本是皇上意思，他老人家只是装装样子罢了。陈新甲不懂得揣摩崇祯的心理：崇祯这么要面子的人，怎么能承认是他授意议和？陈新甲非但不引罪自责，反而自诩其功，崇祯不想承担责任，就不能不处死陈新甲。

《明史》载："人臣无境外交。未有身在朝廷，不告君父而专擅便宜者。新甲私款辱国，当失陷城寨律，斩。"

陈新甲是崇祯弄死的第七位兵部尚书，之前的几位依次为：崔呈秀、阎鸣泰、袁崇焕、王洽、张凤翼、梁廷栋。陈新甲死后，给事中沈迅还在抨击他，崇祯没好气地说：假使你是新甲，恐怕还不如他。

陈新甲于崇祯十五年（1642）九月二十二日被杀，明朝丧失最后一次议和的机会。

天子守国门，君王死社稷

崇祯十七年（1644）正月，李自成在西安称帝，定都西安，建立"大顺"政权，年号为"永昌"，随后率领五十万大军誓师东征。

大顺军队渡过黄河，占领太原，攻克忻州，经过激烈战斗拿下宁武关。大同总兵姜瓖和宣府总兵王承胤相继投降，大顺军再无阻挡，迅速向京城推进，并于三月十六日抵达西直门下，炮轰城墙。

三月十八日，李自成派降臣杜勋入城谈判，提出两项条件：

一、割让陕西地区，封李自成为王。

二、赏赐大顺军一百万两白银。

作为交换条件，大顺军将立即撤至河南，协助平定其他叛乱，并抵御清军，但李自成不向崇祯称臣。

崇祯已陷入绝境，虽然条件并非完全不可接受，但他仍然选择拒绝。

午时，李自成下令攻城。下午，广宁门被一群人打开，北京外城随之陷落。崇祯急召京营总督李国祯护驾，却得知三大营士兵已经溃散，无法集结。

崇祯沉默片刻，登上紫禁城后的煤山，遥望大顺军入城，城中寂静无战斗之声，仿佛京师已易主。

这时，距离朱由检最后的日子已不足二十个小时，他焦躁不安。

夜幕降临，阴云密布，伴有小雨夹雪。崇祯全身湿透，披头散发地回到乾清宫，明白一切已无可挽回。

他镇定下来，命人取酒，豪饮几杯后，下令妃嫔们自尽。

太监王承恩劝道："万岁爷，局势尚未至此。"

崇祯一眼扫去，催促道："去办吧。"

就是富有天下的皇帝，最放心不下的还是他的子女们。崇祯派人找来三个儿子，太子朱慈烺十五岁，永王朱慈炤十三岁，定王朱慈炯五岁。

看着三个未成年的孩子，崇祯不禁泪流满面，他为他们换上粗布旧衣，叮嘱道："今夜你们为皇子，明日即为平民。逃命去吧。切记，不可泄露身份。"

这些年从没有跟儿子说过这么多话，崇祯哽咽着说不下去了。他勉强压住情绪，命人护送皇子至外戚家躲避，伺机转移。

送走儿子后，崇祯深一脚浅一脚来到坤宁宫，看到周皇后已经悬梁自缢，想到皇后平日的贤德，他忍不住掩面而泣。

一旁，十六岁的长平公主与五岁的昭平公主也在哭泣，按皇室传统，未嫁公主需由父亲了断。崇祯望着平日最疼爱的两个女儿，心如刀绞，叹息道：孩儿啊，你为何生在皇家？

说罢，他颤抖着举起宝剑斫下。

昭平公主身亡，长平公主断左臂后昏厥。崇祯重新举剑，却已无力继续。

一阵沉闷的雷声从天空滚过，殿内刮起一阵寒风。崇祯一哆嗦，他叫来仅存的侍卫和太监们，披甲带剑，手持三眼铳，急匆匆上马离开皇宫。

一行百余人来到内城东华门，迎头射来一阵乱箭。岂有此理？连皇上都敢射，脑袋不想要了！侍卫判断，东华门守军已经变节，不能硬闯了。

崇祯思考片刻，向北一指，侍卫立刻明白了，从朝阳门出城。此门由世袭成国公、驸马朱纯臣把守，怎么也不能够出岔子。

结果一伙人护着崇祯转到朝阳门，只见城门紧闭，呵斥兵士开门，守军坚称要有朱公手谕才行。

大半夜的，兵荒马乱，上哪儿找朱公去？这不明摆着使绊子吗？崇祯等得着急，直接带人奔向内城东北角的安定门。

安定门倒是没人，奈何城门锁得死死的。侍卫、太监们用刀撬，用斧砍，用火烧，可是紫禁城的城门都是选的顶级木料，光厚度就至少十厘米，还门里套门，多道漆刷得锃亮、大铜钉嵌满。天顺年间曹石之乱时，曹吉祥之侄曹钦带几百人都搞不定，现在这点人，一样没用。

关键是闹腾一大圈，时间不够了，天已拂晓，就算出得城门，大概率还是得被闯军活捉。

崇祯已然身心俱疲，他明白走不了了，只得回到皇宫，在大殿鸣钟召群臣议事。

不会再有人来了，外面人喊马嘶，哭声一片，就是没有一个大臣进殿。

崇祯不由得长叹一声，他知道自己时间不多了，便走进御书房，咬破中指，写下最后的遗言：“朕凉德藐躬，上干天咎，致逆贼直逼京师，皆诸臣误朕。朕死，无面目见祖宗，自去冠冕，以发覆面，任贼分裂，无伤百姓一人。”

写罢，他将血诏揣在怀里，径直走向后面的煤山（今北京景山）。此时宫人都已逃散一空，跟随在他身后的只有司礼监秉笔太监王承恩。

就如遗诏所写，朱由检自去冠冕，身穿蓝色道袍，披头散发，自缢于一棵歪脖槐树之上。王承恩亦相对自缢。

这一年，崇祯三十四岁。

崇祯后悔了吗？

从他遗诏中那句“皆诸臣误朕”来看，至死他也没有后悔。他努力了，他自认为尽力了，是百官误了他，而非自己没有尽责任。但是讲到现在，我们都能明白，真正问题不在百官，就是朱由检的最大领导责任。

历史没有假设，可我们偏偏喜欢假设。假使不是崇祯，大明会在崇祯十七年（1644）灭亡吗？

要我说，很难。其实到最后崇祯都有大把的机会。一是撤守，尽早把吴三桂的关宁军调回来拱卫京畿；二是南迁，迁都南京，还有大半壁江山，江南财赋之地可以支撑；三是派太子去南京监国，万一北京不保，也有名正言顺的继承人……

只要三点中做到一点，明朝大概率不会亡得如此快，然而他一点也没做，就这么生生地看着李自成打到北京，最后才想起来逃跑，可惜跑不掉了。

理想是美好的，现实是残酷的，崇祯很努力地工作了十七年，生生把自己活成了亡国之君。

不可否认，崇祯是个励精图治的皇帝，也是一个有着明显缺陷的皇帝。人们会记住他的勤俭、记住他的努力、记住他的气节，也不会忘记他的虚荣、急躁、刻薄寡恩、刚愎自用。

这就是人治的不确定性，崇祯在皇帝的宝座上已经竭尽了全力，实在是能力不行，没办法。

鸣呼！赤社骧而箐茅废，灵光颓而茂苑倾。式亏国族，深轸宸情，祭通侯于太牢束帛，戍王人与扬水流薪。帝子没而烟凝南浦，王孙陨而草遍空城。盗长陵之抔土，伤神州之陆沉。彼何人哉，哀哉至今！

大明到底亡于谁手？

最后一个问题，大明到底亡于谁手？

许多种说法，有说是洪武制度的漏洞，有说是嘉靖的不作为，也有说是万历的怠政，是天启的黑暗，抑或是崇祯的低能。

要我说，明亡于秦始皇。

这不是开玩笑，我的意思是，追究明亡于哪个皇帝，是没有意义的。我们固然可以说，明或亡于洪武，或亡于嘉靖，或亡于万历，或亡于天启，或亡于崇祯，但事实上明不是亡于一个皇帝，它是亡于历任皇帝的“共同努力”——认真追究起来，每位皇帝都有责任。

前面说崇祯若是能力强一点，大明未必会在崇祯十七年（1644）灭亡，这是事实。我还要说，照明季这个局面，崇祯就算撑得过这次，大明最多也就再维持个几十年，还是得亡。

不信，您可以瞅一瞅明末的时局。还记得元末吗？明末与元末并无二致，都是一幅天灾人祸、烽火遍地的末世景象，更不用说，明末还比元末多了个强大的外敌。朱由检水平还不如妥懽帖睦尔，大元都亡了，大明凭什么不亡？

只能说，这个王朝气数已尽，真正的问题无法从根源上解决，换谁上都没用。三百年魔咒就是它无法摆脱的宿命，该来的，迟早要来。

观察一下历代王朝的内核，从秦始皇一统天下，到大明覆亡。两千多年王朝更迭的内核从来没有变过，无非三件事：当皇上、抢当皇上、跪皇上。两千多年封建王朝，基本都是大同小异的过程，从盛世到平世，到治世，再到衰世，最终达到乱世。大同是规律的千篇一律，小异是每一个阶段在时间和程度上小有差异。

而这王朝衰亡的种种问题，从秦始皇起就没人能真正解决过。李自成被剿灭了，还有其他人冒出来，就算真的出现中兴，也不过是续命多少年。无论盛世是多么不可一世，中兴延续多少年头，最终结果一定是殊途同归。

因此我说，追究明亡于哪位皇帝没什么意义，哪个皇帝也背不了这口大锅。层层往上倒查，不就查到秦始皇了？

结束了吗？

按史学惯例，学界所认同的大明，即到1644甲申年崇祯煤山自缢，是为“甲申之变”。大明王朝从朱元璋洪武元年到崇祯十七年，历十六帝，享国二百七十六年，到此为止，突然死亡。

明朝是封建时期中国最后一个汉族政权，同时它也是历代大一统王朝中，争议第二大的一个。

推崇明朝的人把它捧上天际，排斥明朝的人把它锤入海底，我们到底该如何看待这个王朝呢？

确实，明朝有许多短板。它没有宋的繁荣，没有清的控制力，亦没有唐的包容和元的版图。但是它没有唐代的藩镇割据，没有元代的南北割裂，也没有清代的文字狱。

它不再坚持宋代的夷夏之防，使得唐代以来中断的民族融合重新开始；它收复了丢失四百年的幽云十六州，甚至收复了辽东，遥制了东北，在西部、南部，也都拥有强大的影响力。

它有比唐代更稳定的边境，大明臣民比元、清拥有更平等的权益，明朝知识分子的自由度仅次于宋，而它显然比两宋更加强硬。

以上，就是我对大明的评价。